企业国际化发展的
知识产权战略选择

Intellectual Property Tactics
In World Market For Chinese Enterprises

中国国际贸易促进委员会北京市分会
北京国际商会　◎编著
北京国际经济贸易学会

中国政法大学出版社

2018・北京

图书在版编目（CIP）数据

企业国际化发展的知识产权战略选择/中国国际贸易促进委员会北京市分会，北京国际商会，北京国际经济贸易学会编著.—北京：中国政法大学出版社，2018.5

ISBN 978-7-5620-8313-9

Ⅰ.①企…　Ⅱ.①中…　②北…　③北…　Ⅲ.①企业－知识产权－战略管理－研究　Ⅳ.①D913.04

中国版本图书馆CIP数据核字(2018)第109713号

书　名　企业国际化发展的知识产权战略选择 QI YE GUO JI HUA FA ZHAN DE ZHI SHI CHAN QUAN ZHAN LUE XUAN ZE

出版者　中国政法大学出版社

地　址　北京市海淀区西土城路25号

邮　箱　fadapress@163.com

网　址　http://www.cuplpress.com（网络实名：中国政法大学出版社）

电　话　010-58908435(第一编辑部)　58908334(邮购部)

承　印　固安华明印业有限公司

开　本　880mm×1230mm　1/32

印　张　8

字　数　208千字

版　次　2018年5月第1版

印　次　2018年5月第1次印刷

定　价　43.00元

出版说明

当今世界，科技创新不断，国际竞争加剧，知识产权越来越成为影响企业发展的重要因素。相对于发达国家，中国市场经济体制的建立历时较短，知识产权制度起步于改革开放以后的80年代，随着我国加入WTO，对外贸易和国际经济合作日益增多，知识产权才逐渐为社会关注。目前我国已成为世界第一贸易大国，与此同时，对外贸易中的知识产权争端也日益增多，成为我国由贸易大国走向贸易强国过程中必须高度重视的问题。

目前国际上关于知识产权保护方面共有24项国际条约（16部关于工业产权、7部关于版权以及《建立世界知识产权组织公约》），同时各国和地区都制定有自己的知识产权法律规定，对知识产权保护采取不同的政策措施。中国企业在响应国家“一带一路”倡议，积极“走出去”的过程中，遵守当地知识产权法律法规，并运用国际条约和当地法律维护自身权益尤为重要。在和企业交流的过程中我们了解到，很多企业在拓展境外市场时都在知识产权的问题上走过弯路、吃过亏，迫切希望能得到专业的指导。为切实增强企业在国际化发展中实施知识产权战略的能力，北京市贸促会和北京国际经济贸易学会共同策划，在调研北京知识产权服务贸易、研究北京涉外知识产权服务体系基础上，与中国政法大学联合开展

"企业国际化发展的知识产权战略选择"课题研究并将研究成果编印成书，以供企业参考。希望企业在国际化发展过程中，能够重视知识产权，加强与国内外知识产权专业服务机构合作，在国际业务中减少风险，提高国际竞争能力。

本书由中国国际贸易促进委员会北京市分会、北京国际商会、北京国际经济贸易学会确定写作方向、构建内容框架、筛选撰稿人、组织调研并提供项目经费支持。书稿内容由中国政法大学国际法学院副教授杨帆主笔，并请原联想集团知识产权部门经理高非根据实际情况增加了少许内容，在此一并表示衷心的感谢。

编委会

2018 年 4 月 19 日

前言

2013年，我国首次提出“丝绸之路经济带”和“21世纪海上丝绸之路”的构思，自此“一带一路”成为中国对外开放的重点内容。借用古代丝绸之路的历史符号，高举和平发展的旗帜，积极发展与沿线国家的经济合作伙伴关系，共同打造政治互信、经济融合、文化包容的利益、命运和责任共同体，是“一带一路”建设的主旨。

随着“一带一路”建设的推进，越来越多的中国企业“走出去”从事贸易活动。但是由于各国法律的差异以及我国企业知识产权意识不足、维权能力相对薄弱等原因，企业在境外商事活动中存在的各类与知识产权相关的风险，已经成为“走出去”的一大障碍。本书旨在从企业的角度出发，为其指明国际化发展的知识产权战略选择，使其增强知识产权意识，及时对相关风险进行预判和防范，更好地维护自身权益。

本书在中国国际贸易促进委员会北京市分会、北京国际商会、北京国际经济贸易学会确定的内容框架和写作方向下，第一章初稿由丰硕完成，第二章初稿由杨葳葳完成，第三章初稿由来晓磊完成，第四章初稿由张鑫完成，第五章初稿由我完成。在五章初稿的基础上，我进行进一步的内容修改、文字润色、体系优化等工作，最终编辑成稿。

希望本书的出版，能帮助准备“走出去”或已经“走出去”的企业更好地实现创造性成果的知识产权化，知识产权的国际化，充分了解并且有效防范跨国经营中可能遭遇的知识产权风险，在被控知识产权侵权或发现自己的知识产权被侵犯时，能找到最佳的救济途径，维护自身的利益。囿于资料收集有限，本书的不足之处也请各位读者不吝赐教。

杨 帆

2018 年 3 月 20 日于北京

目 录

第一部分　企业实施知识产权战略的重要性

一、增强企业境外经济活动的竞争力

确定企业国际化进程中的知识产权战略可以将企业自身的智力成果知识产权化，使相关权利能够受到更加稳定的法律保障。一方面可以增加企业的知识产权收益，另一方面也能降低自身权益被侵害的可能性，进而维护企业自身的商业利益和法律权利。

（一）创造性成果的知识产权化

随着“知识经济时代”的来临，我国的经济发展动力由主要依靠传统的资源密集型和劳动力密集型产业向科技密集型和人才密集型产业转变，国家坚持推进“科教兴国”战略的实施，我国企业也在积极转变自身的发展模式，通过研发和掌握核心技术以提高自主创新能力，寻求符合全球经济发展新形势的利益增长点。自“一带一路”战略提出以来，政府出台多项政策鼓励企业“走出去”，给予了企业诸多优惠和支持，在促进我国企业的自主创新能力和产业更新升级方面起到了关键性作用。所以，信息、知识和科学技术等逐渐成了企业生存和发展的关键性因素。自党的十八届四中全会作出“全面推进依法治国”的重大决定以来，“法治经济”的制度构建和实践被提到更高的高度，国家对知识产权保护的重视程度显著提高。一方面，拥有成熟的知识产权战略能够促进企业重新整合自身资源、帮助企业更好地参与现代市场竞争；另一方面，知识产权战略能够推动企业重视知识产权保护、提高维权意识以及预防侵权，这也是适应“法治经济”的客观要求。所以知识产权战略对一个企业来讲至关重要。

近年来，我国企业的专利申请数量急剧增长，能够反映出我国企业科技创新能力的增强以及对知识产权的重视程度有明显提高，但是这还不足以证明我国企业已经拥有了成熟的知识产权战略，因为在发明创造等智力成果的法律保护方面，申请专利保护只是途径之一，还有商业秘密制度也是保护知识产权的重要方式。形成了成熟知识产权战略的出口企业不仅清晰地了解专利制度与商业秘密制度的异同以及何种选择更加适应自身的产品或者技术，而且对目标市场所在国家的知识产权保护制度也有清楚的认知，从而更好地进行企业的商业布局。如果企业能够将自身拥有的创造性成果在目标市场所在国境内充分地知识产权化，也就是通过法律规定的程序和方式获取知识产权的合法保护，那么这将促进我国企业更好地利用自身的无形财产参与国际市场竞争，实现更多的价值。

（二）商业标记的知识产权化

商业标记作为一种创造性劳动成果是知识产权中的重要一类，主要包括商标、字号、网络域名、地理标志等，主要用来区分商品或者服务的来源。一方面，这种“识别”功能有助于企业推销其产品或服务，并帮助消费者在同类竞争产品或服务中作出选择；另一方面，商业标记本身也被企业投入了大量的资源进行运营，如广告、宣传等。所以说商业标记的无形资产属性以及商业价值是不容忽视的，将商业标记知识产权化，避免受他方当事人侵权导致不正当竞争，提高品牌的国际影响力是所有“走出去”的企业所不容忽视的问题之一。

在商业标记中，商标是最重要的一种，商标的法律保护主要体现在商标专用权上。商标专用权的取得主要可以通过商标使用以及商标注册的方式，目前国际社会上取得商标权的方式主要以注册为主，通过行政管理部门注册商标获得商标专用权排除他人对商标的滥用。而对于其他商业标记如厂商名称、网络域名等，由于对其的保护起步较晚并且其自身所包含的知识产权属性确不及商标，所以国际上对这些商业标记的保护程度远不如商标专用权。就如厂商名称，也就是字号、商号而言，《保护工业产权巴黎公约》（以下简称《巴黎公约》）中将其作为知识产权的保护对象，但是不同国家的知识产权法的保护程度有所不同。部分国家将商号与商标做同等程度保护，如美国，也有国家认为商号权是一种在先权利，其受到侵犯时可以主张一定的救济，如法国。所以我国企业对字号的知识产权化要有国别差异，根据不同目标国家的规定采取不同的或申请获权或避免被侵权的应对手段。

不过由于知识产权的严格的地域性的特征，一项知识产权只在授权国家内受到保护，所以我国企业的商业标记要想在他国受到保护，多国获权程序就是必不可少的，如我国企业产品的商标就可以通过《商标国际注册马德里协定》这一公约进行国际注册，在多个目标国家取得商标专用权。一方面商业标记的多国获权可以保障我国企业的知识产权在他国得到应有的保护而免受侵害，另一方面这也是扩大企业知名度、提高品牌国际影响力的重要手段。

（三）参与国际标准的制定，获得更为优势的竞争地位

随着经济全球化的发展，国际标准已成为各行业的必争之地。国际标准化组织（ISO）、国际电工委员会（IEC）、国际电信联盟（ITU）是目前公认的三大国际标准化组织。在国际标准化领域，美、德、英、法、日等发达国家一直占据主导地位，中国主导制定

并发布的标准占比较低。

当前，技术标准与专利结合的趋势越来越明显，将专利纳入技术标准已成为一种发展战略，越来越多的企业通过捆绑标准与专利来占据市场主导。截至目前，从 ISO 网站上可以查到 2874 项 ISO/IEC 标准专利声明，其中来自美国的有 992 项，来自日本的有 714 项，来自中国的只有 17 项。而来自中国的这 17 项声明中，8 项来自华为技术有限公司（下称华为公司），1 项来自中航工业成都飞机工业（集团）有限公司（下称成飞公司），其余的 8 项则来自西安西电捷通无线网络通信股份有限公司（下称西电捷通公司）。来自中国的这 17 项声明覆盖了 5 个分技术委员会，其中，来自西电捷通公司的声明覆盖了 3 个分技术委员会，分别对应数据通信领域、信息安全领域和自动识别与数据采集领域；来自华为公司的声明覆盖了 1 个分技术委员会，对应多媒体与音视频编码领域；来自成飞公司的声明覆盖了 1 个分技术委员会，对应机床领域。

一方面，参与国际标准的制定可以使企业把拥有自主知识产权的专利技术以提案的形式提交标准工作组表决，一旦表决通过，该专利技术就会被纳入到国际标准中。他人若需要采用此标准，就需要支付专利许可费。我国企业纳入到国际标准中的专利技术越多，那么在该标准应用于产业化后获得的专利许可费就越高。另一方面，如果我国企业的技术提案被国际标准工作组采纳的话，还可以取得通过互免专利许可费而共享别人专利技术的资格。例如，如果某个国际标准涉及 10 项专利技术，这些技术分别被 10 家企业所掌握，且每项技术的重要程度相同，假设每项技术的专利许可费都是 1 美元，那么我们拥有其中一项技术，就可以不必交纳任何专利许可费而与其他 9 家企业共享全部 10 项专利技术。但是如果我们没有专利技术被采纳，就需要交纳 10 美元的专利许可费。

因此对于企业来说，积极参与国际标准的制定大有裨益。而要想取得标准制定的主导权，除了增强技术实力和资金实力外，形成企业参与国际标准制定的观念也至关重要。

二、防范境外经济活动中的知识产权风险

随着“一带一路”战略的继续推进，越来越多的中国企业“走出去”从事贸易活动。但是由于各国法律的差异以及我国企业知识产权意识不足等原因，企业在境外商事活动中存在各类与知识产权相关的风险。知识产权战略的实施将有利于企业对相关风险进行预判和防范，例如减少对外国知识产权权利人的侵权或者避免外国主管机关对本国商品采取不利措施等。

（一）减少侵权指控，降低维权成本

企业在“走出去”发展过程中，知识产权风险一直是问题较大的部分。企业若在境外经营业务，则可能存在与他人在先权利产生冲突，进而引发知识产权的侵权纠纷。若遭遇该类纠纷诉讼，一方面，企业会陷入冗长而复杂的争议解决程序，付出成本较高的人力、财力；另一方面，此类争议对企业商誉而言同样有较大的打击。因此，本课题通过案例、法规等，对境外经济活动中的知识产权进行梳理与预测，以期能够对企业起到警示作用，尽量在境外商事活动中规避该类风险。同时，本报告也针对如何提前规避风险、减少侵权指控提出实践性较强的建议，以供企业参考。

另外，在知识产权侵权纠纷中，许多企业因为不通语言、不懂规则而造成经济损失。因此，了解他国的知识产权侵权纠纷救济程序对企业而言是重要而必需的。本课题选择行政程序、商事仲裁、民事程序这三种途径与方法，对这三类不同程序进行解释与介绍，并辅以某些重点国家的法律法规，以期能够为企业在解决知识产权侵权纠纷时降低维权成本，提高维权效果。

（二）减少外国主管机关针对中国商品的各种不利措施

1. 边境措施

除了目标市场所在国权利人的侵权指控外，境外知识产权风险的另一主要来源就是国家政府主管机关，而这其中海关的边境措施扮演着举足轻重的角色。根据世界海关组织（WCO）的统计，世界超过70%的被没收假冒货物是在边境环节被拦截，因为边境是进入一国市场的大门，所以了解相关国家在知识产权领域的边境执法政策和具体程序也是出口企业知识产权战略的重要内容。一方面，出口企业需要掌握目标市场国家知识产权边境执法的标准，并且在出口之前进行自我审查，以起到防患于未然的作用；另一方面，出口企业还需了解目标国家边境措施的执行程序、应对方式和救济途径，这样即使遭遇海关边境执法也能从容应对，尽量减少企业的损失。

2. 美国337调查

“337条款”是美国《1930年关税法》第337条的简称，现被汇编在《美国法典》第19编1337节，其主要目的是在美国的对外贸易中保护美国企业不受国外进口产品的不公平行为或者不公平做法的损害。337调查所针对的是美国进口贸易中的不公平竞争行为，主要包括两个方面：涉及知识产权的不公平行为以及非涉及知识产权的不公平行为。

随着经济全球化的发展，我国高新技术企业越来越多地遭遇到美国的337调查。被调查的企业有的拒绝应诉，导致败诉失去美国市场；有的在支付高昂的应诉费用后，或者以高额的专利使用费来获得继续出口美国的机会，或者被裁定侵权仍然被排除在美国市场之外，严重影响了我国高新技术企业的发展。与其他贸易保护措施相比，337调查是以侵犯知识产权为主要调查对象的，其启动门槛低、处罚措施严厉、应诉难度大、诉讼费用高，所以在我国企业企

图走进美国市场之前就积极做好相应知识产权方面的准备避免被提起 337 调查是十分必要的。

3. 国际展会中的临时禁令

国际展会是企业学习、宣传、拓宽业务来源的良机。然而，当今一种现象是我国的企业在国际展会上频因知识产权纠纷被其他企业向法院申请临时禁令，不仅没有获得好的机会，反而损失了商机与商誉。因此，本课题希望能够通过对禁令程序、法规的介绍，提出具有实践性价值的风险规避方案，从而使得中国企业在境外参展时能够真正利用展会的资源，提升企业收益。

第二部分 发明创造、商业性标记、作品等的知识产权化

一、发明创造的知识产权化

（一）发明创造的知识产权模式选择

1. 专利和商业秘密的制度比较

专利和商业秘密是对于发明创造科技成果的两种重要的知识产权保护方式。专利，是指由某个国家的专利主管机构授予的，在该国家范围内禁止他人实施某一技术方案的排他性权利。商业秘密是指“不为公众所知悉、具有商业价值并经权利人采取相应保密措施的技术信息和经营信息”。[1] 两者虽然都具有保护发明创造人的知识产权的功能，但是二者在诸多方面存在不同。

（1）权利的产生形式。专利权的取得须向一国的专利主管机关提出申请进行登记或者审批，并经该机关审查并正式授权后，才能获得权利。而商业秘密只要满足其构成要件就可以获得法律保护，不需要经过国家机关的登记或者审批等程序。

（2）获权的实质条件。专利获权的实质性条件是技术成果具有

〔1〕《中华人民共和国反不正当竞争法》第9条。

新颖性、创造性和实用性。而商业秘密的获权门槛相对低很多，只需要是具有客观秘密性、主观保密性和商业价值即可，至于新颖性和创造性水平的高低对商业秘密权的取得没有实质影响。[1]

(3) 保护范围。专利制度主要保护在申请时不为公众所知的并且具有一定创造性高度的技术方案。而商业秘密既能保护尚未公开的技术信息（例如产品的生产工艺、技术诀窍，以及产品中难以被分析得知的特殊成分等），也能保护尚未公开的经营信息（例如产品的生产成本、销售计划、客户名单等）。所以相较而言，商业秘密的保护范围更大。

(4) 所保护的信息是否需要被公开。专利保护的实质是专利申请人将其发明向公众进行充分的公开以换取对发明拥有一定期限的垄断权，从而促进科技信息共享、避免重复研发等。为此，所有最终获得甚至请求获得专利保护的技术方案，都必须向公众公开，并达到所属领域的技术人员能够实现该技术方案的公开程度。而商业秘密必须处于保密状态下，才能获得法律保护。一旦权利人的商业秘密因自己的过失或者他人的恶意而被公开，则其他人都有权利使用这些被公开的信息而不需要经过原来的商业秘密权利人的同意。简而言之，作为专利保护则必须具有“公开性”，作为商业秘密保护必须具有“秘密性”。

(5) 保护的地域性和期限。专利的保护具有明显的“地域性”和“时间性”，技术创新的权利人如果希望在某一国家获得专利保护，就必须在一定的申请期限内在该国提出专利申请并最终获得授权。基于成本的考虑，权利人明显不可能在世界上所有的国家都提出专利保护，那么在未提出专利申请或者最终未获得专利授权的国家，任何人都能自由使用权利人已在他国专利中所公开的技术方案

---

[1] 刘玉洁、陈龙：“商业秘密保护与专利保护的区别”，载《现代商业》2013年第36期。

而不受到该权利人的限制。此外，专利具有保护期限，最长为专利申请日起算的20年［如中国的发明专利的保护期为20年，实用新型的保护期为10年；根据《与贸易有关的知识产权协定》（以下简称《TRIPS协定》）第33条“保护期限”的规定，可获得的保护期限不得在自申请之日起计算的20年期满前结束[1]］。专利的保护期限届满后，专利技术即成为公知技术，任何人均有权实施该曾经的专利技术而不再受到专利权人的制约。

通常而言，只要某一国家承认商业秘密制度，在该国发生的侵犯商业秘密的行为都能受到保护，而不需要商业秘密权利人也处于该国或者在该国进行任何权利登记。并且，商业秘密的保护是没有固定期限的，只要商业秘密还处于保密状态下，就能获得保护。

（6）权利属性。专利则属于绝对权，具有排他性，除了法律规定不构成侵权的例外情况，专利权人有权禁止任何单位和个人实施落入专利保护范围的技术方案。商业秘密属于相对权利，权利人只有权阻止以不正当手段获得其商业秘密的、负有保密义务但泄露其商业秘密的，以及明知或应知上述情况但接收该商业秘密的单位和个人，限制其不得公开、向他人披露，或者使用该商业秘密。举例来说，一个完全根据公开信息独立开发出来的技术方案，不可能侵犯他人的商业秘密，但实施该技术方案仍有可能侵犯他人的专利。

（7）维权方式。在我国，侵犯专利权的行为可以通过行政执法和民事诉讼两种形式获得保护，并且主要依赖民事诉讼。如果他人所实施的技术方案（例如产品结构、材料成分）容易被分析获得，则专利权人在民事诉讼中主要需要证明他人所实施的技术方案落入

---

〔1〕 由于《TRIPS协定》第1条“义务的性质和范围”规定：“一、各成员应实施本协定的规定。各成员可以，但并无义务，在其法律中实施比本协定要求更广泛的保护，只要此种保护不违反本协定的规定。各成员有权在其各自的法律制度和实践中确定实施本协定规定的适当方法。”也就是说TRIPS中规定的是成员国对知识产权的保护的最低水平要求，中国是WTO成员方，也应当遵守该条。

其专利的保护范围，进而通过法院或行政机关确认专利侵权。因此，大多数情况下，专利权人相较于商业秘密权利人在维权过程中的难度和举证责任都更低一些。

在我国，侵犯商业秘密的行为可以通过行政执法、民事诉讼和刑事诉讼三种方式获得保护。但在实际操作中，他人是否在使用与权利人商业秘密相同的信息，以及他人使用的相同信息是否是通过不正当手段从权利人处获取的，以上两点都难于查证。从而造成现实环境中商业秘密权利人难于发现和证明侵权行为，造成维权困难。即使刑事保护中有强大的调查取证程序，但商业秘密权利人往往难于证明侵权行为已给其造成重大损失，例如直接经济损失五十万以上，从而难于请求启动刑事调查。[1]

上述区别简要反映为表2－1：

表2－1　专利和商业秘密的制度比较

	权利产生	获权条件	保护范围	是否公开	地域性	期限	权利属性	维权方式
专利	国家授权	“三性”	技术信息	是	有	有	绝对权	举证较易
商业秘密	自动获得	保密性	技术&经营	否	无	无	相对权	举证较难

2. 特定发明创造的专利或商业秘密模式选择（考虑因素）

（1）特定发明创造是否属于专利的保护范围。由于专利的保护范围较商业秘密而言更小，例如我国《专利法》第25条：“对下列各项，不授予专利权：（一）科学发现；（二）智力活动的规则和

〔1〕朱巍：“商业秘密与专利保护方式的比较与选择”，载《法制博览》2012年第7期。

方法；（三）疾病的诊断和治疗方法；（四）动物和植物品种；（五）用原子核变换方法获得的物质；（六）对平面印刷品的图案、色彩或者二者的结合作出的主要起标识作用的设计”，所以当某种技术无法在该国获得专利权时，那就只能选择将其作为商业秘密来进行保护。

又如《TRIPS 协定》第 27 条“可授予专利的客体”规定：“一、在遵守第二款和第三款规定的前提下，专利可授予所有技术领域的任何发明，无论是产品还是方法，只要它们具有新颖性、包含发明性步骤，并可供工业应用。在遵守第六十五条第四款、第七十条第八款和本条第三款规定的前提下，对于专利的获得和专利权的享受不因发明地点、技术领域、产品是进口的还是当地生产的而受到歧视。二、各成员可拒绝对某些发明授予专利权，如在其领土内阻止对这些发明的商业利用是维护公共秩序或道德，包括保护人类、动物或植物的生命或健康或避免对环境造成严重损害所必需的，只要此种拒绝授予并非仅因为此种利用为其法律所禁止。三、各成员可拒绝对下列内容授予专利权：（一）人类或动物的诊断、治疗和外科手术方法；（二）除微生物外的植物和动物，以及除非生物和微生物外的生产植物和动物的主要生物方法。但是，各成员应规定通过专利或一种有效的特殊制度或通过这两者的组合来保护植物品种。”简而言之，只要不属于上述成员国可以拒绝授予专利的内容，且该项发明不违背成员国的公共道德，那么该项技术就可以在 TRIPS 协定的成员国内依照相关程序获得专利。

（2）发明创造更新替代的周期。如果发明创造更新替代周期较长，那么商业秘密的保护方式优于专利，因为专利保护期具有有限性，一旦保护届满，那么该技术方案必须进入公共领域，成为一种公知，公众能够自由适用。如果采用商业秘密保护模式，只要权利人采取的保密措施恰当，有效地防止了商业秘密的泄露和公开，那么依然可以持续维持权利人在该项发明创造上的竞争优势。

（3）发明创造的收益成本。一项发明创造最多收益的实现是在研发期、投入期还是扩大生产经营期以及后续开发期，对于特定发明创造采用何种方式进行保护影响重大。如果一项发明创造重在研发投入期进行收益以及注重抢占市场先机，那么商业秘密的保护模式无疑要优于专利保护，因为专利保护自申请至授权往往经历的时间较长，而且在早期公开之前技术方案是得不到保护的，早期公开之后获得也是一种警告和获得赔偿的预期权利，而此时一旦有竞争者实施了侵权行为，那么权利人的损失是巨大的。因为即使在获得授权许可之后得到了赔偿，但由于权利人在研发阶段没有很好地占领市场，在发明创造的投入期已经损失了利益，而这种利益基于发明创造收益成本的考虑是无法恢复的，因此，此时专利保护是事后的、不及时的，也不是有效的。[1]

（4）对创造性和新颖性的估计。如果该项技术信息的所有人对于新颖性和创造性有把握，并且专利授权是及时并有效的，那么专利保护模式的优势可以良性地发挥，但是专利申请必须承担因为不具有新颖性或创造性而不能授予专利的风险，如果专利被驳回，又发生在早期公开之后，那么发明人无疑就失去了对该项发明创造的专有权。

（5）发明创造被反向工程的可能性。选择商业秘密保护的发明创造一定不能是通过反向工程就能轻易获取的技术，如果通过“商业秘密”生产的产品能够轻易地反向得出的发明创造的内容，专利将是该项发明创造最佳的保护模式。

（6）同行业竞争对手实力[2]。由于一旦选择申请专利，技术信息将会被公开，进入公共领域。所以在市场竞争当中，如果竞争

---

〔1〕陈姿含：“商业秘密保护与专利保护法律规制模式的理性选择”，载《净月学刊》2013 年第 4 期。

〔2〕徐志、陈瑛：“申请专利，还是采取商业秘密保护？——现代企业知识产权管理问题谈”，载《广东科技》2001 年第 12 期。

对手实力较弱，他们通过反向工程和技术研发追赶的能力较差，那么技术所有人通常会选择用商业秘密的方式来保护其知识产权。但是如果对手实力较强，其研发和反向工程能力较好，某项技术的所有人则会选择抢占先机获得专利权，以此获得排他性的法律保护。

上述考虑因素课简单概括如表 2－2：

表 2－2 选择专利或者商业秘密的主要考虑因素

考虑因素	专利保护范围	更新替代周期	最大收益实现阶段	创造性和新颖性估计	被反向工程的可能性	同行业竞争对手实力
更优选择	是：专利	长：商业秘密	研发投入期:商业秘密	强：专利	大：专利	强：专利
	否：商业秘密	短：专利	扩大生产期：专利	弱：商业秘密	小：商业秘密	弱：商业秘密

3. 特定发明专利和商业秘密的模式组合

虽然某一具体的技术信息不可能同时作为商业秘密和专利进行保护，但是一个技术方案仍可能同时获得商业秘密和专利的双重保护。因为在某种产品的生产过程中，通常是一系列技术的组合，即所谓的“技术方案”。在这个技术方案中，各个技术的难易程度和重要程度也是不一样的，有的技术属于核心技术，有的则属于外围技术。

举例而言，对于某种产品的制造方法，可能在该制造场所的很多技术人员经过长期工作都能基本了解到其基本制造流程和工艺，但是其中很多具体步骤的温度、原料成分和操作要求等信息都仅是执行该步骤的员工才有可能接触到。在这种情况下，就完全可以选择对该产品的基本制造方法进行专利保护，但不在专利中披露实际生产中的一些温度、原料成分和操作要求等工艺细节，从而将这些工艺细节作为商业秘密进行保护。当然，在专利申请中省略了这些工艺细节，也必须保证所属领域的技术人员仍能基本实现该技术方案，否则相应的专利申请可能会不符合专利法的授权要求。[1]

此外，商业秘密的核心作用在于保护自身的创新，如上所述其是一种相对的权利。而由于专利的排他权，专利能够对竞争对手形成一定的限制作用。在二者组合的使用上，也应该考虑到这一点。举例而言，对于具体一项产品的设计文稿、参数、成分等通过商业秘密进行保护的同时，可以通过专利布局的方式扩大对于创新的保护范围，包括对于下一代产品、其他可能解决方案等进行专利申请，以扩大排他范围。

（二）发明创造的专利化

1. 各国制度比较研究

（1）发明在先原则。发明在先原则是指两个或两个以上的单位或个人对同一专利向专利主管部门提出申请时，专利授予最先发明人。目前只有美国、加拿大等少数国家适用这一原则。如美国《专利法》第102条S款明确规定先发明原则。先发明原则是基于保护人权的指导思想，如果不承认发明创造为发明人的财产，就等于无视人权。从这意义上讲，为了鼓励和保护真正最早作出发明创造的人，授予最先发明人专利权有其合理性。[2]

（2）申请在先原则。申请在先原则，顾名思义，也就是指两个或两个以上的单位或个人对同一专利向专利主管部门提出申请时，专利授予最先申请的那个人。这个原则是目前世界上绝大多数国家

---

〔1〕朱巍："商业秘密与专利保护方式的比较与选择"，载《法制博览》2012年第7期。

〔2〕程婷："专利申请审查中的先申请原则与先发明原则的比较研究"，载《法制与社会》2008年第27期。

都适用的专利申请原则。[1] 例如我国《专利法》第9条第2款的规定："两个以上的申请人就同样的发明创造申请专利的，专利权授予最先申请的人。"

（3）二者在专利制度上的差别。

第一，新颖性判定时间标准不同。各国专利制度均规定技术被授予专利首先必须具有新颖性，而是否具有新颖性以是否公开为标准。在判定该技术是否处于公开状态时，采用先申请原则的国家一般都适用申请日或申请时为公开的时间标准。而采用先发明原则的国家当然用发明日来确定公开的时间。发明日的确定非常复杂，不但要考虑发明人的构思完成日，还要考虑实施日以及发明人在此期间付诸实施的积极程度，不能只片面地考虑其中某一个方面。

第二，专利权属认定不同。当两个申请人分别就相同的专利提出申请时，适用不同的原则，专利权属的判定当然也不同。首先，先发明原则要求将专利权授予第一个真正的发明人，因此，判定权属的核心是认定谁最先形成构思或完成发明。适用先申请原则则主要查明谁最先提出申请。这个是明确无误记录在案的。其次，因判定谁的发明在先十分复杂，所以适用先发明原则就必须制定相应的认证规则及相关程序。如美国专利制度中规定了独特的"发明抵触程序"。该程序专门解决发明人的问题。如果两个发明人就相同主题的发明向专利局提出申请，这两个申请将首先进入抵触审查程序，以决定哪一方为先发明人。由于判定谁先提出申请只需查下申请记录便知，先申请原则无需上述程序与规则、最后，适用先发明原则国家的发明者们一般要提供发明创造的原始记录才能证明自己是先发明的那一个，例如记载了具体发明构思及完成过程，并有证人签字的研究记录簿。而长久不变的法律制度也使美国的发明者养

---

〔1〕 程婷："专利申请审查中的先申请原则与先发明原则的比较研究"，载《法制与社会》2008年第27期。

成了从刚有创意和想法时就开始记录的习惯，各公司亦形成记录创意和发明过程的一套体制。在适用先申请原则的国家，上述证据往往不能用来确认专利权属。相反，专利局的申请登记簿或申请人的邮寄证明等则是主要的认定依据。同样，在日常的生产生活中人们也不会自发地养成记录创意构思的习惯。

第三，适用范围不同。根据美国专利法的规定，先发明原则的适用范围是有限的，即仅适用于在美国完成的发明，对外国的专利则适用先申请原则，而在采用先申请原则的国家，无论是本国发明还是外国发明，都无差别地适用。[1]

两个原则的上述差异可概括如表2－3：

表2－3　发明在先原则与申请在先原则的主要区别

	新颖性判定时间	专利权属认定	适用范围
发明在先原则	发明日	复杂：率先构思或者完成发明	仅限国内发明（美国为例）
申请在先原则	申请日	简单：率先提出申请	国内国外均适用

2. 具体获权程序比较研究

《巴黎公约》中规定了成员国对工业产权实体权利方面应当给予的保护水平，但是由于各国法律制度和文化的巨大差异，其并没有规定一套在各成员国之间均通用的统一的专利获权程序。TRIPS协定虽然全面纳入了《巴黎公约》，但是第1条规定：“各成员有权在其各自的法律制度和实践中确定实施本协定规定的适当方法”，故也没有对专利获权程序进行统一规定。所以专利申请、审查和授

〔1〕张玲：“浅议专利审查‘先申请’与‘先发明’原则之比较”，载《邵阳学院学报》（社会科学版）2005年第6期。

权等程序性属于各国自主立法的范畴。下文将以几个主要贸易大国为例，简单介绍这些国家的专利获权程序。

（1）美国。根据美国专利法，一项发明要想获权大致会经过申请——审查——复审——授权四个大步骤。具体程序如图 2－1 所示：

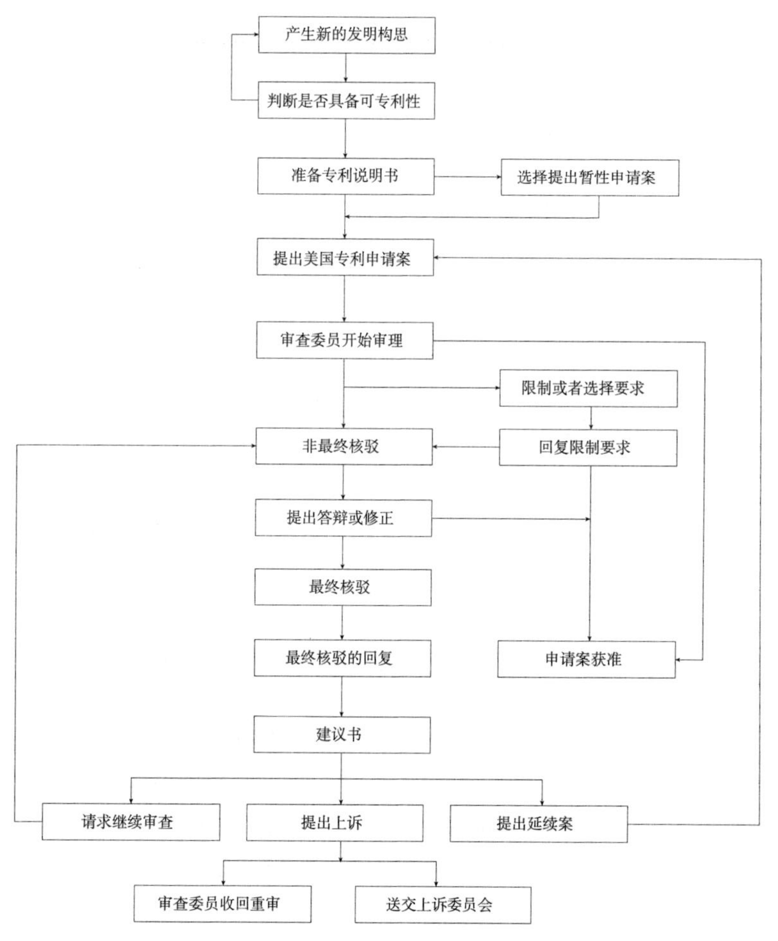

图 2－1 申请美国专利流程图

同时，在美国申请专利时，需要进行相关政策以及专利的查询，故附上美国专利和商标局的网站：https：//www. uspto. gov/，相关页面如图 2－2、2－3、2－4 所示：

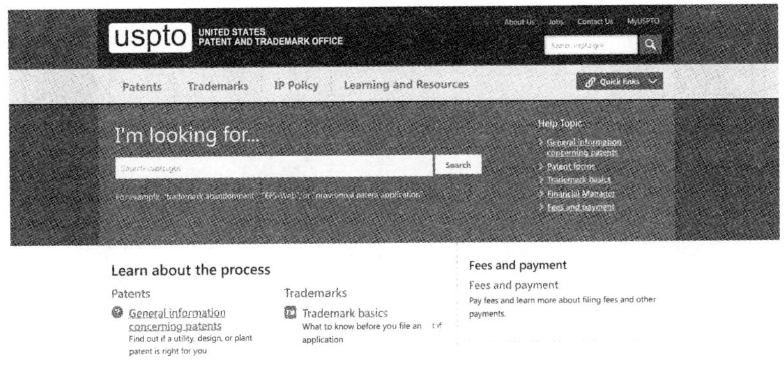

图 2－2　美国专利和商标局网站

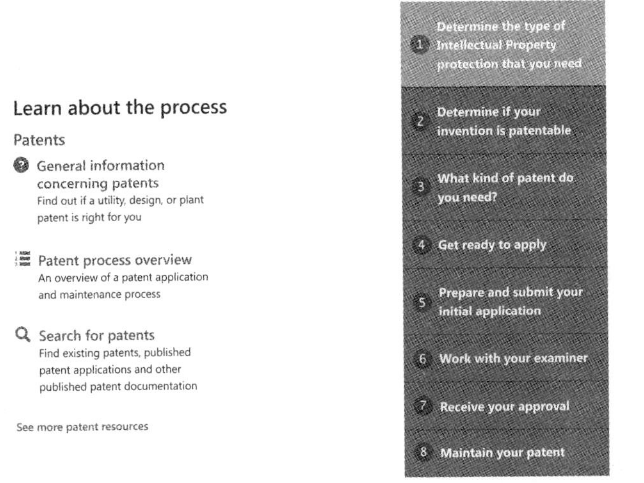

图 2－3　美国申请程序导引　　　　图 2－4　美国专利申请流程

（2）德国。根据德国专利法，一项发明在德国获得专利权的主要程序有：向专利局提出申请——审查部进行审查——审查部决定授予专利或者驳回——向专利法院提起上诉——向联邦法院上诉法律问题。

在此过程中，申请者可能需要查询德国相关政策法规和既有专利的情况，故此处附上德国专利商标局的网站链接：https：//www. dpma. de/english/index. html，相关页面如图 2 –5 所示：

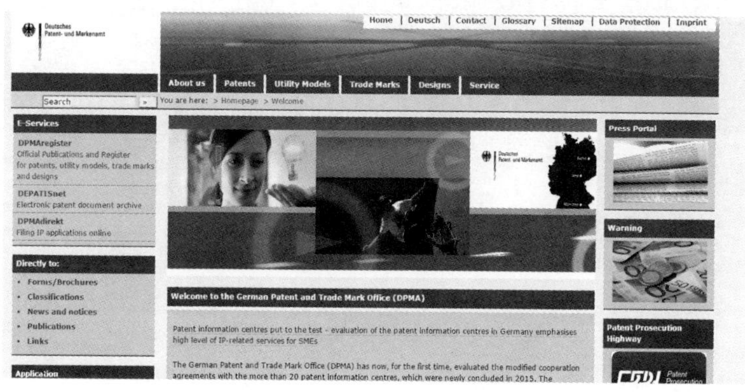

图 2 –5　德国专利商标局网站

（3）韩国。根据韩国专利法，负责受理专利申请的机关为韩国知识产权局。一项发明创造要想获得韩国的专利权，大致需要经过以下程序：提出申请——知识产权局审查及复审——授权或者驳回——韩国知识产权审判庭审判和复审——韩国专利法院审判——韩国最高法院审判。

根据韩国知识产权局官方网站：http：//www. kipo. go. kr/显示（网站页面如图 2 –6 所示），申请发明专利及实用新型专利与申请外观设计专利的程序略有不同，如图 2 –7 和图 2 –8、2 –9 所示：

图2-6 韩国知识产权局网站

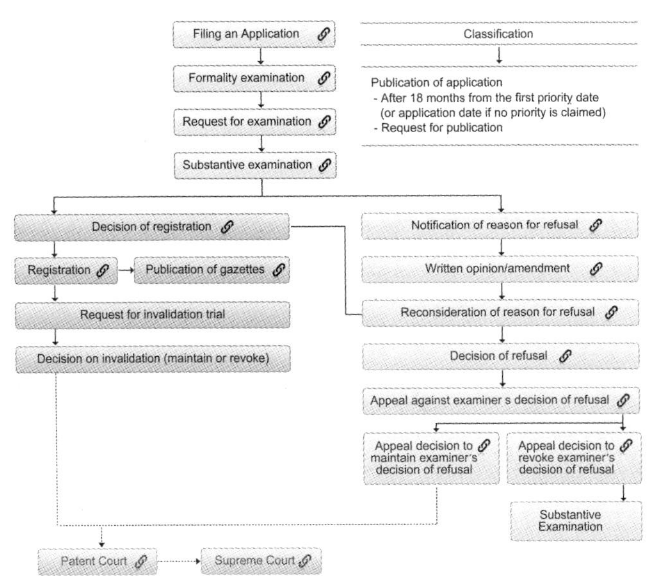

图2-7 申请发明与实用新型专利的程序

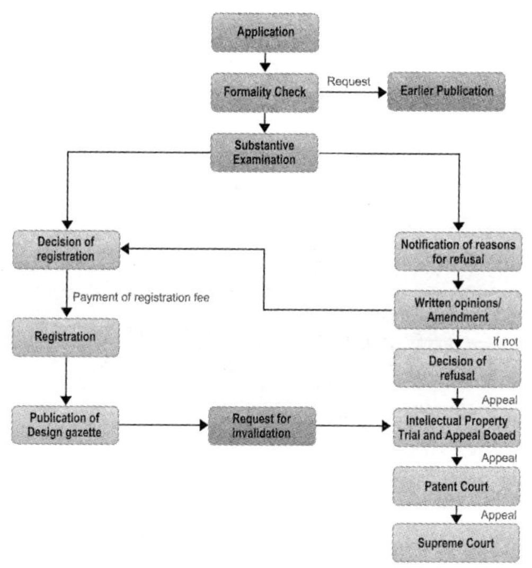

图2－8　韩国外观设计申请流程之一

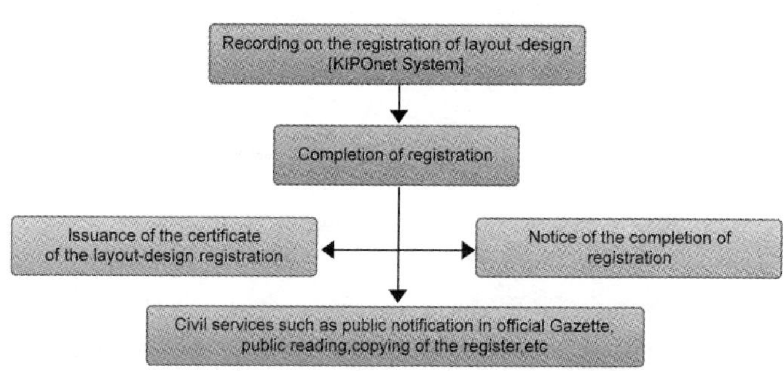

图2－9　韩国外观设计申请流程之二

（4）日本。根据日本专利法的相关规定，负责受理专利申请的机关为日本特许厅，其网站为：http：//www. jpo. go. jp/（页面如图2－10、2－11 所示）。一项发明创造在日本获得专利权的大致程序为：向特许厅提出申请——厅长指派审查官审查——作出决定授权或驳回——向特许厅提起裁判——厅长指派组成合议庭裁判——

重裁——向知识产权高等法院提起诉讼——向最高法院提起上诉。（图2-12所示为知识产权案件的管辖情况）

图2-10　日本特许厅网站

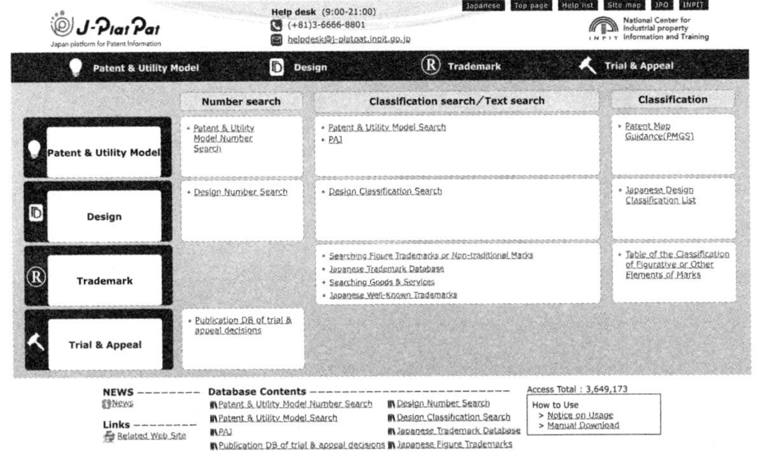

图2-11　日本特许厅网站

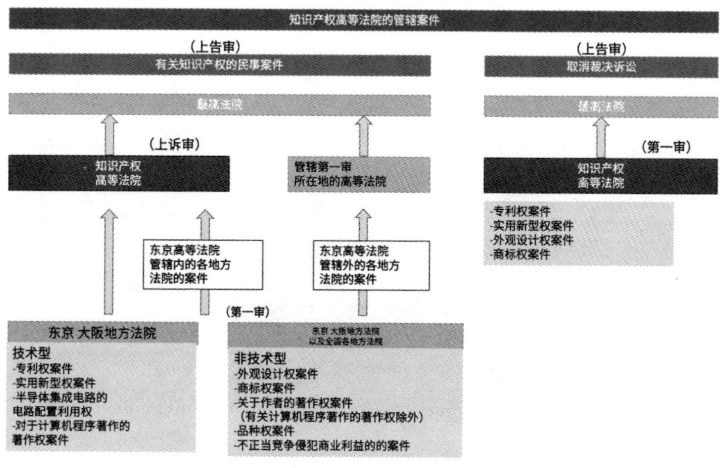

图2-12 日本知识产权案件司法管辖情况

（5）法国。根据法国《知识产权法典》的工业产权部分规定，一项技术要想在法国获得发明专利或者实用新型专利，大致需要经过以下主要程序：申请人向法国工业产权局提出申请——国防部派人进行国防安全审查——专利管理处进行形式审查——专利技术处进行技术审查——检索——公布——转达公众意见——授权并颁发证书。一项设计要想获得外观设计专利则有两种程序：一般程序和简易程序。其中一般程序包括提交申请文件——审查——公布三个步骤。简易程序是根据《外观设计法》（1994 年）采取的一种外观设计申请形式，主要是针对那些频繁更新其产品的形状和饰物的工业品外观设计制定的，如时装业。此处为方便申请者查询法国工业产权申请的相关法规政策及信息，附上法国工业产权局的网站：https：//www. inpi. fr/fr（相关页面如图 2-13 所示）。

图 2－13　法国工业产权局网站

（6）英国。根据英国专利法，一项发明创造在英国的专利权的主要程序为：向英国专利局提出申请——专利局局长指派审查员初步审查——公布申请——专利局局长指派审查员检索——专利局进行实质审查——授权或者拒绝——向专利法庭提起诉讼。英国知识产权局的网站：https：//www. gov. uk/government/organisations/intellectual－property－office（相关页面如图 2－14 所示）和英国专利的网上申请通道页面（相关面面如图 2－15 所示）。

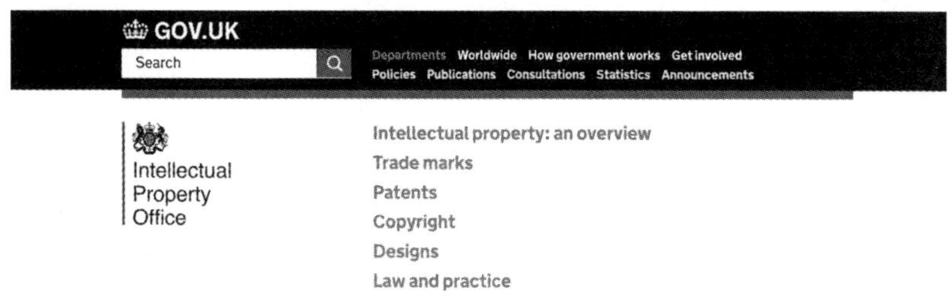

图 2－14　英国知识产权局网站

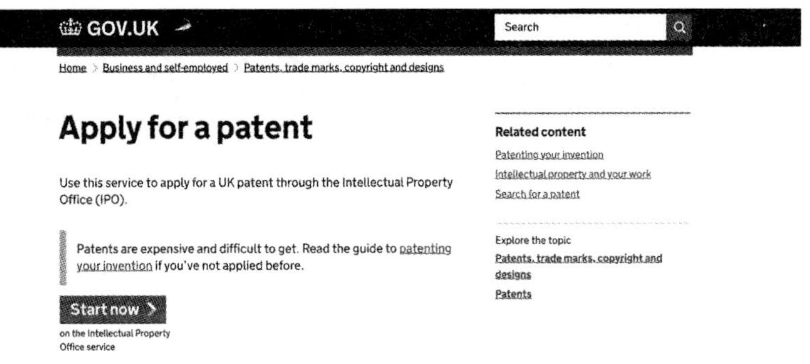

图2－15　英国专利申请网站导引

（7）主要国家和地区知识产权机构官方网址。通过上述列举可以发现，各国的专利获权程序差异不大，主要有以下共同点：①各国通常都设有专门的行政机构来负责专利事务；②各国的专利获权程序基本包含提出申请、技术审查、授权或者驳回等主要步骤；③各国的专利主管机关通常以行政行为的方式对一项申请予以授权或者驳回，且此种行政行为的效力通常不是终局的，需要受到司法机关的监督；④各国基本都有相应的司法程序为申请人和其他权利相关人提供司法救济。

另外各国的专利获权程序也存在一些差异，主要表现为：①负责专利事务的行政机关进行内部审查的程序不一样，例如日本和英国，需要由局长指派专员进行审查；②有无其他机关参与或者前置程序，例如法国需要由国防部派员对申请进行安全审查；③形式审查和实质审查是否分开，例如英国和法国将两者分开，而日本则将二者合二为一；④是否有专门的司法机关负责审理有关专利申请的行政案件，例如英国、日本和韩国都有专门的知识产权法院或者专利法庭来专门负责此类案件。

由于各国程序差异不大，本文无法完全列举，所以此处仅列出其他国家和地区负责专利事务的主管机关的官方网址，以供查询。

澳大利亚知识产权局（IP Australia）

http：//www. ipaustralia. gov. au/

奥地利专利局（The Austrian Patent Office）

http：//www. patentamt. at/Home/index1. html

比利时知识产权局（Belgian Intellectual Propert Office）

http：//economie. fgov. be/opri – die. htm

比荷卢三国关税同盟知识产权局（Benelux Office for Intellectual Property）

http：//www. boip. int/en/homepage. php

巴西国家工业产权协会（National Institute of Industrial Property）

http：//www. inpi. gov. br/

加拿大知识产权局（Canadian Intellectual Property Office）

http：//www. cipo. ic. gc. ca/eic/site/cipointernet – internetopic. nsf/eng/Home

捷克知识产权局（Industrial Property Office）

http：//www. upv. cz/en. html

丹麦专利和商标局（Danish Patent and Trademark Office）

http：//www. dkpto. org/

欧洲专利局（European Patent Office）

http：//www. epo. org/index. html

芬兰国家专利和注册部（National Board of Patents and Registration of Finland）

http：//www. prh. fi/en. html

法国国家工业产权协会（National Institute of Industrial Property）

http：//www. inpi. fr/

德国专利商标局（German Patent and Trade Mark Office）

http：//www. dpma. de/english/index. html

希腊工业产权组织专利局（Industrial Property Organization

(OBI), Patent Office)

http://www.obi.gr/obi/

香港特别行政区知识产权署

http://www.ipd.gov.hk/

匈牙利专利局（Hungarian Patent Office）

http://www.hpo.hu/English/

爱尔兰专利局（Irish Patents Office）

http://www.patentsoffice.ie/

印度专利管理局（Office of the Controller General of Patents）

http://www.patentoffice.nic.in/

印度尼西亚法律和人全部知识产权会（Directorate General of Intellectual Property Rights, Ministry of Law and Human Rights）

http://www.dgip.go.id/ebscript/publicportal.cgi

以色列专利局（Israel Patent Office）

http://www.justice.gov.il/MOJEng/RashamPatentim/default.htm

意大利专利商标局（Italian Patent and Trademark Office）

http://www.uibm.gov.it/it/

日本特许厅（Japan Patent Office）

http://www.jpo.go.jp/

韩国知识产权局（Korean Intellectual Property Office）

http://www.kipo.go.kr/

蒙古知识产权局（Intellectual Property Office of Mongolia）

http://www.ipom.mn/

荷兰专利局（Netherlands Patent Office）

http://en.octrooicentrum.nl/

新西兰知识产权局（Intellectual Property Office of New Zealand）

http://www.iponz.govt.nz/cms

挪威知识产权局（Norwegian Industrial Property Office）

http：//www. patentstyret. no/en/english/

菲律宾知识产权局（Intellectual Property Office of the Philippines）

http：//www. ipophil. gov. ph/

波兰专利局（Polish Patent Office）

http：//www. uprp. pl/English

葡萄牙知识产权局（Portuguese Institute of Industrial Property）

http：//www. marcasepatentes. pt/

罗马尼亚发明和商标局（State Office for Inventions and Trademarks）

http：//www. osim. ro/index3. html

俄罗斯知识产权专利商标联邦服务［Federal Service for Intellectual Property，Patents and Trademarks（Rospatent）］

http：//www1. fips. ru/wps/wcm/connect/content_ en/en/main/

新加坡知识产权局（Intellectual Property Office of Singapore）

http：//www. ipos. gov. sg/topNav/hom/

西班牙专利商标局（Spanish Patent and Trademark Office）

http：//www. oepm. es/

南非公司和知识产权注册局（Companies and Intellectual Property Registration Office ）

http：//www. cipro. gov. za/

瑞典专利注册局（Swedish Patent and Registration Office ）

http：//www. prv. se/In – English/

瑞士知识产权联邦机构（Swiss Federal Institute of Intellectual Property）

http：//www. ige. ch/

我国台湾地区“经济部”智慧财产局

http：//www. tipo. gov. tw/ch/

泰国商业部知识产权局（Department of Intellectual Property）

http：//www. ipthailand. org/ipthailand/

英国知识产权局（Intellectual Property Office）

http：//www. ipo. gov. uk/

美国专利商标局（United States Patent and Trademark Office）

http：//www. uspto. gov/

世界知识产权组织（World Intellectual Property Organization）

http：//www. wipo. int/portal/index. html. en

非洲知识产权组织（African Intellectual Property Organization）

http：//www. oapi. wipo. net/en/OAPI/index. htm

非洲地区知识产权组织（African Regional Intellectual Property Organization）

http：//www. aripo. org/

欧亚专利组织（Eurasian Patent Organization）

http：//www. eapo. org/eng/ea/

（三）发明创造的商业秘密化

1. 商业秘密的构成要件

如前述，将企业的发明创造以商业秘密的形式予以保护，相对于专利而言，可以获得秘密性更强、被他人独创可能性更小、被更新替代周期更长的保护。那么，对于企业而言，了解我国以及目标国家所规定的商业秘密构成要件是基础而不可或缺的知识管理工作。

（1）中国。我国对于商业秘密的规定初成形于1993年颁布生效的《反不正当竞争法》，该法对商业秘密作出了定义。现我国规范商业秘密的法律法规主要有《反不正当竞争法》以及国家工商行政管理总局颁布的《关于禁止侵犯商业秘密行为的若干规定》。学术界现存在“三要件”说、“四要件”说等争论。但无论何种学说，根据商业秘密的定义，在实质上，应有如下构成要件：

第一，秘密性，即不为公众所知悉。既然是商业秘密，只能是有限的一部分人才知道，该信息不能从公开渠道直接获得。一般说来，该领域的专家或者竞争者也不知道。通过公开的渠道如出版物或者其他资料轻易就能获取的信息，不能作为商业秘密。

第二，价值性，即可为权利人带来经济利益。商业秘密通过现在或将来的使用，应当能够为权利人带来现实的或潜在的经济利益或竞争优势。

第三，实用性。该信息具有确定的可应用性，可投入实际的运用从而创造经济价值。

第四，保密性，即权利人针对信息采取了相关保密措施。权利人未采取保密措施的不能视为商业秘密。权利人应当有把某种技术信息或者经营信息作为商业秘密的意见，而且应当严加防范，采取措施防止外人（包括内部人员中和与该项秘密无关的人员）轻易地能获取这种信息。[1] 而保密措施包括保密协议，建立保密制度及采取其他合理的保密措施。

（2）美国。美国关于商业秘密的成文法主要有四部：1939 年《侵权法重述》、1985 年《美国统一商业秘密法》、1995 年《反不正当竞争法重述》和 1996 年《经济间谍法》。根据以上几部法律规定，可总结商业秘密构成要件如下：

第一，秘密性。上述四部法律均对商业秘密的秘密性提出了要求，即他人无法以正当方法轻易获知该信息。

第二，经济价值。根据美国法律规定，商业秘密的泄露或使用应当能够使他人获取经济利益，具有现实的或潜在的独立价值。商业秘密的获益人不仅限于权利人主体，亦包括他人。

---

〔1〕 王瑞贺主编：《中华人民共和国反不正当竞争法释义》，法律出版社 2018 年版，第 30 页。

第三，保密性。即权利人应尽合理努力，为维持该商业秘密的秘密性采取一定的保密措施。

（3）欧盟。欧盟委员会于2016年针对商业秘密颁布了新的指令 Directive（EU）2016/943，于第2条对商业秘密应当满足的条件作出了规定：[1]

第一，秘密性。应当不为人知且不易为相关群体的人所获得。

第二，价值性。该指令强调，该商业秘密的价值应当因其秘密性而获得。

第三，保密性。即该信息的合法控制人为保持其保密性采取合理的措施。

需要值得注意的是，欧盟委员会认为在商业秘密对企业的竞争性优势愈发重要的情形下，欧盟公司出现滥用商业秘密的行为，因此才重新规范了相关规定以防止滥用。[2]

（4）日韩。日本对商业秘密的规定在《不正当竞争防止法》中。该法第2条第6款规定："本法规定的商业秘密是指被秘密管理而不为公众所知的、对商业活动有用的生产、销售方法或任何其他技术或经营信息。"[3] 尽管该法律未进一步解释商业秘密的具体要件，但是可从该定义中总结出秘密性（不为公众所知）、保密性（秘密管理）、实用性的三个要件。

韩国在《不正当竞争防止及商业秘密保护法》第2条第2款中对商业秘密进行定义，"商业秘密是指经营活动中的包括生产、销售方法、有用的技术或商业信息的信息，该信息不为公众所知，经

---

〔1〕 参见 http：//eur - lex. europa. eu/legal - content/EN/TXT/HTML/？ uri = CELEX：32016L0943&from = FR，最后访问时间：2017年2月21日。

〔2〕 参见 https：//ec. europa. eu/growth/industry/intellectual - property/trade - secrets_en，最后访问时间：2017年2月22日。

〔3〕 参见 http：//www. wipo. int/wipolex/zh/text. jsp？ file_ id = 334992#Art12，最后访问时间：2017年2月22日。

实质努力以保持其秘密性，且具有独立的经济价值”。[1] 从该定义中可知，韩国法律对商业秘密要件要求为：秘密性、保密性、有用性、具有独立经济价值，还将信息范围限定在业务活动中。

（5）国际条约规定——TRIPS。TRIPS 未出现“商业秘密”（trade secret）这一术语，其第 7 节第 39 条则规定了“未被披露过的信息的保护”（protection of undisclosed information）的构成要件，具体如下：

第一，秘密性。该信息作为整体或者作为其组成部分的确切构造或组合，未被通常从事该类信息工作的领域内的人们普遍知悉或者容易获得。

第二，价值性。因其属于秘密而具有商业价值。

第三，保密性。合法控制该信息的人根据情况采取了合理的保密措施。

欧盟指令的规定与 TRIPS 在文本上的规定基本一致。

从以上不同国家以及国际条约的规定中可以看出，对商业秘密的构成要件的把握在实务上具有一定的共性，均要求该信息应具有秘密性、保密性、实用性，大部分要求应具有经济价值，还有的国家对商业秘密的信息客体范围作出一定限制。

2. *以商业秘密保护发明创造的要点*

企业在计划以商业秘密保护发明创造时，首先应确保该发明创造符合商业秘密在该国法律中的构成要件。如前述，虽不同国家对商业秘密的要件要求不尽相同，但秘密性、保密性、实用性以及具有经济价值是共同的。因此，企业应注意采取措施满足这四大要件。具体要点如下：

（1）秘密性。对秘密性的要求，即企业应保证该发明创造不为

---

〔1〕 参见 http：//www. wipo. int/wipolex/en/text. jsp？ file_ id = 316015，最后访问时间：2017 年 2 月 22 日。

公众所知悉，防止其从公开渠道被他人所获得，不向不特定人员透露。根据国内法院的指导意见以及相关律师业务操作指引，[1] 在保证发明创造的秘密性方面，企业应注意以下问题：

第一，坚决杜绝公开公布，包括国内外媒体、出版物、报告、展览会等。若一项完整的发明创造仅公开一部分，那么未公开部分应仍被认定为具有秘密性。但企业应同时注意已公开的部分是否会导致未公开部分被反向工程突破。

第二，注意发明创造的公开范围。发明创造若因企业经营需予以一定程度的公开，那么应注意不得向不特定群体公开，在特定群体间公开的情况下，法院应根据特殊情况认定其是否丧失秘密性。如单位职工因业务需要掌握了该信息，不能认定向社会公开，仍认定其秘密性。

第三，秘密性并非要求绝对的从其他途径无法获得，而是从其他途径获得需要付出一定的代价、存在一定困难。但秘密性越高，该发明创造的安全性也越高，企业因此而获得利润的可能性就越大。

（2）保密性。保密性要求企业为保证信息的秘密性而采取一定的保密措施。商业秘密的核心本质在于其秘密性，而保密措施则是保证该发明创造不为他人所得知的必要核心条件，必须引起重视。一般来说，合理的保密措施包括而不限于：

第一，建立完善的商业秘密管理体系及架构。包括规范涉密人员的权限管理、接触涉密信息的操作流程以及商业秘密的管理系统等。通过上述规范的流程或指导手册，确保涉密信息在企业内部可控的范围内流动并留存相关证据信息。

---

〔1〕 参见《河南省高级人民法院商业秘密纠纷案件审理的若干指导意见（试行）》《江苏省高级人民法院侵犯商业秘密纠纷案件审理指南》、上海市律师协会《律师提供商业秘密法律服务业务操作指引（2007）》。

第二，建立保密制度，制定保密规章，限定涉密信息的知悉范围，只对必须知悉的相关人员告知其内容，且应当使相关人员知晓其掌握或接触的信息系应当保密的信息。确定保密范围，明确将发明创造列为保密事项；或未制定保密制度，但应明确保密要求。

为做好该产品的商业秘密保护工作，应建立以下商业秘密保护的管理制度：①商业秘密保护机构与人员职责；②员工保守商业秘密规定；③商业秘密使用、销毁制度；④情报档案资料管理制度；⑤工厂对外发布产品相关信息的审查制度。[1]

第三，采取严密的物理防范措施，尽可能隔绝无关人员对秘密发明创造信息的接触。如加锁、添加密码或代码、保密标志等。企业可考虑设置商业秘密管理部门，设置专门的商业秘密管理人员。

第四，签订保密协议，在向他人披露、提供某一信息时，在相关的合同或文件中明确要求对开发的技术进行保密；对于涉密的机器、厂房、车间等场所限制来访者或者提出保密要求；在与他人合作开发或委托开发一项新技术时，在合同中明确要求对开发的技术进行保密。

第五，加强对企业内部人员的管理。企业员工为业务运营必定会较多接触保密信息，除应与这一群体签订严格的保密协议外，还应与其签订竞业禁止协议以防止泄密，防止因员工离职而造成经济损失。《劳动合同法》第 23 条第 2 款规定："对负有保密义务的劳动者，用人单位可以在劳动合同或者保密协议中与劳动者约定竞业限制条款，并约定在解除或者终止劳动合同后，在竞业限制期限内按月给予劳动者经济补偿。劳动者违反竞业限制约定的，应当按照约定向用人单位支付违约金。"而该法第 24 条第 2 款则规定："在解除或者终止劳动合同后，前款规定的人员到与本单位生产或者经营同类产品、从事同类业务的有竞争关系的其他用人单位，或者自

---

〔1〕 李颖："高科技产品商业秘密保护策略"，载《辽宁经济》2009 年第 6 期。

已开业生产或者经营同类产品、从事同类业务的竞业限制期限，不得超过2年。”

（3）实用性与经济价值。根据法律法规对商业秘密实用性和价值性的要求，发明创造应当能够应用于生产实践及经营管理，从而为企业能够带来现实的或潜在的经济利益或市场竞争的优势。

二、商业性标记的知识产权化

（一）商标

1. 各国商标权取得制度比较研究

商标权的取得可以分为原始取得和传来取得，我们这里重点说一下商标权的原始取得。原始取得又称直接取得，对于各国商标权直接取得的原则大体上可以分为三种：使用在先原则、注册在先原则以及混合原则。

（1）使用在先原则。使用在先原则是指按照商标使用的先来后到来决定商标权的归属，也就是说谁先使用商标，商标权就归谁，而注册这种行为仅仅是对已经产生的商标权的一种行政确认。采取使用在先原则的国家已经越来越少了，但是还是存在的。英美法系国家早期商标的保护一般以实用为基础。美国就是典型的受使用原则影响深远的国家，虽然现在引入了注册原则，但是在其中还是不难看出使用在先原则的身影。如《兰汉姆法》在注册商标时将注册商标申请分为两类，一类是已经使用的商标的申请注册，另一类是有真诚意图使用商标的申请注册。[1] 并且美国在商标注册的除外

〔1〕《美国兰汉姆法》第1051条（a）（b）。

情形中规定与他人在先使用且并未放弃的商标（不要求已注册）相似易于造成混淆的不予注册[1]，这其中也不难看出“使用”对美国商标法的深远影响。加拿大《商标法》规定，已在加拿大使用商标，使商标为人所知，或准备在加拿大使用该商标者，或者已经在其他国家注册的同时使用该商标者，可以申请注册商标。这些规定都不难看出使用原则的身影。使用在先原则更符合法理及公平的价值判断，但是由于缺少公示极易发生商标重合的情况，对后注册使用的商标权人也存在极大的不公平，并且在发生纠纷时具有很高的诉讼成本，这也是为什么多数国家都不再采用单纯通过使用取得商标权的制度。

（2）注册在先原则。注册在先原则是说商标所有人通过向商标主管机构申请注册而取得商标权。注册制度最大优点在于建立了商标公示制度，使商标的归属一目了然，避免纠纷。目前多数国家的商标权取得方式都采用注册在先原则，如欧盟和中国。注册原则将国家注册这一原则成为商标权获取的必要程序，在一定程度上将商标的取得进行了公示，减少了二人在不知情的情况下使用同一商标的情况，并且其在程序上更加简便，取证容易，有利于商标的利用和保护。在注册商标权的取得上，如果两个或者两个以上的申请人在相同或类似商品上申请注册相同或者近似商标如何处理呢？一般有两种做法，申请在先原则以及使用在先原则。前者就是两个或两个以上申请人谁先申请商标权就授予给谁；而使用在先就是这几个申请人中谁是最先使用这个商标的，商标权就授予给谁。我国对于多人申请注册商标冲突情况下的解决就是以申请在先为主，以使用在先为辅。

（3）混合原则。此外在商标权的取得上还有取折中处理办法的混合原则，也就是指在商标权的成立时，兼顾以上两种原则，商标

---

〔1〕《美国兰汉姆法》第1052条（d）。

权既可以通过使用而成立也可以通过注册而产生。按照混合原则，商标权原则上属于商标的注册人所有，但是商标的先使用人可以在法律规定的一定期限内提出争议或指控，请求予以撤销该注册商标，若法定期限内无人提出争议或指控，商标注册人始取得无可争辩的商标权。在混合原则之下，商标注册首先只起推定商标权成立的作用，只有在法定期限届满后才成为确立商标权的根据；而商标使用也并非在使用原则下那样确立商标权，而只是使先用人获得对抗注册商标之权利。英国、德国都是采用混合原则制度的国家。[1]

2. 具体获权程序比较研究

（1）我国获权程序。由于不同国家的商标权取得制度的差异，各国具体的获权程度也有所不同。我国是秉承着商标权取得注册在先的原则，商标申请人需经注册方可取得商标权，申请商标注册可以由申请人直接到商标局的商标注册大厅办理也可以委托国家认可的商标代理机构办理，外国人或外国企业来华注册商标必须通过商标代理机构进行办理。具体注册程序包括商标查询、提交申请、缴纳商标注册费用、商标形式审查、商标实质审查、商标公告、最后颁发商标证书。具体流程见图 2－16：

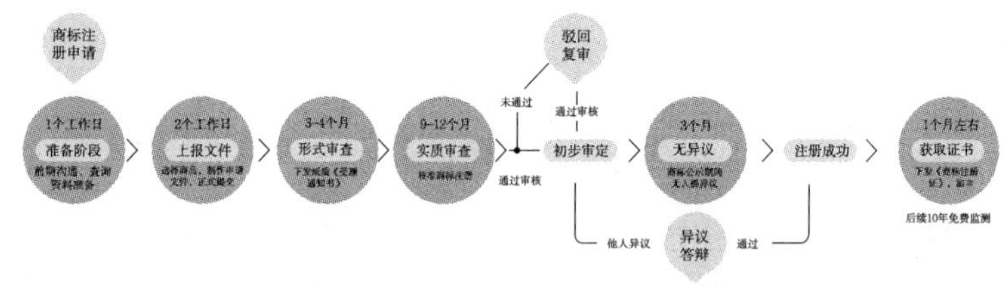

图 2－16　我国商标注册流程

（2）日本获权程序。日本《商标法》同样对商标权的取得采

〔1〕 德国《商标和其他标志保护法》第 12、13 条。

取注册主义，商标一经注册会产生一种叫作商标权的独立排他权。日本商标法保护的对象是通过来源标识功能等能够被商标象征了的信用。外国人（自然人在日本国内没有居住场所，法人在日本国内没有营业所）在日本申请商标的时候，必须委托代理人（在日本国内有居住场所的商标代理人）办理一切手续。主要的注册流程包括申请前的查询、申请、形式审查、申请公开以及实质审查（若审查认为存在驳回申请理由，申请人可提交克服驳回理由的补正书），最后核定注册。日本特许厅网站为 http：//www. jpo. go. jp/（相关页面如图 2－17 所示），进入该网站后选择“商标”一项即可查看注册商标的流程以及申请注册商标所需要准备的材料信息等。[1]

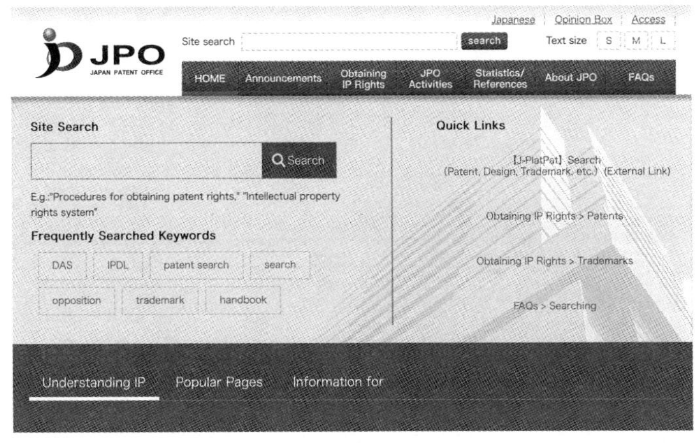

图 2－17　日本特许厅官网

在申请前的查询方面，查询的方法包括三种：申请人自己利用 IPDL（特许电子图书馆）进行查询、委托日本代理人直接查询或者通过中国的商标代理机构，委托日本代理人进行查询。第一种办

〔1〕［日］森智香子、广濑文彦、森康晃：《日本商标法实务》，北京林达刘知识产权代理事务所译，知识产权出版社 2012 年版，第 15 页。

法中IPDL是“独立行政法人工业所有权情报·研修馆”，该网站提供数据库（http：//www. ipdl. input. go. jp/homepg. ipdl）进行在先商标查询[1]，通过商标的“注册号”“商标（检索用）”等检索项目就可以查询商标的信息。(如图2－18所示)

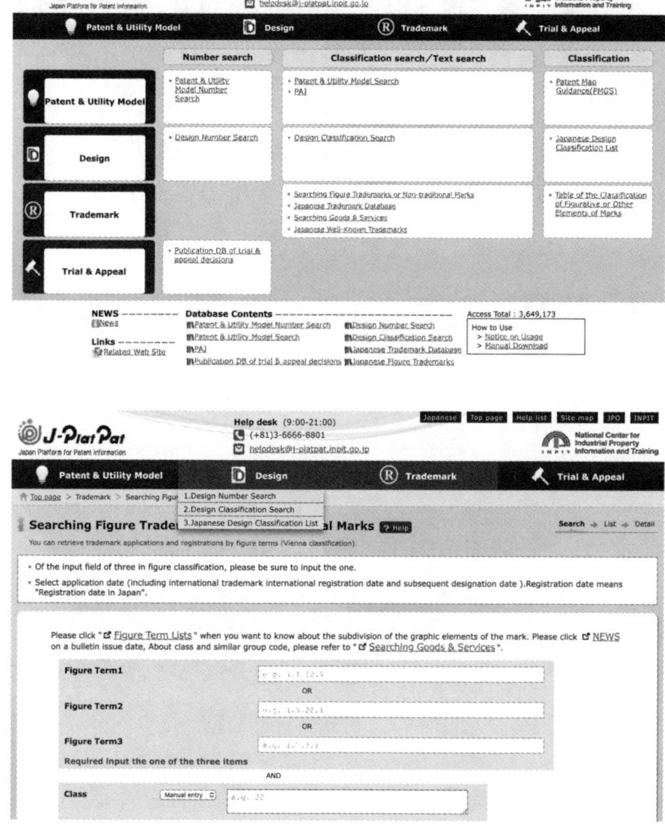

图2－18 IPDL数据库检索

〔1〕［日］森智香子、广濑文彦、森康晃：《日本商标法实务》，北京林达刘知识产权代理事务所译，知识产权出版社2012年版，第16页。

（3）美国获权程序。美国是早期采使用在先原则的国家，目前的注册商标获权中仍然不难看出“使用”的重要性。美国的商标获权程序会根据有没有在先使用而有所不同，如果是已经在先使用过的商标注册申请获得商标专用权，必须在申请时提供开始使用商标的日期和标示，同时要提交实际样品，以便确定该商标在货物或者服务中的使用情况。基于已经在先使用的商标的注册申请流程主要如图 2－19 所示：

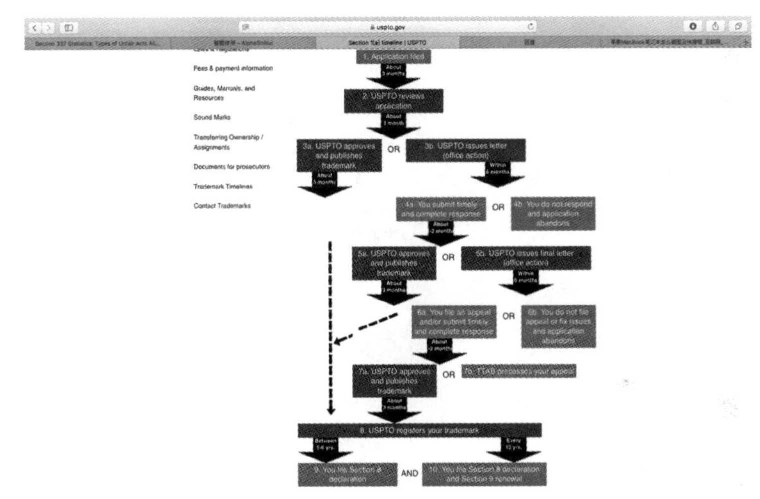

图 2－19　已在先使用的商标注册流程

如果当事人的注册商标申请是一个意向使用申请，也就是在注册之前尚未进行过商标使用，表明在申请注册商标后准备使用，此时要求申请人必须在注册后开始使用，并且要交付额外的费用，申请的流程相对也更加复杂，主要在于申请人要在商标公布之后 6 个月内提交一个商标使用声明以确保商标在注册后得以使用，不提交声明的视为放弃商标申请，主要申请流程如图 2－20 所示：

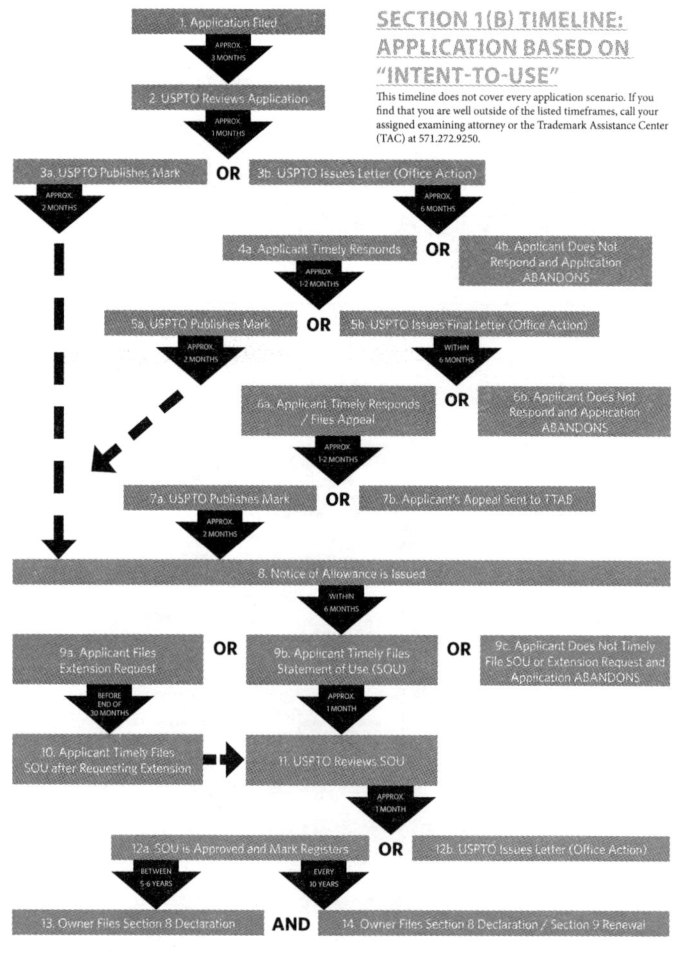

图2－20　未在先使用的商标注册流程

注册申请人在按照上述流程进行商标注册申请之前可以在美国专利商标局网站（http：//www. uspto. gov/）上进行现在商标的检索以确定拟注册商标是否与他人在先注册商标相同或者近似，确保不侵犯他人在先商标权后，申请人可以直接在网上提出注册商标的申请，并且可以通过该网站获取其他所需的信息。

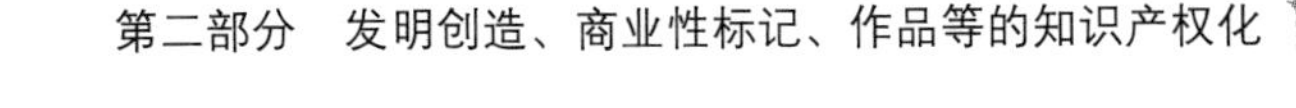

United States Patent and Trademark Office

Home | Site Index | Search | FAQ | Glossary | Guides | Contacts | eBusiness | eBiz alerts | News | Help

Are you filing electronically through TEAS?

Trademarks > **Trademark Electronic Search System (TESS)**

Welcome to the **Trademark Electronic Search System (TESS)**. This search engine allows you to search the USPTO's database of registered trademarks and prior pending applications to find marks that may prevent registration due to a **likelihood of confusion** refusal.

WARNING: Before conducting your search, you must understand the following: (1) what the database includes; (2) how to construct a complete search; and (3) how to interpret the search results. Click **TESS TIPS** for detailed information on these and other important search topics.

If mark images do not appear when viewing search results, clear the cache in the Internet browser. If you need detailed instructions for clearing the cache, contact tess@uspto.gov. Thank you.

HELP News!

Select A Search Option

Basic Word Mark Search (New User)
This option cannot be used to search design marks.

Word and/or Design Mark Search (Structured)
This option is used to search word and/or design marks. **NOTE:** You must first use the **Design Search Code Manual** to look up the relevant Design Codes.

Word and/or Design Mark Search (Free Form)
This option allows you to construct word and/or design searches using Boolean logic and multiple search fields. **NOTE:** You must first use the **Design Search Code Manual** to look up the relevant Design Codes.

图 2-21 美国专利商标局官网商标检索

Apply online

First timer? Get basic information before filing to avoid mistakes that cost you time, money, and potentially your legal rights.

To apply for a trademark or servicemark, **select your form from the table heading below**. Once you select the form, you will be directed to our Trademark Electronic Application System (TEAS) where you can begin filing your application.

Need more help deciding which form to use or how to fill it out? Watch the TEAS Nuts and Bolts video.

Trademark application forms (select one to start) --->	TEAS Plus form	TEAS Reduced Fee form	TEAS Regular form
Filing fee per class of goods/services	$225	$275	$400
E-mail address required for USPTO application-related correspondence?	Yes	Yes	No
Additional submissions, like responses to Office actions, must be filed online?	Yes	Yes	No
Goods/services listing must be selected from the USPTO Trademark Identification (ID) Manual?	Yes	No	No
Full Filing fee paid upfront (per class for all classes listed on the application)?	Yes	No	No

图 2-22 美国专利商标局官网注册申请

（4）德国获权程序。德国是采取混合原则的国家，德国的商标权获权程序主要包括在先商标查询、提交注册申请、实质审查、准予注册、公示、进入公示期、核发商标注册证书。在德国的获权程序中，实质审查只审查该商标的注册有无“绝对禁止理由”，而不审查相对理由，也就是不审查该商标注册是否侵害了第三人的权利。而对第三人权利的保护主要在于在商标注册进入公示期后，较早权利的持有人（在先使用）有机会反对注册。如果先前商标的所有者认为可能与其自己的注册或申请的商标（包括联盟商标和国际商标）有混淆的风险，则可以原则上提出异议，若无人提出异议或者异议不成立则公示期满后核发商标注册证书。反对的异议必须在登记公布后 3 个月内以书面形式提出。

在具体实施上，申请人可以进行网上申请或者进行在先商标检索以判断是否存在相同或类似注册商标，商标注册申请人可通过 http：//www. dpma. de/english/index. html（相关页面如图 2 －23 所示）进行网上申请以及商标检索。图 2 －24 展示了商标注册的材料和准备，图 2 －25 展示了商标在线检索的方式。

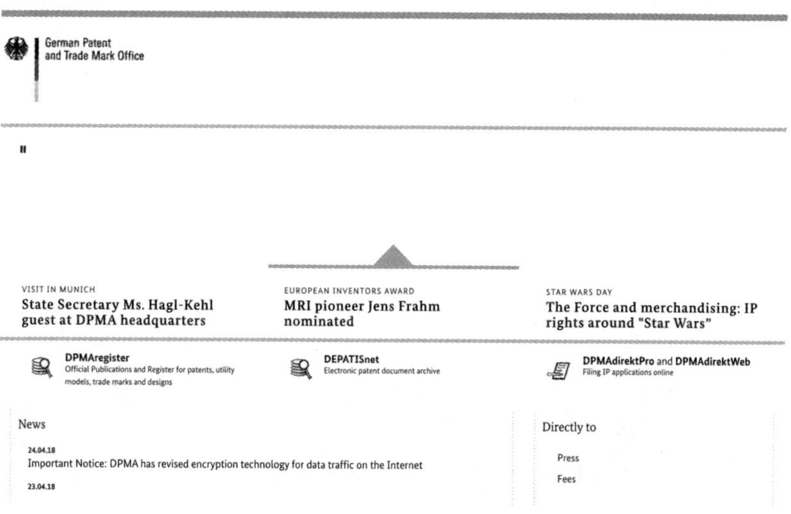

图 2 －23　德国专利商标局官网

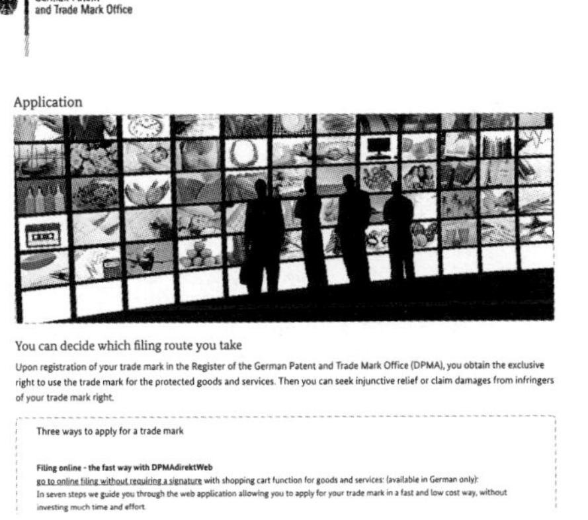

图 2 -24 商标注册

图 2 -25 商标检索

（5）英国获权程序。英国也是典型的采混合制度的国家，根据《英国商标法》的规定，英国商标的注册程序包括申请人提交注册申请——商标注册局进行实质审查——准许注册——进入公示期——公示期无异议则发放商标注册证书，申请人可以直接在官网（https：//www. gov. uk/government/organisations/intellectual - property－office）上（相关页面如图2－26所示）进行商标注册申请，申请人在进行注册申请之前可先行验证欲注册标示是否符合注册商标的条件，具体流程见图2－27：

GOV.UK

Intellectual Property Office

Intellectual property: an overview (https://www.gov.uk/intellectual-property-an-overview)
Trade marks (https://www.gov.uk/intellectual-property/trade-marks)
Patents (https://www.gov.uk/intellectual-property/patents)
Copyright (https://www.gov.uk/intellectual-property/copyright)
Designs (https://www.gov.uk/intellectual-property/designs)
Law and practice (https://www.gov.uk/intellectual-property/law-practice)

6 April 2018 — News story

Patent fee changes on 6 April 2018 (https://www.gov.uk/government/news/patent-fee-changes-on-6-april-2018)

Changes to UK patents fees from Friday, 6 April 2018.

3 May 2018 — News story

Apprenticeship Scheme

Apprenticeships advertised at the IPO (https://www.gov.uk/government/news/apprenticeships-advertised-at-the-ipo)

The apprenticeships are training opportunities for anyone looking for a career in business administration, IT Operations or Finance.

3 May 2018 — Blog post

图2－26　英国知识产权局官网

GOV.UK

1. Home (https://www.gov.uk/)
2. Intellectual property (https://www.gov.uk/topic/intellectual-property)

Intellectual property (https://www.gov.uk/topic/intellectual-property)

Trade marks

From: Intellectual Property Office (https://www.gov.uk/government/organisations/intellectual-property-office) and Company Names Tribunal (https://www.gov.uk/government/organisations/company-names-tribunal)

- Subscribe to email alerts (https://www.gov.uk/topic/intellectual-property/trade-marks/email-signup)
- See latest changes to this content (https://www.gov.uk/topic/intellectual-property/trade-marks/latest)

Quick links

1. Trade mark forms and fees (https://www.gov.uk/government/publications/trade-mark-forms-and-fees)
2. Search for a trade mark (https://www.gov.uk/search-for-trademark)

Introduction to trade marks

1. Intellectual property and your work (https://www.gov.uk/intellectual-property-an-overview)
2. Unacceptable trade marks (https://www.gov.uk/guidance/unacceptable-trade-marks)
3. Using somebody else's intellectual property (https://www.gov.uk/using-somebody-elses-intellectual-property)
4. IP for business: events, guidance, tools and case studies (https://www.gov.uk/government/collections/ip-for-business-events-guidance-tools-and-case-studies)
5. IP in education (https://www.gov.uk/government/publications/ip-in-education)

图2－27　申请注册商标

GOV.UK

1. Home (https://www.gov.uk/)
2. Business and self-employed (https://www.gov.uk/browse/business)
3. Patents, trade marks, copyright and designs (https://www.gov.uk/browse/business/intellectual-property)

Apply to register a trade mark

Contents

- Register a trade mark
- What you can and can't register (https://www.gov.uk/how-to-register-a-trade-mark/what-you-can-and-cant-register)
- Apply (https://www.gov.uk/how-to-register-a-trade-mark/apply)
- After you apply (https://www.gov.uk/how-to-register-a-trade-mark/after-you-apply)
- Unregistered trade marks (https://www.gov.uk/how-to-register-a-trade-mark/unregistered-trade-marks)

Register a trade mark

You can register your trade mark to protect your brand, for example the name of your product or service.

When you register your trade mark, you'll be able to:

- take legal action against anyone who uses your brand without your permission, including counterfeiters
- put the ® symbol next to your brand - to show that it's yours and warn others against using it
- sell and license your brand

图 2-28 申请注册商标

尽管商标权获权方式存在差异，但是注册商标获权的程序都大同小异，即便是在混合制度的国家也不影响其商标注册程序的进行，只不过在公示期内可能会产生根据在先使用权人的申请撤销商标注册的情况。所以整个因注册而取得商标权的流程都大同小异，大都包括申请、审查、公告以及核准注册这些环节，故不再一一列举其他国家的获权程序。

3. 驰名商标的特殊保护

（1）驰名商标的概念。驰名商标一词在《巴黎公约》被最早提出，从《巴黎公约》中对驰名商标的保护的规定来看，驰名商标可以理解为在该商标注册国或者使用国注册机关认定的范围内享有较高知名度的商品商标。该商标可以是注册或者非注册商标。而TRIPS 协定对驰名商标的概念可以理解为，在相关公众中享有较高知名度的商标（包括商品商标或者服务商标），商标的知名度可以通过实际使用取得，也可以是因宣传、广告该商标等非实际使用而取得。1999 年保护工业产权巴黎联盟暨世界知识产权组织大会通过的《关于驰名商标保护规定的联合建议》首次确立了保护驰名商标的国际协调的共同标准，其对各成员方虽然不具有强制约束力但是也有较强的导向作用。

除了国际公约中对驰名商标的界定外，不同国家或地区对驰名商标也有不同的理解，一般体现在各国《商标法》和《反不正当竞争法》中对驰名商标的保护条件上。对驰名商标的概念的理解主要分为以下几种：一是认为驰名商标是为公众所知并享有卓越声誉的商标，如法国、德国；二是认为其为经长期使用被公众所熟知的商标，如英国；三是认为驰名商标是在一定地域范围内为公众所知的商标，如台湾地区；四是认定其为在相关公众中具有较高知名度的商标，该商标不一定要在本地区驰名，如日本；美国也没有驰名商标的概念，但是通过判例不难看出驰名商标大致为在相关公众中具有较高知名度的商标，该商标不一定在美国使用过。

尽管对驰名商标进行界定不是一个简单的事情，但是我们可以大体将其理解为：经过长期使用或大量商业推广与宣传，在市场上享有很高的知名度并为相关公众所熟知的商标。

（2）驰名商标的认定标准。关于驰名商标的认定方式主要有两种：被动认定和主动认定。被动认定方式是在商标所有人主张权利时，也即存在实际的权利纠纷的情况时，应商标所有人的请求，有关部门对其商标是否驰名，能否给予扩大范围的保护进行认定。主动认定方式是在并不存在实际权利纠纷的情况下，有关部门出于预防将来可能发生纠纷的目的，应商标所有人的请求，对商标是否驰名进行认定。〔1〕无论是《巴黎公约》还是 TRIPS 给与驰名商标的保护和认定上都是个案认定、被动保护，西方多数国家也采用这种对驰名商标的认定方式。《巴黎公约》没有明确规定驰名商标的认定标准，TRIPS 对驰名商标的认定标准也只作了原则性规定，为协调世界各国关于驰名商标的认定标准，一些国际组织制定了相关条

---

〔1〕 刘春田：《知识产权法》，中国人民大学出版社 2003 年版，第 314 页。

款，各国可以参照适用。

第一，各国际组织对驰名商标的认定标准。国际商会1996年9月18日通过了《驰名商标保护决议案》，为认定驰名商标提供了参考标准：①该商标在当地或国际的认知程度；②该商标固有的或获得的显著程度；③该商标在当地或国际的使用和广告宣传时间及地域范围；④该商标在当地或国际的商业价值；⑤该商标在当地或国际获得的质量形象；⑥该商标所获得的在当地或国际的使用和注册的专有性。这些内容基本反映了各国所采用的认定驰名商标的标准，也得到了大多数国家的认可。[1]

1999年6月，世界知识产权组织审议通过的《保护驰名商标条款》第2条规定了在确定一个商标是否应享受驰名商标保护时应予以考虑的因素：①该商标使用的时间、范围；②该商标宣传持续的时间、范围，包括使用该商标商品所做的广告或者在博览会、展销会上展示与展销的情况；③该商标固有的或者后来取得的显著性的情况；④该商标在世界范围内注册的情况，包括注册的时间和地域范围；⑤该商标具有的经济价值；⑥该商标被成功保护的记录，尤其是有关该商标是否驰名的诉讼结果。[2]

第二，美国对驰名商标的认定标准。美国对于驰名商标的认定主要规定在1996年生效的《联邦反商标淡化法》中，认定驰名商标应当考虑以下的因素：①有关商标固有的或通过使用而产生的识别性；②有关商标在既定商品或服务上已经使用的时间及范围；③有关商标在广告宣传上出现的时间及范围；④带有该商标的商品或服务被提供的地域；⑤带有该商标的商品或服务被提供的渠道，亦即客户的广度；⑥其他商品或服务中，对该商标的知晓程度；

〔1〕王莲峰：《商标法学》，北京大学出版社2007年版，第165页。

〔2〕黄勤南主编：《知识产权法学》，中国政法大学出版社2003年版，第354页。

⑦其他人使用该商标的状况（包括假冒该商标的状况）。[1]

第三，德国对驰名商标认定的标准。德国依照商标驰名的不同程度给予不同程度的保护，如对“famous mark”，即著名商标，因这种商标特别驰名，故受到极为严格的保护，几乎可以及于一切商品，即他人不得将这种商标私用在同类或者跨类商品上。而对于“well - known mark”，即驰名商标的保护一般规定在《反不正当竞争法》中。[2] 关于驰名商标的认定，德国没有成文法的明文认定标准，一般在德国的司法实践中会以相关商标的知名度的高低来作为判断商标是否驰名的标准。具体操作上一般会采取社会调查，以统计特定交易范围内多大百分比的消费者了解或熟知该商标作为依据。

第四，我国对驰名商标的认定标准。我国 1996 年《驰名商标认定和管理暂行规定》中第 4 条第 2 款规定：“国家工商行政管理局商标局可以根据商标注册和管理工作的需要认定驰名商标。”这一时期我国对驰名商标的认定主要以主动认定为主，被动认定为辅。自 2001 年《商标法》出台后，驰名商标的保护被纳入到了《商标法》的保护范畴，明确了驰名商标的被动认定，并列明了认定驰名商标需要考虑的因素，包括：①相关公众对该商标的知晓程度；②该商标使用的持续期间；③该商标的任何宣传工作的持续时间、程度和地理范围；④该商标作为驰名商标受保护的记录；⑤该商标驰名的其他因素。[3] 认定时要综合考虑上述各个因素，不以商标必须满足全部条件为前提，也就是说缺少一个认定因素不能当然地认为其不能被认定为驰名商标，而是要进行综合性考量。

（3）对驰名商标的保护。驰名商标积累了良好的商业性信誉，

---

〔1〕胡淑珠：《驰名商标的认定与保护》，法律出版社 2010 年版，第 78 页。

〔2〕胡淑珠：《驰名商标的认定与保护》，法律出版社 2010 年版，第 79 页。

〔3〕《中华人民共和国商标法》第 14 条。

是商品或者服务的生产提供者长期努力的结果，如果仅根据混淆理论，把对驰名商标的保护限定在相同或者类似的商品或者服务上显然是不够的。如果有人利用该驰名商标的知名度将该驰名商标注册在自己的不同类的商品或服务上，就会淡化驰名商标本身与其所标识的商品或服务之间的联系，导致驰名商标对相关公众吸引力下降或者价值受到损害，这也就是除了传统商标法对商标保护的混淆理论外在驰名商标保护方面的极其重要的淡化理论。淡化理论的重点在于保护驰名商标本身的价值，所以无论未经许可使用驰名商标的行为是否发生在同类商品、服务上，都是现代商标法要制止的行为。

第一，绝对保护与相对保护。各国法律法规对驰名商标的保护程度不同，分为相对保护和绝对保护两种。相对保护指在同类商品的范围内保护驰名商标，如德国，德国商标法判断商标是否受侵害，以及商标是否受到保护，是由两商标的近似程度作为判断依据。至于众所周知的商标也就是驰名商标，倘被使用于完全不同的物品，德国商标法并未加以保护。

绝对保护指的是禁止在任何商品使用他人的驰名商标，其保护范围比相对保护范围要宽，如美国，美国关于驰名商标的保护主要依据《联邦反商标淡化法》，该法规定禁止商标淡化侵权行为包括贬低或丑化驰名商标、暗化驰名商标以及不当使用造成驰名商标成为商品的通用名称。该法还将对驰名商标的解释扩大到包含服务商标，对其进行跨类保护。

第二，《巴黎公约》对驰名商标的保护。《巴黎公约》第 6 条之二确立了对驰名商标的保护，该条款主要包含以下几个内容：首先，某一商标是否为驰名商标，应当由有关注册国或使用国主管部门予以认定；其次，驰名商标所有人行使权利必满足以下两个条件：一是另一商标构成了对驰名商标的复制、模仿或者翻译；二是这种复制、模仿或者翻译足以造成误认；三是驰名商标所有人享有的权利包括：①请求国家主管部门驳回另一商标的注册申请；②如果另一商标已经注册，则请求国家主管部门撤销其注册；③请求有关国家主管部门禁止另一商标使用于相同或者相类似之商品上。《巴黎公约》并未要求该驰名商标是注册商标，未注册的驰名商标也可以获得保护。但是《巴黎公约》保护的驰名商标仅限于商品商标，并没有扩展到服务商标上，其对驰名商标的保护范围仅限于相同或者类似商品，至于在非类似商品上使用相同或近似的商标则是被允许的，所以，《巴黎公约》采取的是相对保护主义。

第三，TRIPS 协定对驰名商标的保护。在《巴黎公约》的基础上，《与贸易有关的知识产权协定》（TRIPS）对驰名商标保护的客体范围有所扩大，将对驰名商标的保护延伸到了服务商标，扩大了对驰名商标的国际保护，其国民待遇也适用于知识产权保护的执法和司法救济，强有力地保证了协议的执行。[1] 此外 TRIPS 还将注册的驰名商标的保护扩大到禁止在不相类似的商品或服务上使用与驰名商标相同或近似的标识，但是需要注意的是，协议对驰名商标权利的延伸仅限于有关商标已经“注册”的情况，非注册驰名商标最终获得的保护仍需限制在“相同”或“相类似”的商品或服务上。

第四，我国对驰名商标的保护。我国对驰名商标的保护主要包括四个方面：①对未注册驰名商标的相对保护：指没有在中国注册的商标，在容易导致混淆的情况下，不得以复制、摹仿或者翻译的方式，适用在相同或者类似商品上；②对已注册驰名商标的绝对保护：已经在中国注册的商标，在使公众产生误导的情况下，不得以复制、摹仿或者翻译的方式，适用在不相同或者不相类似的商品上；③对已注册的驰名商标防止淡化，《最高人民法院关于审理涉

---

〔1〕 王毅：《WTO 国民待遇的规则及其在中国的适用》，人民法院出版社 2005 年版，第 123 页。

及驰名商标保护的民事纠纷案件应用法律若干问题的解释》第 9 条第 2 款的规定，足以使相关公众认为被诉商标与驰名商标具有相当程度的联系，而减弱驰名商标的显著性、贬损驰名商标的市场声誉，或者不正当利用驰名商标的市场声誉的，属于商标法第 13 条第 2 款规定的“误导公众，致使该驰名商标注册人的利益可能受到损害”；以及④对恶意注册驰名商标的行为请求撤销不受争议期限限制，《商标法》第 45 条承认了驰名商标具有较高商誉，将获得比普通商标更大程度的保护，恶意抢注人是无法依靠争议期限的限制将驰名商标据为己有的。

（二）厂商名称（字号）

1. 厂商名称（字号）的知识产权属性

字号即商号，是企业名称的重要组成部分，是代表企业实力与信誉的重要无形资产。依据我国《企业名称登记管理规定》，企业名称是区别不同市场主体的标志，由行政区划、字号、行业、组织形式构成。如“联想移动科技公司”中，“联想”就是该企业的字号。

字号是商事主体的一项重要无形财产，是整个企业商业信誉的象征。一些知名的老字号经过几十年几百年甚至上千年的经营历史积累了其特有的对消费者的巨大的吸引力和号召力。它对于其产品或服务占领市场有着不可低估的作用。因而这些字号本身也有着重要的经济价值，具有强烈的无形财产权属性。虽然我国目前的法律法规还停留在对企业名称的保护的方面，但字号的专有性和地域性是不可否认的。《巴黎公约》中把字号或者商号规定为工业产权的保护对象。《成立世界知识产权组织公约》中规定知识产权包括商号名称，将商号作为知识产权的一种，受知识产权法律制度的保护。TRIPS 协定更是肯定了《巴黎公约》中商号作为知识产权来保护。德国在 1994 年通过的《商标和其他标志保护法》将商号与商标做统一保护，明确了侵犯商号或字号的救济措施。而法国的《知识产权法典》中将字号作为一种在先权利，侵犯字号这种在先权利标记的不能进行商标注册，虽然保护程度较低但比我国也强过许多。而在美国的《商标法》中，字号与商标受到同等程度的保护，就连其侵权标准也与商标相同，即致使公众混淆的可能性，可见其保护程度之高。由此可见，无论是从理论分析还是国际上的规定来看，字号确实具有一定的知识产权属性，作为企业的无形资产，标示着企业以及企业的信誉。

2. “老字号”

在字号中有一类特殊的群体叫作“老字号”。老字号为历史悠久具有世代传承的技艺、产品或者服务，具有鲜明的中华民族特色传统文化背景和底蕴，取得广泛认同具有良好信誉的品牌。有的老字号传承自封建时期的老作坊，底蕴丰厚。老字号的平均历史大概有 160 年，比如创建于 1530 年的“六必居”、始建于 1663 年的“张小泉”、1669 年的“同仁堂”、1864 年的“全聚德”、1858 年的“狗不理”等。

老字号积累了良好的商誉并具有相应的文化内涵，具备很大的经济价值和社会价值，这就决定了老字号应受保护的特殊性。老字号是我国的特有概念，国外一般称之为“驰名商号”。日本《不正当竞争防止法》对商号的保护是以驰名为条件。该法规定，他人使用相同或者类似的商号而引起营业上的实施或活动的混淆时，驰名商号的所有人可以制止此种行为。而“驰名”则需要达到公众所任的程度。德国《商标法》对驰名商号提供类似于驰名商标的保护。即第三人不得在商业交易中，以可以引起混淆的方式，擅自使用与之相同或类似的商号。如果该商号属于德国国内著名标记（驰名商号），具有广泛的交易认同力，则即使不存在混淆的危险，第三人也不得以不正当方式，擅自盗用或淡化该商号的声誉或识别力。而反观我国对老字号的保护，仍有所欠缺，受地域范围的限制，其制度有待完善。

3. 字号与商标的联系与冲突

字号与注册商标是有着密切的联系。首先，它们都是企业重要的工业产权，字号蕴藏于企业名称之中，对于企业名称和商标，一经工商行政管理机关核准注册，企业便享有专用权，受到法律的保护；其次，它们都代表着商品或服务的来源，即这种商品是谁生产或经营的，在这里，不管字号与注册商标是一致的，还是字号与注册商标不一致的，所代表的都是商品的来源，能够帮助消费者辨认品牌进行购物；最后，二者往往都是信誉的保障，一些老字号或者是驰名商标都代表着企业的信誉，标志着企业在省内、国内乃至国际上都有较高的知名度，标志着企业的产品不论在质量上、技术上还是在售后服务等方面都有着切实的保证。

但是，虽然而二者具有一定的联系，但是本质上仍然有很大的区别。字号以纯文字的形式主要是用来区分企业本身，而商标主要是用来区分商品或者服务；商标具有有效期，但是字号却没有期限的限制；商标采用全国统一注册的标准，但是字号一般具有地域性，《企业名称登记管理条例》规定企业使用的名称字号，在登记主管机关辖区内不得与已登记注册的同行业企业名称、字号相同或近似。在这里有一个“辖区”的地域性的限制；最后，一个企业只能有一个字号，但是一个企业所生产的产品或者提供的服务上却可以具有多个注册商标。

对于字号和注册商标的保护程度无论是我国立法还是国际社会上显然是有所差距的。商标更加直观地指向商品或者服务所获得的保护强于字号，而且二者受不同的法律规范调整，在实务中出现大量的字号与商标冲突的情况。主要表现为使用或者登记的企业名称中的字号与他人的商标相同或者近似以及使用或注册的商标与他人企业名称中的字号相同或者近似。现实中存在不少利用与他人商标相同或近似的文字作为字号或者将他人的字号作为商标使用的现象，这些行为谋求不正当利益，违反了诚实信用的原则。[1] 上述被选中的商标或者字号无疑都是具有一定的市场影响或者相对被公众所熟知，甚至是一些“老字号”和“驰名商标”。这种行为在一定程度上降低了享有该字号的企业的商业信誉或者淡化了享有该商标的商品或服务与公众之间的联系，其不仅在国内广泛存在，在国际社会中也屡见不鲜。我国的老字号“同仁堂”因为其正宗专业在日本享有很大的名气，但是由于同仁堂的真正拥有人没有及时在日本进行商标注册，导致该商标被日本横滨的原丰行在32类食品商品上进行了商标注册，严重影响了同仁堂的销量和信誉。像这种老字号具有浓重的中国传统文化的气息，对各国的华人们都有一定的影响，所以作为准备进军国际市场的一些老字号们在相关目标市场国家进行字号的商标和服务标记的注册的确是尤为重要的。

4. 厂商名称（字号）的保护

我国目前字号的法律制度只禁止企业名称的相同或者近似，并不禁止字号的相同或者近似，可以说在字号的法律保护上还存在很多缺陷，但是立法上的空白并不意味着企业只能够任凭自己享誉盛名的字号白白受到他人的侵害，就当前我国的立法实践来看，企业大体上可以采取以下的手段保护自己的字号：

（1）《反不正当竞争法》的保护。根据《最高人民法院关于审理不正当竞争民事案件应用法律若干问题的解释》第6条的规定，具有一定的市场知名度、为相关公众所知悉的企业名称中的字号，可以认定为《反不正当竞争法》第5条第3项规定的“企业名称”，在一定程度上弥补了字号法律保护的立法空白，享有字号的权利人可以以侵权人不正当竞争为由主张自己的权利。但是《反不正当竞争法》也只是将对字号的保护纳入到了对企业名称的保护之下，并且这只是一种事后救济的途径，无法达到事前预防提前保护

[1] 陈小蓉：“我国老字号法律保护制度研究”，华侨大学2006年硕士学位论文。

的地步。

（2）集体商标的保护。所谓集体商标，是指以团体、协会或者其他组织名义注册，供该组织成员在商事活动中使用，以表明使用者在该组织中的成员资格的标志。对于字号来说一方面联系着消费者与企业，另一方面又代表了其公司旗下产品的品质，所以如何在公司旗下的产品中纳入“厂商名称”这一因素，既起到扩大宣传保障品质的效果又能保护自己的字号不被侵权是一个需要思考的问题。如果单纯采取注册商标的模式进行字号保护的话，公司旗下每一个产品在适用该商标也就是本公司的字号时都需要进行商标许可，这在程序层面上无疑是十分麻烦的。但是如果能将企业名称注册为集体商标，那么该企业项下的产品或者服务都可以冠以该商标，一方面加强了企业与消费者之间的联系，另一方面为商品或服务提供了企业名誉上的保障，并且在字号受到侵权时又可以商标专用权受到侵害为由提起商标法的保护，显然是企业字号保护的最佳模式。

（三）网络域名

1. 网络域名的知识产权属性及作用

WIPO 主持下通过的《关于驰名商标保护规定的联合建议》将域名解释为：“‘域名’指代表因特网数字地址的字母数字串”，比如百度网的网络域名即为 www. baidu. com。

对于网络域名的性质理论界一直存在争议并且没有一个统一的标准进行规定。但是总的来说，将网络域名视为一种新的知识产权的观点占主流的地位。网络域名属于网络空间的商标，潜藏着巨大的商业价值和广告效应，其本身的知识产权属性是不容忽视的。域名这种无形财产夹杂着智力成果在内，符合知识产权的本质属性，并且网络域名的专有性也是其最主要的特点之一，域名作为网络地址标识具有唯一性，域名被注册成功后，所有人即拥有绝对的排他权。但是域名只具有转让性，而不具有许可使用性，这些都与商标权、专利权具有使用权的地域限制性特点根本不同，所以说域名是一种在网络环境下产生的新的知识产权权利，它与传统知识产权有关又没有必然联系，这种权利可以暂时称之为域名权。

网络域名的产生是为了确定对方在互联网的位置，就像是现实生活中的门牌号码一样，它同时体现出了一种智力成果。后来随着社会发展，电子商务已走进现实社会，域名理所当然地被称为“企业的网上商标”，通过域名访问企业主页已经成为展示企业信息与进行电子商务的必要窗口。所以很多公司在注册域名时乐于将本公司的商标名称注册在网络域名内，因为这样客户就可以十分容易地找到域名所有者和商标人，用其联系加深客户对该商标所代表的商品或服务的印象。正因为如此，网络域名抢注现象才时常发生，计算机媒体兴起的新时代，很多公司忽略了网络域名的重要性，宝洁公司旗下的“玉兰油”“舒肤佳”“飘柔”等商标都被其他公司注册到网络域名中，而迪士尼公司“迪士尼 . cn”这一域名也早在进军中国市场之前就被抢注，这无疑在一定程度上削弱了企业商标和企业产品或服务之间的联系，而根据我国现如今的法律规定，被恶意抢注的网络域名的所有权归属并不明确。由此可见，与其事后救火不如事前预防，有国际性发展眼光的企业对于网络域名的多国语言注册也应该具有前瞻性的策略。

从这个方面来看，对于网络域名的注册具有和商标注册同等重要的地位。因此，应该在公司准备注册成立时尽快地对域名进行布局，避免被他人抢注。特别是在公司名称、主要商品商标确定后，应尽快完成对域名的注册，注册时应考虑覆盖到向下的二级或三级域名，避免后续可能出现混淆消费者的情况。

2. 网络域名的注册方式

域名注册程序主要包括域名的注册的申请审核、域名的变更与注销，具体的规则主要规定在《中国互联网络信息中心域名注册实施细则》(以下简称《实施细则》) 当中，而《互联网域名管理办法》主要则是确立了网络域名注册的"先申请先注册"制度。关于域名注册的程序主要规定在《实施细则》第三、四章中，该细则同样赋予了自然人注册域名的权利，第 14 条明确规定任何自然人或者能独立承担责任的组织均可申请注册域名。

注册网络域名主要包括申请人向域名注册服务机构提交申请材料、域名注册服务机构核验后提交至中国互联网络信息中心(CNNIC)、由 CNNIC 复核三个步骤。由于注册域名的唯一性，申请人还应该先就拟注册域名是否已被他人在先注册进行信息检索，各大域名注册服务机构的网站上都可以允许申请人进行免费检索。注册过程基本上是一个形式审查，域名注册服务机构要求申请人提交真实的身份信息、申请的域名、IP 地址服务器等，但 CNNIC 会根据《互联网域名管理办法》(以下简称《管理办法》) 进行复核，对违反《管理办法》第 28 条[1]注册信息不真实不准确的域名通知域名，注册服务机构予以注销。此外，对于申请注册在"GOV. CN"". EDU. CN"". MIL. CN"". 政务 . CN"". 公益 . CN"等向下的三级域名即代表政府、教育等特殊机构时须同时遵守其他规定。

3. 网络域名与商标、厂商名称 (字号)

网络域名经常被称为"电子商标"，域名与商标和字号都有一定的标识性和排他性，并且都具有广告宣传的功能，这是三者的共通之处，但是三者又具有很大的区别。首先商标和字号具有地域

〔1〕《互联网域名管理办法》第 28 条：任何组织或个人注册、使用的域名中，不得含有下列内容：①反对宪法所确定的基本原则的；②危害国家安全，泄露国家秘密，颠覆国家政权，破坏国家统一的；③损害国家荣誉和利益的；④煽动民族仇恨、民族歧视，破坏民族团结的；⑤破坏国家宗教政策，宣扬邪教和封建迷信的；⑥散布谣言，扰乱社会秩序，破坏社会稳定的；⑦散布淫秽、色情、赌博、暴力、凶杀、恐怖或者教唆犯罪的；⑧侮辱或者诽谤他人，侵害他人合法权益的；⑨含有法律、行政法规禁止的其他内容的。

性，商标专有权仅在核准的国家领域内具有法律效力，受到该领域内的法律保护，而域名则由于它是虚拟网络中用户的身份标识，网络无国界性使其在全球范围内是统一存在的，不受地域国界的限制；其次两方的排他性程度也不同，域名的独一无二体现了其绝对排他性，而商标的注册和保护是按照商品的服务类别进行的，而字号的独一无二仅在于其注册登记所在的区域；此外两方的目的是不同的，字号用作同类型企业中的区分，商标是为了区分商品和服务的来源，并且经过逐步的发展和完善，对相同或相似的商品、服务不允许出现相同或相似的商标以免误导消费者。而域名制度的建立最初只是用来区分国际互联网上不同的域名注册人所拥有的计算机，并未作为商业标识考虑。但是由于域名的唯一性和标示性，并且同一商标可以存在于两国的同种类商品或者服务上，同一字号更是可以用在不同地区的不同企业的名称中，正是由于这一矛盾，拥有相同商标或字号的主体不能同时各自拥有以该商标或字号命名的同一域名，所以又会引发网络域名和商标、字号的冲突。这一矛盾冲突本身是不可避免的，并且除此之外现实中还存在相对人为了谋取不正当利益以他人在先具有相当的市场影响力的商标或其他老字号企业作为域名进行抢注行为，又由于我国的法律法规并未就域名抢注行为规定严重的后果，导致现实中域名抢注行为并未得到良好的控制，网络域名与商标、字号之间的冲突再一步加深。

在网络域名与商标、字号之间的冲突问题上，网络域名与商标的冲突无疑更加广泛地存在于现实社会中。各国的域名注册组织对于网络域名和商标之间的冲突的解决采取不同的办法。

哥伦比亚、印度尼西亚以及爱尔兰的域名注册组织对域名的注册采取了严格的限制，要求域名注册人必须提交相关商标注册的证据材料，申请注册的域名必须与商标注册相同才可以。

卢旺达、冈比亚自己负责域名纠纷的处理和裁决，这些组织不仅自己处理权利人对域名注册的投诉，而且在没有投诉的时候还可以自行决定撤销某些被认为是误导的、不良的域名注册。

日本、菲律宾、英国采用了纠纷处理机制，由独立于域名注册组织的纠纷处理机构负责处理和裁决域名纠纷。

卢森堡、新西兰、新加坡的域名注册组织则不负责纠纷，域名纠纷一般通过诉讼解决。〔1〕

目前国际社会没有一个统一的处理办法，大都靠各国自己处理，所以在不同的国家面对域名及商标、字号冲突纠纷只能按照各国法律规定解决，而企业未雨绸缪，将自己的商标或字号申请注册网络域名的行为，无疑将减少以后纠纷的产生以及利益的冲突。

三、作品的知识产权化

（一）《保护文学艺术作品伯尔尼公约》的自动保护原则及其作用

1. 概念

根据《保护文学艺术作品伯尔尼公约》（以下简称《伯尔尼公约》）第5条第2款的规定，享有及行使国民待遇所提供的有关权利时，不需要履行任何手续，这就是自动保护原则。按照这一原则，公约成员国国民及在成员国有长期居所的其他人，在作品创作完成时即自动享有著作权；非成员国国民又在成员国无长期居所者，其作品首先在成员国出版时即享有著作权。

不过，《伯尔尼公约》允许成员国保留“固定要求”，即虽不能以履行手续为获得著作权的前提，但仍旧可以“将作品固定在有

〔1〕 薛虹：“域名纠纷的预防与处理机制全球概览”，载《电子知识产权》2001年第7期、第8期。

形物上”作为获得著作权的前提。“固定要求”之所以与自动保护原则不相冲突，是因为这项要求仅仅等于把某些类型的作品（如口头作品）排除在著作权保护之外，并没有要求履行任何手续。“不需要履行任何手续”，既包括无须注册或登记、无须交存样书等，也包括无须在作品上加注任何著作权保留的标记。但事实上，却有许多要求注册或要求加注标记的国家，很久以来一直是《伯尔尼公约》的成员国（如阿根廷、智利），有些甚至是该公约的发起国（如西班牙）。这类国家参加公约之后，不一定要修改本国的登记制或在国内法中删除加注标记的条款，只要他们把这些手续上的要求仅限于本国国民，就不被看作违反了《伯尔尼公约》的自动保护原则。

作为《伯尔尼公约》的成员国，我国也采取著作权自动保护原则，只要经过创作形成了作品，著作权就依法自动产生，并受到法律的保护。同时，我国实行著作权自愿登记制度，著作权登记证书可以作为证明著作权归属的初步证明，但登记并非是取得著作权的前提。国家版权局颁布的《作品自愿登记试行办法》第2条明确规定:“作品实行自愿登记。作品不论是否登记，作者或其他著作权人依法取得的著作权不受影响。”同时，发表也并非取得著作权的条件，作品完成之后，即使作者一直将其藏于家中而不公之于众，作者仍然能够获得著作权。《著作权法》第2条对此明确规定:“中国公民、法人或者其他组织的作品，不论是否发表，依照本法享有著作权。”需要注意的是:不能将“作品完成”简单地理解为作品的最终完成。即使作品没有最终完成，只要已完成部分达到了独创性的要求，该部分仍然能够作为作品受到著作权法的保护。例如，作家创作小说往往需要在初稿完成之后反复修改，作为创作过程中一个阶段性成果的初稿仍然是作品，作家可以对其获得著作权。

2. 作用

自1908年《伯尔尼公约》确立了自动保护原则以后，该原则在成员国得到了广泛的适用。后来的一些有关版权保护的国际公约也都规定应当适用这一原则。按照《与贸易有关的知识产权协定》（1994）第9条第1款规定，其全体成员不论是否为《伯尔尼公约》的成员，都应当遵守《伯尔尼公约》（1971年文本）的实质性规定，其中包括自动保护原则。这就更加扩大了该原则的效力范围。根据公约的前言，其目的是以尽可能有效和一致的方式保护作者对其文学艺术作品所享有的权利。自动保护原则使作者无须履行任何手续，当然地获得版权保护，为作者获得版权的国际保护提供了极大的便利。该原则的普遍适用在版权保护的形式条件方面达到了公约关于以尽可能一致的方式保护作者权利的目的。

但是，《伯尔尼公约》的自动保护原则也给知识产权国际保护带来了任何工业产权国际公约都未曾带来过的问题。尤其在著作权国际贸易中，著作权人经常要在许可合同或转让合同中谈判自己同一作品在“全世界”的复制权、发行权、翻译权、改编权等条款。诚然，只要符合了“作者国籍标准”或“作品国籍标准”中的一项，一部作品就可以自动在一百多个国家享有著作权。这就很容易使人把《伯尔尼公约》看作一部“跨过著作权法”，把自动保护看作是对著作权地域性特点的根本突破。为了避免误解，与自动保护原则相应，《伯尔尼公约》规定了“版权独立性原则”。《伯尔尼公约》第5条第2款还规定了享有国民待遇的作者在公约任何成员国所得到的著作权保护，不依赖其作品在来源国受到的保护；在符合公约中最低要求的前提下，该作者的权利受到保护的水平、司法救济方式等等，均完全适用提供保护的那个成员国的法律。这就再清楚不过地表明，《伯尔尼公约》并没有突破著作权的地域性。

（二）作品的构成要件、范围及权利归属

1. 作品的构成要件

我国《著作权法实施条例》第 2 条对“作品”所下的定义是：“著作权法所称作品，是指文学、艺术和科学领域内具有独创性并能以某种有形形式复制的智力成果。”对“作品”的这一定义，应当从如下四个方面来理解：

（1）作品须为人类的智力成果。《著作权法》的立法目的是鼓励作品的创作，而人的智力活动才能被称为“创作”。纯粹的自然风光和声音虽然可能很优美、具有欣赏价值，以至于可以被称为“大自然的杰作”，但它不是人类智力创作的结果，也就不是著作权法意义上的作品。长江三峡上的神女峰宛若亭亭玉立的少女，无疑是一座自然天成的艺术品。但是，它并非由人雕刻创作而成，因此，任何人都不可能对神女峰享有著作权。如果有摄影师通过对拍摄角度、光线明暗、距离和光圈的选择而拍摄了一幅神女峰的艺术照片，该艺术照片则是摄影师创作的作品，摄影师作为作者享有著作权。

（2）作品须为可被客观感知的外在表达。作品是沟通作者内心世界和客观外部世界的桥梁，思想感情或“腹稿”如果没有通过一定的语言、艺术或科学符号形式表达出来，就无法使社会公众加以阅读、欣赏或感知，无法被复制和传播，也就没有任何社会价值，当然也无法由《著作权法》加以保护。《著作权法实施条例》第 2 条所说的“能以某种有形形式复制”，实际上就是强调“作品”只能是“外在表达”，因为只有“外在表达”才能以某种有形形式加以复制。单纯停留在内心世界的思想感情或者“腹稿”并不是著作权法意义上的“作品”。例如，即使准备画竹子的画家已经在脑海中完成了对绘画每一处细节的构思设计，以至于“胸有成竹”，也不能认为他“胸中的成竹”是“作品”。只有当他将构思用画笔付

诸纸张，画出了可供他人欣赏的竹子时，才能说这副竹子图是作品。

需要注意的是，英、美等国著作权立法中并没有将“能以某种有形形式复制”作为构成作品的条件，只是将“作品被固定在物质载体之上”作为受保护的条件（“固定要件”）。以物质形式将作品固定下来才能获得著作权，这主要把“口头作品”排除在外了。《伯尔尼公约》虽在第5条中禁止各成员国对著作权保护提出形式上的要求，而主张完全的自动保护原则，但在第2条第2款中又准许成员国提出“固定”要求，把这种要求作为一个例外，主要也是考虑成员国在司法上的方便，使得著作权纠纷产生时便于取证。在要求以“固定”为条件的国家，可以推定作品未固定在物质形式上之前，作者不仅不享有经济权利，也无精神权利可言。有观点认为，“能以某种有形形式复制”有可能借鉴了“固定要件”，但两者的含义大不相同：前者被规定为一种智力成果构成“作品”的条件，而后者是作品受到保护的条件。在我国现行立法中，将“能以某种有形形式复制”解释为“能够被客观感知的外在表达”较为合理。

（3）作品须为文学、艺术或科学领域内的成果。在浩如烟海的人类智力成果中，只有一小部分构成著作权法意义上的作品。其余的智力成果，有的基于其本身的特性和公共政策的考虑，不能受到任何知识产权法的保护，有的则由其他知识产权法保护。因此，必须在著作权法保护的作品与其他知识产权法保护的智力成果之间进行必要的分界。著作权法保护的是传递思想感情、信息或展示美感的特定表达。文学和艺术领域内多种形式的表达，如小说、绘画等都能传递思想感情或展示文艺美感，其在符合独创性等条件的情况下构成作品，这是最为人们所熟知的作品类型。与此同时，在科学领域内，部分形式的表达，如工程设计图、产品设计图和科学模型等，能够展示科学之美，因此也能在符合独创性等条件的情况下构成作品。

与此形成鲜明对比的是，技术领域内的多数成果都旨在解决技术问题，并不能传递思想、感情、信息或展示美感。有的技术成果虽然也有一定美感，但该美感与技术功能融为一体、无法分离。如我国研发的歼十战斗机造型在许多军事爱好者眼中也有美感，但其每一处造型和弯曲角度都是为了实现特定技术功能，因此该智力成果并不能构成作品。

（4）作品须具有独创性。独创性，是指作品是作者独立创作出来的，不是或者基本不是对现有作品的复制、抄袭、剽窃或模仿。对作品的独创性要求具有以下两个意义：

第一，独创性是一个比较性的概念，独创意味着只要作品是作者独立创作完成，即使与他人在先创作的作品存在相似性，但只要具备可以被客观识别的差异，就不会被排除于著作权法保护范围之外。由不同作者就同一题材创作的作品，作品的表达系独立完成并且有创造性的，应当认定作者各自享有独立的著作权。如某人在某个角度拍了一张天安门的照片，另一人紧接着在同一角度也拍了一张天安门的照片，后者所拍的照片虽然晚于前者，而且与前者拍摄的照片基本相同，但是，因为后者所拍的照片也具有独创性，所以，对其照片也能享有著作权。然而，如果后者以前者的照片为底版，翻拍一张照片，那么后者的翻拍行为就是对前者照片的复制，其行为所产生的结果（照片）因不具有独创性，不能产生相应的著作权。

第二，从智力创造的水平上看，独创性虽然不同于专利法上的新颖性标准，但仍然要求作品具备一定程度的智力创造。在创作作品时，作者应独立运用自己的智力和技巧，选择作品的构成要素，按照自己确定的规则和顺序进行组织，表达出自己内心真实的体验和感受、真实的立场和观点、真实的思想和情感。同时需要注意的是，独创性不是艺术性，不能将两者混为一谈。艺术性是对作品质量的评价标准。作品的艺术性越高，其生命力越强。但无艺术性或者艺术价值不高的作品，与艺术性高的作品一样能产生著作权。

2. 作品的范围

《伯尔尼公约》第 2 条第 1 款对作品的范围予以规定，具体包括：①书籍、小册子及其他著作；②讲课、演讲、讲道及其他同类性质作品；③戏剧或音乐戏剧作品；④舞蹈艺术作品及哑剧作品；⑤配词或未配词的乐曲；⑥电影作品或以电影摄影术类似的方法创作的作品；⑦图画、油画、建筑、雕塑、雕刻及版画；⑧摄影作品及以与摄影相类似的方法创作的作品；⑨实用美术作品；⑩插图、地图；⑪与地理、地形、建筑或科学有关的设计图、草图及造型作品。

美国《版权法》第 102 条（a）项对作品的范围予以规定，具体包括：①文学作品；②音乐作品（含配词）；③戏剧作品（含配曲）；④哑剧及舞蹈作品；⑤绘画、图形及雕塑作品；⑥电影及其他音像作品；⑦录音作品；⑧建筑作品。美国《版权法》与《伯尔尼公约》相比，主要差异体现在两个方面：一方面，美国《版权法》保护的音乐作品必须含有配词，不含配词的音乐作品不在其保护范围之列；另一方面，美国《版权法》不保护演讲等口述作品，主要原因在于其将“作品被固定在物质载体之上”作为受保护的前提条件。

德国《著作权法》第 2 条第 1 款对作品的范围予以规定，具体包括：①语言著作，如文字著作、讲演和计算机程序；②音乐著作；③包括舞蹈艺术著作在内的哑剧著作；④包括建筑艺术、实用艺术著作及其草图在内的美术著作；⑤包括以类似摄影方式制作的著作在内的摄影著作；⑥包括以类似摄制电影方式制作的著作在内的电影著作；⑦科学、技术种类的各类表现，如绘图、设计图、地图、草图、表格和立体表现。

我国《著作权法》第 3 条及《著作权法实施条例》第 4 条对

著作权法保护的作品范围予以规定和明确，具体包括：①文字作品；②口述作品；③音乐、戏剧、曲艺、舞蹈、杂技艺术作品；④美术、建筑作品；⑤摄影作品；⑥电影作品和以类似摄制电影的方法创作的作品；⑦工程设计图、产品设计图、地图、示意图等图形作品和模型作品；⑧计算机软件；⑨法律、行政法规规定的其他作品。

通过上述法条可以发现，德国《著作权法》和我国《著作权法》与美国《版权法》不同，二者不仅保护口述作品，而且无论音乐作品是否含有配词，都对其予以保护。此外，二者与《伯尔尼公约》相比，虽然在用词表述和具体分类上存在些许差异，但二者却完全涵盖了公约规定的作品类型。同时为顺应科学技术的进步与发展，还将计算机软件纳入了作品范围，通过著作权法对计算机软件予以保护，对于计算机软件的知识产权保护模式问题，下文将详细论述。

3. 作品的权利归属

（1）《伯尔尼公约》的规定。《伯尔尼公约》通过列举著作权下各权项的方式规定，原则上作品的著作权归属于作者。例如《伯尔尼公约》第 8 条规定："受本公约保护的文学艺术作品的作者，在对原作享有权利的整个保护期内，享有翻译和授权翻译其作品的专有权利。"又如《伯尔尼公约》第 9 条第 1 款规定："受本公约保护的文学艺术作品的作者，享有授权以任何方式和采取任何形式复制这些作品的专有权利。"

《伯尔尼公约》第 2 条将电影作品和以类似摄制电影方法创作的作品纳入著作权保护的客体，对于这一特殊类型作品的著作权归属，公约也作出了例外的规定。《伯尔尼公约》第 14 条之二第 2 款（a）项规定："向之提出保护要求的国家的法律有权决定电影作品版权的所有者。"也就是说，对于电影作品和以类似摄制电影方法创作的作品而言，其著作权并不当然归属于作者，其著作权究竟归属于谁，公约不作强制性的约束，而由各缔约国国内法予以规定。公约之所以对这一问题采取回避态度，是因为在电影作品和以类似摄制电影方法创作的作品的权利归属方面，大陆法系国家和英美法系国家存在难以调和的分歧。大陆法系国家认为，电影作品的著作权属于编剧、导演、摄影等电影作者而非制片人，制片人对电影作品的权利是从电影作者处转让而来的。例如德国《著作权法》规定：编剧、导演等是电影作品的作者，但电影的著作权法定由作者转让给制片人。又如意大利《著作权法》规定：文学作者、编剧、作曲、导演为电影作品的合作作者，制片者享有电影作品的经济使用权和电影中使用的作品的改编修改权，电影作品作者在电影公映后还拥有获酬权。而英美法国家则将电影作品的著作权直接给予制片人。例如美国《版权法》规定：音像作品的制片人为作者，享有音像作品的版权。

我国《著作权法》采大陆法系国家的观点。根据创作产生著作权的原则，首先应当承认电影作品或以类似摄制电影的方法创作的作品是由编剧、导演、摄影、作词、作曲等作者创作完成的。但考虑到制片人的巨额投资以及对电影作品的商业运作，将电影作品的著作权赋予制片人，在理论上讲即为将著作权法定转让给了制片人。但是，编剧、导演、摄影、作词、作曲等作者仍享有署名权和获得报酬权。

（2）我国《著作权法》的规定。我国《著作权法》在规定了著作权属于作者的基础上，又将作者划分为自然人作者和视法人或其他组织为作者的两种情形。

我国《著作权法》第 11 条第 2 款规定：“创作作品的公民是作者。”因此，除了法律特别规定或合同特别约定的情形，创作作品的自然人就是作品的著作权人。

《著作权法实施条例》第 3 条第 1 款规定：“著作权法所称创作，是指直接产生文学、艺术和科学作品的智力活动。”据此，只有那些实际从事了创作的自然人才是作者，没有实际进行创作，而仅仅为他人的创作进行组织工作，提供咨询意见、物质条件或者进行其他辅助工作（如打印、誊写、校正）的人都不是作者。同样，基于“思想无版权”的基本原理，思想和创意无论多么有价值都不受著作权法的保护，提供思想和创意的人也不是作者。例如，导师在学生撰写学位论文的过程中，往往会为学生确定研究方向、论文题目和篇章结构，提供核心观点和论证思路，并在写作方法上进行指导，对学位论文的最终完成起到了十分重要的作用。但从著作权法的角度看，导师对学位论文的贡献主要是不受著作权法保护的思想和方法，而不是具体的文字表述，因此，导师并不是学位论文的作者。还须注意的是，创作作品的行为是典型的事实行为，而非法律行为，因此创作者无论是否具有行为能力都可以作为作者享有著作权。例如，只要一名 5 岁孩子绘制的图画具有独创性，这名孩子就能成为该图的作者，对自己创作的美术作品享有著作权。

根据《著作权法》第 21 条第 1 款的规定，自然人作品的发表权及著作财产权的保护期，为作者终生及其死亡后 50 年，截止于作者死亡后第 50 年的 12 月 31 日。

我国《著作权法》不但规定了自然人作者，还承认本身不能进行思考和创作的法人或其他组织可以成为“作者”。《著作权法》第 11 条第 3 款规定：“由法人或者其他组织主持，代表法人或者其他组织意志创作，并由法人或者其他组织承担责任的作品，法人或者其他组织视为作者。”以这种方式创作的作品被称为“法人作品”。法人或者其他组织既然被视为作者，当然享有作品的一切著作权，而真正创作完成作品的自然人对作品没有任何著作权法意义上的权利，包括署名权。

根据《著作权法》第 21 条第 2 款的规定，法人或者其他组织的作品的发表权及著作财产权的保护期为 50 年，截止于作品首次发表后第 50 年的 12 月 31 日，但作品自创作完成后 50 年内未发表的，著作权法不再保护。这里的“首次发表”是指作者自行或同意他人将作品首次公之于众。因此，如果有人擅自将视法人或者其他组织为作者的未发表作品公之于众，该事件发生的时间并不能作为50年保护期的起算点。

（三）计算机程序知识产权保护模式的历史发展

1. 美国采用专利法保护计算机程序的初步尝试遇到困难

由于计算机程序具有实用技术性质，包括美国在内的许多国家起初都曾尝试用专利法来保护计算机程序。当时人们认为，采用专利法对计算机软件予以保护具有如下优点：首先，专利法保护创造性的方法，而计算机程序中最有价值的正是研发者提出的方法；其次，专利的保护水平高，具有强烈的独占性，一旦一项专利申请被批准，其他的类似发明将不能使用；最后，专利保护的期限大体上与计算机程序的经济寿命期接近，比较合理。因此，在20世纪60年代，美国等国家有不少计算机程序申请专利保护。

1965年任命成立的专利制度委员会经过研究讨论，在1966年提出题为《计算机程序的专利性质》的研究报告，主张明确地把计算机程序发明排除在专利保护范围之外。尽管美国政府形成了上述意见，但这种意见并没有在专利法中明确地反映出来，产业界有关计算机程序的专利申请活动也一直没有停止。经过一段时间的尝试后，人们发现用专利法直接保护计算机程序存在一系列难以克服的困难：

（1）根据专利法的原理，专利法只能保护利用自然规律、逻辑法则所做出的发明创造，但不保护自然规律、逻辑法则本身。计算机程序总是离不开算法，而算法往往被认为是一种数学公式，反映的是自然规律或逻辑法则，因而不能成为专利法保护的客体，往往得不到申请资格。

（2）一项专利的成立必须以具备新颖性、创造性和实用性为先决条件，而且专利法对于新颖性、创造性和实用性有明确的要求。虽然计算机程序的研发是一项艰辛的脑力劳动，但大多数程序都未必具备专利法所要求的专利三性，据估计，具备专利三性的计算机程序不会超过总数的1%。

（3）计算机程序具有内容上的“不直观性”，专利机构对其是否具有专利三性的审查，实际上很难直接进行。

（4）在申请一项专利时，专利制度规定必须把该项发明的思想概念全部公之于世，而许多软件开发者不愿这样做。

（5）一项发明专利在批准之前要经过严格的审批，这种审批通常要花费一年左右甚至更长的时间才能完成。因此，可能存在一项程序产品的畅销期已经过去，而其专利权还未批下来的情况。

从20世纪60年代后期至80年代初期，在涉及计算机程序的专利申请中，只有少数发明获得了专利权，大多数申请是被驳回的。计算机程序是否可以获得专利保护实际上并不确定，这种不确定的状态直到美国联邦最高法院1981年Diehr案作出宣判才开始摆脱。同时，学术界对于计算机程序能否获得专利保护以及在什么情况下能够获得专利保护的争论，围绕着具体的专利申请案仍在继续。但是无论如何，通过初步尝试人们发现，申请专利难以成为保护计算机程序知识产权的基本方式。

2. 美国确定采用版权法（著作权法）保护计算机程序

在对计算机程序争取专利保护的尝试遇到困难之后，美国人的目光转向了版权法。当时，美国施行的是1909年颁布的版权法，该法对计算机程序是否属于其保护客体并没有作出规定。同传统的法客体相比，计算机程序确实具有一些自己的特点，有人怀疑它能否成为美国版权法的客体。在这种情况下，美国版权局在1964年表示：“计算机程序是否具有版权这一点尚不能确定，但可以根据现行的版权法接受计算机程序的版权登记申请，由法院去对具体案件中的版权有效性作出判决。”同时，美国国会参、众两院也开始收到一些建议修改现行版权法、把计算机程序列为版权法客体的提案。不过，这些提案似乎并没有在国会中引起太多的注意，去版权局办理版权登记的计算机程序也并不多。

1969 年美国 IBM 公司在计算机行业中率先实行“价格分离”政策，开始把计算机程序与硬件分别计价出售，计算机程序的价值迅速的为更多的人所熟知。同时，过去几十年随着科学技术的发展，社会生活中出现了电影、唱片、无线电广播、计算机程序等新的作品形式，要不要保护这些新形式作品，尤其是如何保护这些新形式作品的版权，成为美国各界热烈讨论的问题。为了研究解决这些问题，美国国会于 1974 年 12 月设立了“版权作品新技术应用全国委员会”，该委员会由版权法界、出版界和作者三方的代表组成，其任务是对同储存、处理、再现和传输信息的自动系统有关的作品复制和利用中的版权问题进行调查，并向国会提出如何对版权法做出相应修改的建议。

1976 年，当时美国版权法使用的还是 1909 年的文本，而近 20 年科学技术的发展给版权保护制度提出了很多新问题，因此美国国会认为全面修改版权法已成为当时需要立即解决的问题，当年 10 月通过了版权法的修改草案。新的版权法并没有明文提到计算机程序，不过新的版权法中对文字作品给出的定义是：“除声音形象作品以外的用文字、数字或者其他词语性或数字性的符号或标记所表示的作品，不论体现它们的物体，例如：书籍、期刊、原稿、录音制品、影片、磁带、唱片或卡片等的性质如何。”可以看出：计算机程序已经包含在文字作品之内，而且对计算机程序提供的版权保护程度显然与其他类型的文字作品一致。

在经历了许多调查和争论之后，版权作品新技术应用全国委员会在 1978 年 7 月向国会提交了一份最终报告。该报告确认，由于计算机程序的研发费用远远高于复制费用，只有对计算机程序实施一定的保护，以对抗未经许可的复制，使得研发者能够把研发费用分摊给每一件复制品，才能不挫伤投资研发计算机程序的积极性。该报告认为同其他知识产权法律相比较，版权法是保护计算机程序最适当的法律。该报告也给出了进一步修改美国版权法的具体建议。1980 年 12 月，美国国会吸收了版权作品新技术应用全国委员会报告中的主要建议，继 1976 年之后再一次修订了美国版权法。其中同计算机程序有关的修订主要是：

（1）在第 101 节中增加了对计算机程序的定义。

（2）增加第 117 节，根据计算机程序的固有特点，通过该节对版权人的专有权利作出了一些限制性规定，允许计算机程序复制品的合法持有者制作后备复制件、根据自己使用的需要修改该计算机程序。

1980 年对版权法修订后，在美国，版权法明确地成了保护计算机程序知识产权的主要法律武器。对于计算机程序版权保护的其他具体问题，尽管学术界已经进行了很多研究和讨论，这次修订都没有涉及，实际上留到了以后再解决。

3. 采用版权法（著作权法）保护计算机程序成为国际潮流

早在 1972 年 11 月，菲律宾就在其版权法中确认计算机程序是其保护对象。可以说，菲律宾是世界上第一个以版权法保护计算机程序知识产权的国家。自 1980 年美国对版权法进行修改以来，世界上很多国家都加强了对计算机程序版权保护的研究工作和立法司法活动。到 20 世纪 80 年代末，全世界已有四十多个国家和地区采用版权法保护计算机程序，它们可以细分为下列三种类型：

（1）英国、法国、日本、印度、我国台湾地区等近二十个国家（地区）对自己的版权法进行了修订，明确规定计算机程序是本国（本地区）版权法的保护对象。

（2）有的国家则在确定用版权法保护计算机程序的同时，又专门颁布一项法规，具体地实施对计算机程序版权的保护，如韩国 1986 年 12 月颁布的《计算机程序保护法》、巴西 1987 年 12 月颁布的《软件法》。

（3）还有意大利、荷兰、墨西哥、瑞士、泰国等近二十个国家，虽然没有为此而修改法律，但已经通过判例、命令等方式确认了计算机程序受版权保护。

进入20世纪90年代以来，又有不少国家已经制定或者正在制定把计算机程序包括在内的新版权法。据报道，这些国家包括丹麦、瑞典、瑞士、奥地利、意大利、波兰、荷兰、智利、葡萄牙、俄罗斯、爱沙尼亚、保加利亚、以色列、沙特阿拉伯、巴林、南非、墨西哥等。

20世纪60年代以来的发展过程表明，采用版权法保护计算机程序的知识产权已经逐步成为国际潮流。

显然，版权法在国际上之所以能像今天这样成为保护软件知识产权的主要法律形式，美国所起的推动作用是决定性的。美国计算机产业领先于各国，其软件产业在国际上更是占有绝对优势，版权保护对于作为软件产业先进国和软件出口国的美国，优势最为明显。一是可以省去起草和通过新法所费的时间，使产业界的利益尽快受到保护；二是可以通过《伯尔尼公约》等国际上已经缔结的国与国之间相互保护版权的国家条约使软件很快获得国际保护，省去缔结新的国际公约时将遇到的麻烦。而且，版权法对作品的保护年限规定得很长，有利于美国保持自己在国际软件市场的优势地位。因此，美国一直竭力对各国施加影响，促进各国接受对软件实施版权保护的主张。

我国1990年9月7日颁布的《著作权法》已明确规定计算机程序属于受该法保护的第8类作品。该法第53条又进一步规定："计算机软件的保护办法由国务院另行规定。"1991年国务院颁布了《计算机软件保护条例》（2002年随着新条例的生效已废止），2002年2月，为了贯彻该条例，国家版权局又发布了《计算机软件著作权登记办法》。目前根据国务院的要求，计算机软件的著作权登记归国家版权局管理。可见我国目前对软件知识产权的保护仍然是纳入著作权法的体系进行。我国《专利法》第25条第2款将智力活动的规则和方法排除在专利客体之外，认为其内容本身不属于专利法所说的“发明创造”的范畴，因而不能授予专利权。但该条并未明确提及计算机程序，也就是说我国《专利法》和《专利法实施细则》为计算机软件成为专利客体保留了空间。此外，我国国家知识产权局的《专利审查指南》中对计算机软件的专利保护作了具体的规定，即如果一件涉及计算机程序的发明专利申请是为了解决技术问题，利用了技术手段且能够产生技术效果，就不能否定该发明专利申请属于可给予专利保护的客体。[1]

〔1〕《专利审查指南》第二部分第九章“涉及计算机程序的发明专利申请审查若干问题”第2部分。

第三部分　知识产权的跨国获取

一、知识产权的地域性

（一）地域性表现及差异

1. 地域性表现及后果

知识产权区别于其他的民事权利的一个重要特征就是知识产权具有严格的地域性。从历史的角度看，知识产权起源于封建特许权，他国并不承认和保护这种特许权。此外知识产权的地域性的特点是由于其权利客体——知识产品的性质决定的。知识产品是一种智力成果，与有形的动产或者不动产不同，其本身不占据任何的空间，也难以掌控。知识产品本身的无形性使其容易脱离所有人的“占有”而被很多人同时拥有，从而落入到公共领域，所以对知识产权的保护光依靠所有人来说是远远不够的，必须仰仗于国家法律的特别制度，也就是通过国家主管机关授予专有权或者专用权。[1]

知识产权的地域性可以表现在以下三个方面：①每一个国家保

〔1〕 叶俭：“知识产权的国际保护与地域性”，载《中山大学研究生学刊》（社会科学版）1997年第2期。

护的知识产权的内容及程度由该国家自主决定；②一项智力成果能否获得知识产权，依照各国的国内法律决定；③一项智力成果被授予知识产权后仅可在授予的地域范围内主张权利或者提出异议。知识产权地域性的存在决定了权利人若想使手中的智力成果在各国受到保护就要依照各国的法律在各个国家申请获权，并且此时受到的保护程度及范围也会由于知识产权的地域性有所差异。不过随着世界知识产权领域国际公约的不断缔结，国民待遇原则范围的逐渐扩张，各国知识产权保护制度的差异也在不断减小，但是知识产权的地域性的特点依旧没有消灭，知识产权专有权的获权授予依旧是知识产权在各国受到保护的前提（著作权除外）。

2. 不同客体的地域性差异

虽说地域性是知识产权主要的特性之一，但是由于不同的知识产权的客体的差异，导致这些知识产权的地域性也存在差异。知识产权可以分为文学产权和工业产权两大类，文学产权包括著作权和著作邻接权，工业产权包括我们常说的专利权、商标权，以及国际上对厂商名称、原产地标记的保护等。对于文学产权来说，由于《伯尔尼公约》的自动保护原则和国民待遇原则的存在，作品创作完成在所有的成员国自动获权，所以其地域性不是很强；而工业产权的客体如发明创造、实用新型、外观设计以及商标等来说，由于这些智力成果本身的特性决定了其具有较强的地域性，仅在获权国家具有无形财产的性质。

（二）突破地域性的两种方式（原始获权和受让获权）

知识产权地域性的特征在知识产权的多国获权方面体现得尤为鲜明，与传统物权的对世性不同，知识产权只有在制定目标法域范围内获权后才在该地区享有法律规定的权利。所以一项智力成果的持有人要想将其成果在多国范围内具备无形财产的价值并受到保护就势必要经历一个多国获权的过程——知识产权的跨国获取。知识产权的跨国获取一方面是突破知识产权地域性的方式，另一方面也是顺应知识产权地域性的结果。

1. 跨国原始取得

知识产权的跨国获取可以分为跨国原始取得和跨国受让取得。由于著作权领域《伯尔尼公约》的存在，著作权自作品创作完成之日在其会员国内自动取得著作权，不需要申请获权的过程，所以我们这里所说的知识产权主要是指工业产权，以专利权和商标专用权为主。工业产权的跨国原始获取也就是创作完成的智力成果进行跨国“包装”的过程。以专利为例，权利人可以通过自主研发、合作研发或者购买别人研发的发明创造产品而成为该智力成果的所有人，此时该专利技术成果上并未被授予专利权，权利人向目标国家申请而获得专利权的过程就是跨国原始取得过程。

2. 跨国受让取得

跨国受让取得就是当某一专利、商标被目标国家的某一主体依法享有专用权时，他人可以通过专利商标权的转让、受许、作价入股等方式受让该知识产权的所有权或者使用权，此过程就是知识产权的跨国受让取得。相对于主要目的为防止侵权的受让取得而言，跨国原始取得涉及企业的专利技术享有的无形价值能否在他国受到保护，所以知识产权的跨国原始获权的意义显得尤为重大。

二、跨国原始获权

（一）两种原始获权途径

1. 逐一国家获权

由于知识产权具有地域性，所以不同国家甚至地区之间的知识产权授权标准和程序都不同。与《伯尔尼公约》中规定的著作权自动保护原则不同的是，在工业产权领域，权利人的工业产权并非自动获得，而是需要通过向一国或者地区的主管当局提出申请，经过批准授权方可获得相应的知识产权以及权利保护。

因为各国的知识产权法和政策存在诸多差异，所以对我国的企业而言，获得某外国的工业产权的一种重要途径就是向该国知识产权主管部门提交申请。如果想要在多个国家获权，那么就需要申请人在不同的国家按照该国相应的程序提出申请。

采用逐一国家获权的方式，目标国家明确，有市场针对性，适用于其产品拥有较为集中的出口国的企业。但是，如果企业的目标市场国家比较分散且数量较多，那么逐一国家申请就会非常繁琐且无效率，加之各国的申请程序和官方要求存在诸多差异，逐一国家申请不仅会给企业带来诸多不便，而且还会大大增加企业的海外获权成本。

2. 通过程序性公约获权

在知识产权的国际保护领域，不仅有诸如《巴黎公约》《伯尔尼公约》等实体性公约，还有程序性公约。这些程序性公约是关于发明专利、商标、工业品外观设计等知识产权国际注册或国际申请条约。依据这些条约，所有的缔约方寻求这些知识产权国际保护时，能极大地降低投入的人力与物力，降低其各项国际申请和国际文件呈报时的成本与时间，从而极大地促进这些知识产权的开发与保护。

目前世界范围内主要的知识产权程序性公约有《商标国际注册马德里协定》《商标国际注册马德里协定有关议定书》《专利合作条约》《国际承认用于专利程序的微生物保护布达佩斯条约》《工业品外观设计国际注册海牙协定》《保护原产地名称及其国际注册里斯本协定》等。目前我国已经是上述前四个程序性条约的缔约国，所以对我国的申请人而言，可以通过上述四个程序性公约向其他相关缔约方提出权利申请，从而获得目标国家的相关知识产权。

需要注意的是，目前我国尚未正式加入《工业品外观设计国际注册海牙协定》，但只要申请人在缔约国注册有办事机构即可办理。通过海牙协定的方式在国外获取工业品外观设计的专利权具有程序简单、费用低廉的优势。国内包括联想、华为在内的多个申请人已经开始使用该方式在海外布局外观专利。海牙协定已经被越来越多的创新主体所认识和使用。

（二）步骤

1. 拟定获权国家名单

获得外国知识产权的第一步就是要明确拟获权的国家，主要的考虑因素包括相关产品和技术在目标国家的既有状况和发展前景、在目标国家的获权成本、在目标国家获权的可能性大小、目标国家的相关产品市场潜力等。

此外，结合企业的发展战略、全球化产品布局战略，制定相应的知识产权战略尤为重要。海外权利获取过程中国家的选择通常需要与企业的发展战略相对应，从而有针对性地进行选择。

一项发明创造或者商标的权利人客观上并不能、实际上也不需要获得全世界所有国家或者地区的专利权或者商标权。所以申请人在拟定目标国家时需要进行选择。例如，某手机生产企业的主要出口对象为非洲国家，那么公司就没有必要去申请欧洲国家的专利权。再比如，某服装企业的产品主要销往某中亚国家，但是该国的商标权申请程序非常繁琐且费用高昂，那么该企业就需要权衡收益与成本进而作出有利的决定。

同时，还需要考虑不同操作方式之间的差别。通常情况下，需要获取权利的国别较多，或者需要较长的时间来确定是否进入相应的国家时，PCT 的申请方式将能够给予申请人更多的选择和更久的决策时间；而如果打算进入的海外国家数量较少，则《巴黎公约》的方式或许能够更加经济，这需要申请人整体的衡量和考虑。

2. 程序性公约的国别检索

确定了拟获权国家名单之后，就需要检索该国是否为相关程序性公约的缔约国，如果是缔约国，则申请人可以通过程序性公约进行申请；如果目标国家不是缔约国，则只能采取国别申请的方式获权。前文所述的世界主要知识产权程序性公约均为世界知识产权组织（WIPO）框架体系下的国际条约，所以在 WIPO 的官方网站（网址：http：//www. wipo. int/portal/en/，页面如图 3 - 1 所示）上均有上述公约的缔约成员名单及其他信息介绍。

图 3 - 1 WIPO 官网

《商标国际注册马德里协定》以及其《议定书》的缔约方国别检索链接为：http：//www. wipo. int/export/sites/www/treaties/en/documents/pdf/madrid_ marks. pdf，页面如图 3 - 2 所示。

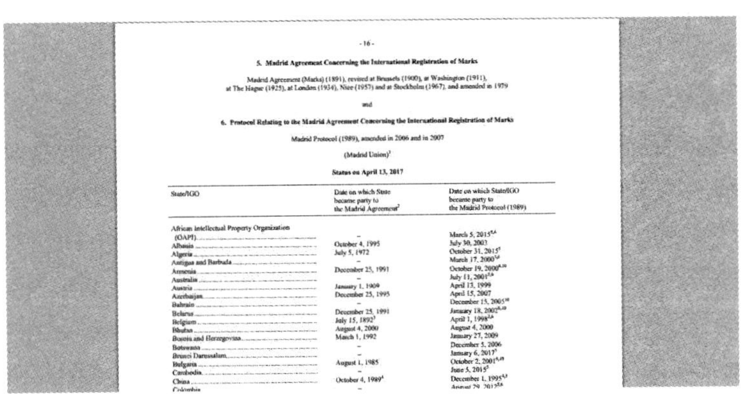

\- 16 -

5. Madrid Agreement Concerning the International Registration of Marks

Madrid Agreement (Marks) (1891), revised at Brussels (1900), at Washington (1911), at The Hague (1925), at London (1934), Nice (1957) and at Stockholm (1967), and amended in 1979

and

6. Protocol Relating to the Madrid Agreement Concerning the International Registration of Marks

Madrid Protocol (1989), amended in 2006 and in 2007

(Madrid Union)[1]

Status on April 13, 2017

State/IGO	Date on which State became party to the Madrid Agreement[2]	Date on which State/IGO became party to the Madrid Protocol (1989)
African Intellectual Property Organization (OAPI)	–	March 5, 2015[5,6]
Albania	October 4, 1995	July 30, 2003
Algeria	July 5, 1972	October 31, 2015[5]
Antigua and Barbuda	–	March 17, 2000[5,6]
Armenia	December 25, 1991	October 19, 2000[6,10]
Australia	–	July 11, 2001[5,6]
Austria	January 1, 1909	April 13, 1999
Azerbaijan	December 25, 1995	April 15, 2007
Bahrain	–	December 15, 2005[10]
Belarus	December 25, 1991	January 18, 2002[6,10]
Belgium	July 15, 1892[3]	April 1, 1998[3,6]
Bhutan	August 4, 2000	August 4, 2000
Bosnia and Herzegovina	March 1, 1992	January 27, 2009
Botswana	–	December 5, 2006
Brunei Darussalam	–	January 6, 2017[5]
Bulgaria	August 1, 1985	October 2, 2001[6,10]
Cambodia	–	June 5, 2015[5]
China	October 4, 1989[4]	December 1, 1995[4,5]
Colombia	–	August 29, 2012[5,6]

图 3 – 2 《马德里协定》缔约方国别检索

《专利合作条约》的缔约方国别检索链接为：http：//www. wipo. int/pct/en/pct_ contracting_ states. html，页面如图 3 – 3 所示。

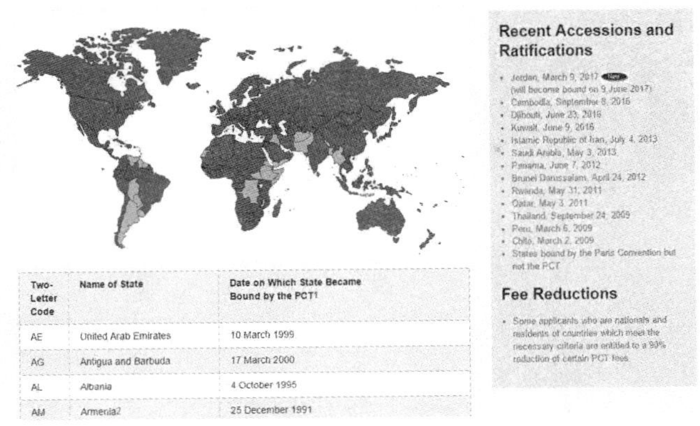

Two-Letter Code	Name of State	Date on Which State Became Bound by the PCT[1]
AE	United Arab Emirates	10 March 1999
AG	Antigua and Barbuda	17 March 2000
AL	Albania	4 October 1995
AM	Armenia2	25 December 1991

图 3 – 3 《专利合作条约》缔约方国别检索

《国际承认用于专利程序的微生物保护布达佩斯条约》的缔约方国别检索链接为：http：//www. wipo. int/treaties/en/ShowResults. jsp？lang = en&treaty_ id = 7，页面如图 3 – 4 所示。

Contracting Parties > Budapest Treaty (Total Contracting Parties : 80)

Contracting Party	Signature	Instrument	In Force	Details
Albania		Accession: June 19, 2003	September 19, 2003	
Armenia		Accession: December 6, 2004	March 6, 2005	
Australia		Accession: April 7, 1987	July 7, 1987	Details
Austria	December 22, 1977	Ratification: January 26, 1984	April 26, 1984	
Azerbaijan		Accession: July 14, 2003	October 14, 2003	
Bahrain		Accession: August 20, 2012	November 20, 2012	
Belarus		Accession: July 19, 2001	October 19, 2001	
Belgium		Accession: September 15, 1983	December 15, 1983	Details
Bosnia and Herzegovina		Accession: October 27, 2008	January 27, 2009	
Brunei Darussalam		Accession: April 24, 2012	July 24, 2012	
Bulgaria	April 28, 1977	Ratification: July 19, 1978	August 19, 1980	Details
Canada		Accession: June 21, 1996	September 21, 1996	Details
Chile		Accession: May 5, 2011	August 5, 2011	Details

图3－4 《国际承认用于专利程序的微生物保护布达佩斯条约》的缔约方国别检索

由于我国并未加入《工业品外观设计国际注册海牙协定》和《保护原产地名称及其国际注册里斯本协定》，所以我国的权利人不能通过程序性条约的方式获得其他国家的相关知识产权，但是这并不影响其根据外国的国内知识产权法通过逐一国家申请的方式获得法律保护的权利。

3. 三种多国获权的可能

（1）非《巴黎公约》缔约国：无获权可能。我国《专利法》第18条规定："在中国没有经常居所或者营业所的外国人、外国企业或者外国其他组织在中国申请专利的，依照其所属国同中国签订的协议或者共同参加的国际条约，或者依照互惠原则，根据本法办理。"也就是说外国人或者企业在中国获得专利保护的法律依据是双边协议、国际条约和互惠原则。同样，我国的个人或者企业到他国去申请专利时也应当具有上述的法律依据之一。但是目前我国尚未与任何非《巴黎公约》缔约国签订任何有关专利权保护的双边条约和互惠安排，所以目前我国的公民和企业要想获得其他国家的专利权，只能以国际条约为法律基础。

根据《巴黎公约》第 2 条“本联盟各国国民的国民待遇”第 1 款规定：“本联盟任何国家的国民，在保护工业产权方面，在本联盟所有其他国家内应享有各国法律现在授予或今后可能授予各该国国民的各种利益，一切都不应损害本公约特别规定的权利，因此他们应和各该国国民享有同样的保护，对侵犯他们的权利享有同样的法律上的救济手段，但是以他们遵守对该国国民规定的条件和手续为限。”也就是说，只要是《巴黎公约》缔约国的国民，就可以依照其他缔约国的法律，获得该缔约国对自己所享有的工业产权的法律保护。《巴黎公约》第 3 条将这种国民待遇的适用主体扩展到了“非本联盟成员国国民，但是在本联盟一个国家的领土内设有住所或有真实和有效的工商业营业所的人”，但公约对权利主体范围的扩张并不能使公约的效力当然地及于非缔约国，根据国际条约法的规定，《巴黎公约》只能约束其缔约国，所以如果拟获权国家不是《巴黎公约》的缔约国，那么通常无法获得该国法律的保护。

（2）《巴黎公约》缔约国但非程序性公约缔约国：国家申请。如前述，如果拟获权国家是《巴黎公约》的缔约国但非程序性公约的缔约国，那么首先我国的公民和企业具有获得该国专利保护的可能性，就可以向该国申请专利保护。但是，由于拟获权国家不是程序性公约的缔约国，所以不能通过国际申请的途径获权，而只能采取向目标国家单独提出申请的方式。在进行国家申请时，将适用《巴黎公约》有关优先权原则和临时性保护原则的有关规定（下文将对此二原则进行详细讲解）。

（3）程序性公约缔约国：国际申请。由于，程序性公约的目的是为了更好地实现实体性公约为权利人提供的法律保护，所以目前所有的程序性公约缔约国都是相应的实体性公约的缔约国。如果拟获权国家是程序性公约缔约国，那么我国公民和企业不仅有权向该国提出知识产权保护的申请，而且可以通过程序性公约的方式提出，这样就可以大大降低我国公民和企业获得他国知识产权的获权成本。

（三）逐一国家申请

1. 各国获权程序的异同

本书第二部分的“发明创造的专利化”一节曾选取几个主要的贸易大国作为研究对象，并对上述国家的专利获权程序进行了列举，通过上述列举可以发现，各国的专利获权程序差异不大，主要有以下共同点：①各国通常都设有专门的行政机构来负责专利事务；②各国的专利获权程序基本包含提出申请、技术审查、授权或者驳回等主要步骤；③各国的专利主管机关通常以行政行为的方式对一项申请予以授权或者驳回，且此种行政行为的效力通常不是终局的，需要受到司法机关的监督；④各国基本都有相应的司法程序为申请人和其他权利相关人提供司法救济。

另外各国的专利获权程序也存在一些差异，主要表现为：①负责专利事务的行政机关进行内部审查的程序不一样，例如日本和英国，需要由局长指派专员进行审查；②有无其他机关参与或者前置程序，例如法国，需要由国防部派员对申请进行安全审查；③形式审查和实质审查是否分开，例如英国和法国将两者分开，而日本则将二者合二为一；④是否有专门的司法机关负责审理有关专利申请的行政案件，例如英国、日本和韩国都有专门的知识产权法院或者专利法庭来专门负责此类案件。

2. 优先权原则及其作用

优先权原则是《巴黎公约》规定的三项基本原则之一。根据《巴黎公约》第4条之一，权利人在成员国之一正式提交专利、实用新型注册、工业品外观设计注册或者商标注册的申请的，为了在其他国家提交申请，在规定的期间内应当享有优先权。[1] 所谓“优先权”，是指申请人在一个缔约国首次提出申请后，在一定期限

---

〔1〕 参见《巴黎公约》第4条之一。

内就同一主题在其他缔约国提出申请的，其在后申请在某些方面被视为是在首次申请的申请日提出的。[1] 根据《巴黎公约》，优先权的具体要求如下：

（1）主体要求：在后申请人必须与在先申请人主体一致，或是其权利的合法继受人。

（2）客体要求：在后申请应与在先申请针对同一主题。

（3）行为要求：申请人应当在相关国家作出了正规申请，即在有关国家中足以确定申请提交日期的任何申请，而不问该申请以后的结局如何。

（3）形式要求：任何人希望利用一项在先申请的优先权的，应当在主管机关的出版物中，尤其是应当在专利和有关专利说明书中作出声明，说明提出该申请的日期和受理该申请的国家，每一国家应当确定作出该项声明的最后日期，以及写明该申请的号码。

（4）权利期限：专利和实用新型的优先权期限为 12 个月，工业品外观设计和商标为 6 个月，自第一次申请的申请日始。因此，权利人应当在这期间内作出在后申请，若超出，则不能享有在先申请的优先权。

值得注意的是，“第一次申请”并非绝对性概念，在满足《巴黎公约》第 4 条之一第三款第 4 项条件的情况下，在后提出的申请也可被视为第一次申请，而享有优先权。[2]

优先权原则设立的初衷即为了解决知识产权地域性限制的困境，因此，该原则在企业开展国外业务的知识产权战略中具有十分

---

〔1〕 尉凤葵、祁悦：“合理利用本国优先权制度的一些建议”，载《中国发明与专利》2015 年第 12 期，转引自尹新天：《中国专利法详解》，知识产权出版社 2011 年版，第 381 页。

〔2〕 具体要求为：①与第一次申请主题相同；②在提交后一申请时前一申请已经被撤回、放弃，或者被拒绝；③没有提供公众查阅；④没有遗留任何权利；⑤前一申请还没有作为优先权要求的基础。

重要的地位。一旦申请人所主张的优先权被受理国主管机构所认可，则优先权人在优先权期间所作的申请，受理申请的各国机构对其相关要件的认定均以优先权日作为判断的基准日，从而在一定期限内保护工业产权的新颖性，以及防止因申请而公开知识产权的情况下，暴露权利人的技术秘密。[1] 我国企业可充分利用该制度，一方面保护知识产权的新颖性与秘密性，另一方面，可在最先申请某项知识产权之后逐步扩大申请的地域范围，争取权利的最大化。

3. 临时性保护原则及其作用

《巴黎公约》针对某些国际展览会中的知识产权采取临时性保护原则，具体规定于公约第 11 条。根据第 11 条，在成员国所举办的官方的或者经官方承认的国际展览会中展出的商品中，对可以取得专利的发明、实用新型、工业品外观设计和商标，给予临时保护；临时性保护具有期限要求，不应延展优先权期限，即专利和实用新型的优先权的临时保护期限不超过 12 个月，工业品外观设计和商标不超过 6 个月；若权利人以后要求优先权，则主管机关可以规定优先权期间应当自该商品搬入展览会之日开始。另外，根据不同国家要求，权利人应当提供展出的物品及其引进展览会的日期的证明文件。[2]

临时性保护原则针对的客体是可以注册或获得的知识产权，换言之，这一类知识产权在参加会展时并未经主管机关注册或授予。在临时性保护期限内，参展企业应当在展会结束后，尽快提交相关权利的申请或注册，以防止保护期限届满而被他人抢注或抢先申请的情况发生。

在现实中，尽管中国参展商经常是被指控侵权的一方，但中国

---

〔1〕 姚新超："中国跨国企业申请国际专利的策略"，载《国际经贸探索》2005 年第 6 期。

〔2〕 参见《巴黎公约》第 11 条。

参展商应同样重视利用各国针对会展的临时性保护知识产权规则，维护其自身的合法权益。以“展会之乡”——德国为例，权利人可通过警告信（附带保证书）和临时禁令，以民事途径对国际展会知识产权予以保护。[1] 警告信旨在告知对方存在侵权行为，并要求侵权人停止侵权、自愿缴纳罚金。若侵权人对警告信置之不理，则权利人可向法院申请临时禁令。若法官经过比对权利人提供的侵权材料，认为有大于50%的可能性存在侵权，那么就会按照权利人的申请颁发临时禁令。[2]

临时性保护原则的设立初衷即为了消除一些参展商因害怕展品的知识产权在国际展会上受到侵权却无法得到救济，故而不愿参加国际展会的顾虑。[3] 在符合临时性保护原则的情况下，即使是未经注册或授权的工业产权，企业也能够在一定期限内获得权利保护。对于参展企业而言，其应当充分了解展览举办国的国内法，知悉其因参展而享有的权利，在遭遇侵权争议时，积极向当地法院申请临时禁令等保护措施。

（四）《专利合作条约》的途径

《专利合作条约》（The Patent Cooperation Treaty，“PCT”）旨在帮助专利申请人对其所有专利进行国际性保护，帮助专利局等行政机构决定专利权利的授予，并促进公众获取与这些发明相关的大量科技信息。[4] 现 PCT 已有 152 个成员国。

通过 PCT，发明人可以只提交一份“国际”专利申请，即在许

---

〔1〕 刘炎、刘观来：“国际展会知识产权保护问题探析”，载《行政与法》2016 年第 1 期。

〔2〕 王宗银：“会展知识产权保护研究”，华中师范大学 2011 年硕士学位论文。

〔3〕 毛海波：“国际展会知识产权保护研究”，华东政法大学 2012 年博士学位论文。

〔4〕 参见 http：//www. wipo. int/pct/en/，最后访问时间：2017 年 4 月 30 日。

多国家中的每一国家同时为一项发明申请专利保护。PCT 缔约国的任何国民或居民均可提出这种申请。一般可以向申请人为其国民或居民的缔约国的国家专利局提出申请；也可以按申请人的选择，向设在日内瓦的 WIPO 国际局提出申请。[1] PCT 途径对其保护专利权十分重要，尤其是对于高新技术产业的企业而言，更应当重视该途径已获得权利的最大程度的保护。

1. 概述

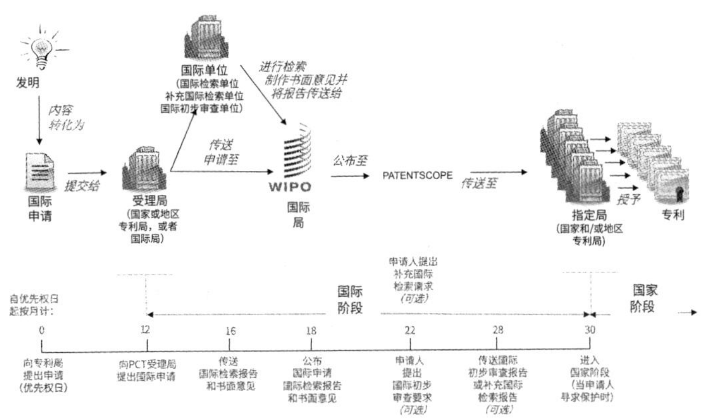

图 3－5　PCT 条约体系

（图片来源：《专利合作条约常见问题解答——如何在国外保护发明：专利合作条约（PCT）常见问题解答》，http：//www. wipo. int/export/sites/www/pct/zh/basic_ facts/faqs_ about_ the_ pct. pdf，最后访问时间：2017 年 4 月 30 日。）

从图 3－5 中可看出，PCT 程序主要分两大阶段——国际阶段与国家阶段。国家阶段是指在 PCT 国际检索、公布、审查等程序结束后，通常是申请人提出优先权要求的首次申请的最早申请日起 30

〔1〕 参见 http：//www. wipo. int/treaties/zh/registration/pct/，最后访问时间：2017 年 4 月 30 日。

个月后，申请人开始直接向希望获得专利的国家（或地区）专利局寻求专利授予。

PCT 程序包括：提交申请，国际检索，国际公布，补充国际检索（非必须），国际初步审查（非必须），国家阶段。图五简洁明了地概述了整个 PCT 程序的运作过程：权利人首先将发明向受理局提出国际申请，受理局除保留一份为存留记录外，并将一份申请传送至国际局，以及将另一份送至国际单位，后者进行国际检索后将检索报告与书面意见送至国际局。若符合授权条件，国际局则将申请传送至申请人提出申请时所指定的国家或/和地区的专利局，从而授予专利权。

2. 国际申请

根据 PCT 第 3 条第 2 款规定，国际申请包括：请求书、说明书、一项或几项权利要求、附图（需要时）和摘要。国际申请应使用规定的语言、符合发明单一性要求，并按照规定缴纳费用。申请人可以向本国的专利局提出申请。我国企业可通过国家知识产权局网站进行 PCT 电子申请。[1]

申请人应在申请请求书中指定希望得到专利保护的缔约国（“指定国”）；通过说明书对发明作出清楚和完整的说明；权利要求应确定要求书保护的内容，应以说明书作为充分依据。[2]

PCT 保护优先权。通常，希望在多个国家获取发明保护的专利申请人会先向其国家或地区专利局提交国家或地区专利申请，根据《巴黎公约》对优先权的规定，在该首次申请的申请日算起 12 个月之内，提交 PCT 国际申请。[3]

3. 国际检索

根据 PCT 规定，每一国际申请都应经过国际检索，国际检索的

---

〔1〕 PCT 电子申请网：http：//www. pctonline. sipo. gov. cn/。

〔2〕 参见 PCT 第 4～6 条。

〔3〕 参见 PCT 第 8 条。

目的是发现有关的现有技术。因此，PCT 国际检索是对使用专利申请最常用语言公开的相关专利文献及其他技术文献进行的高质量检索。PCT 对需要检索的文献规定了具体标准，所有国际检索单位都是经验丰富的专利局，既有合格的审查员，又使用统一的检索方法。检索结果会公布在国际检索报告以及有关发明专利性的国际检索单位书面意见中。

国际检索报告主要由一系列可能影响国际申请所公开发明的专利性的已公开专利文献和技术刊物文章构成。该报告还指出所列文献与新颖性和创造性（非显而易见性）等重要专利性问题的相关程度。国际检索单位在出具国际检索报告的同时，还制作一份关于专利性的书面意见，对发明的专利性问题进行详细的分析。国际检索报告和书面意见会由国际检索单位发送给申请人。该报告的价值在于帮助申请人了解在 PCT 缔约国获得专利的可能性。

另外，根据《专利合作条约实施细则》第 45 条之二，申请人可以在优先权日起 19 个月期限届满前的任何时候，请求主管的国际检索单位对国际申请进行补充国际检索。该请求可向多个国际检索单位提出。补充检索须缴纳补充检索手续费。补充检索可降低在国家阶段发现新的专利文献和其他技术文献的风险，因为请求补充国际检索能帮助申请人扩大检索的文献语言和/或技术范围。

4. 国际公布

根据 PCT 第 21 条规定，国际局应当公布国际申请。通常情形下，国际申请的国际公布应在自该申请的优先权日起满 18 个月后迅速予以办理，公布内容包括国际检索报告或不作出国际检索报告的事由说明。通过 WIPO 的网站，[1] 企业可理解所公布专利申请的内容（见图 3 -6）。

〔1〕 参见 https：//patentscope. wipo. int/search/zh/structuredSearch. jsf.

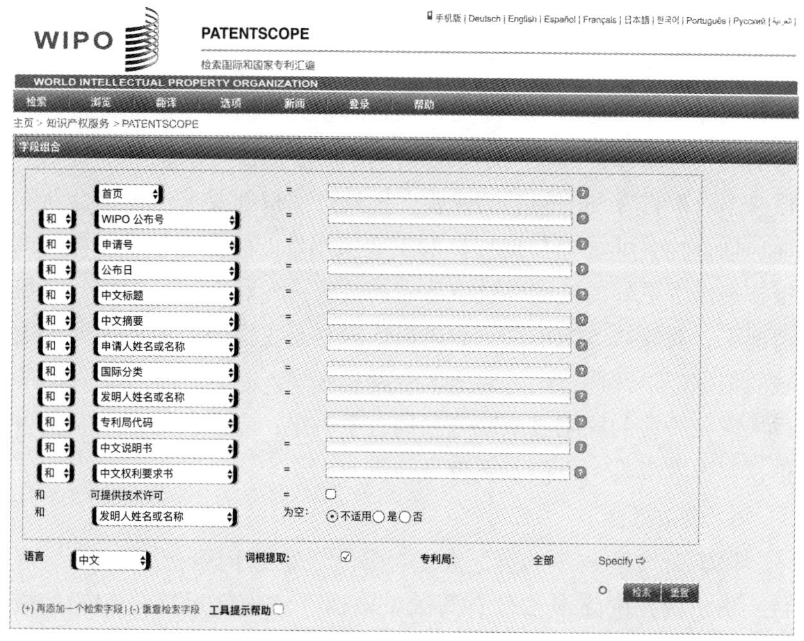

图 3－6　WIPO 国际和国家专利汇编检索页面

5. 国际初步审查

国际初步审查是对发明专利性进行的第二次评价，所使用的标准与国际检索单位书面意见所依据的标准相同（参见问题 18）。如果申请人希望修改国际申请以克服国际检索报告中所列文献以及国际检索单位书面意见中所指出的缺陷，那么国际初步审查提供了在进入国家阶段之前积极参与审查程序并可能影响审查员结论的唯一机会。申请人可以提交修改和争辩，并且有权与审查员会晤。该程序完成后，将作出专利性国际初步报告（第 II 章）。[1]

---

〔1〕“专利合作条约常见问题解答——如何在国外保护发明：专利合作条约（PCT）常见问题解答”，参见 http：//www. wipo. int/export/sites/www/pct/zh/basic_ facts/faqs_ about_ the_ pct. pdf，最后访问时间：2017 年 4 月 30 日。

根据 PCT 第 33 条第 1 款规定，国际初步审查的目的是对请求保护的发明来是否有新颖性、是否有创造性（非显而易见性）和是否有工业实用性提出初步的无约束力的意见。国际初步审查报告不包括对于请求保护的发明按照任何国家的本国法可以或看来可以取得或不可取得专利的问题的说明，仅就每项权利要求是否符合新颖性、创造性（非显而易见性）和工业实用性的标准而作出解释。该报告提供了更好的基础以供申请人评估获得专利权的可能性，多数情况下针对经修改的申请；如果报告内容是正面的，申请人即有更强的依据以继续进行国家和地区专利局程序。是否授予专利权由所进入国家阶段的国家或地区专利局自主决定；专利性国际初步报告供这些专利局参考，但对其没有约束力。[1]

6. 国家阶段

国家阶段是 PCT 的第二大主要阶段，发生于国际阶段之后。在每一指定国，国际申请具有与国家申请（或地区申请）相同的效力，且对发明授予保护的决定由专利局作出。

国家阶段仅在申请人实施某些行为时启动，而不会有某些邀请其实施该等行为的提示。因此，申请人对在有效期限内实施相关行为承担有唯一的责任。[2] 因此，在有效期限内提出国家申请对企业而言十分重要。根据 PCT 第 22、39 条，在应在不迟于自优先权日起 30 个月届满之日内，申请人向其申请的制定国家专利局提供国际申请的副本、国际申请译文，并按照该国家的规定缴纳国家阶段的申请费用。

---

〔1〕“专利合作条约常见问题解答——如何在国外保护发明：专利合作条约（PCT）常见问题解答”，参见 http：//www. wipo. int/export/sites/www/pct/zh/basic_ facts/faqs_ about_ the_ pct. pdf，最后访问时间：2017 年 4 月 30 日。

〔2〕参见 http：//www. wipo. int/pct/en/appguide/text. jsp？ page = np02. html # _ chapt2，最后访问时间：2017 年 5 月 13 日。

(五)《商标国际注册马德里协定》的途径

1. 马德里国际商标注册体系

申请人到国外申请注册商标主要有两种途径：一种是逐一国家注册，即分别向各国商标主管机关申请注册；一种是马德里商标国际注册，即根据《商标国际注册马德里协定》（以下简称《马德里协定》）或《商标国际注册马德里协定有关议定书》（以下简称《马德里议定书》）的规定，在马德里联盟成员国间所进行的商标注册。马德里联盟是指由《马德里协定》和《马德里议定书》所适用的国家或政府间组织所组成的商标国际注册特别联盟。截至2015年6月5日，马德里联盟共有95个缔约方。其中纯《马德里协定》缔约方只有1个，纯《马德里议定书》的缔约方有40个，其他的都如中国一般同时加入了两个条约。[1] 我国于1989年10月4日和1995年12月1日分别加入《马德里协定》和《马德里议定书》。

马德里体系具有两个特点：第一，自注册日起，国际注册具有同申请人在每一个被指定国家进行通常国内申请的同等效力。除非此商标的保护要求在被指定国家内被依照其国内法律于规定时限里被驳回，否则，此国际注册等同于在被指定国家的国内注册。所以从实质上来说马德里体系是一个程序体系，其保证了权利人在商标权多国获权的程序性便捷，但是其本身并不影响商标保护的实质性方面要求，各国对授权商标的保护范围及程度依照国内法律的规定；第二，马德里体系下的国际注册可被视作多个国内注册，因为它同时可在多个国家内产生效力。因此，国际注册的后期管理任务，如对每一相关指定国家的续展、转让等，将通过世界知识产权

---

〔1〕 参见 http：//sbj. saic. gov. cn/gjzc/201404/t20140428_ 233443. html，最后访问时间：2018年1月14日。

组织（WIPO）国际局的单一简单操作而得以大大简化[1]，所以手续方便、节省时间也成了马德里体系在国际商标注册方面最大的优势。

2.《马德里议定书》和《马德里协议》比较

《马德里协定》和《马德里议定书》共同构成了马德里体系，议定书在协定的基础上进行了一定的修改使其更加灵活并一定程度上实现了国际注册的独立性以吸纳更多会员国的加入。就两者的比较来看，《马德里议定书》与《马德里协定》在以下几个方面存在区别：第一，依据《马德里议定书》，申请人可以依据基础申请来进行国际注册申请，《马德里协定》要求只有在本国注册了的商标才可以进行国际注册；第二，依据《马德里议定书》，各缔约方主管局的驳回期限可以延长到 18 个月，而依据《马德里协定》，驳回期限只有 12 个月；第三，依据《马德里议定书》，在申请人的国际注册申请递交 5 年内，其国内的基础申请被驳回或宣布无效的，在各指定国，该国际注册申请可以被转换为国家（或地区）的申请，同时保留其国际注册日期或优先权。而《马德里协定》并未对此进行规定；[2] 第四，《马德里议定书》的商标国际注册的效力只延及申请人制定的国家或地区，而《马德里协定》的国际注册的效力却是自动延及所有缔约方，相比较而言，议定书的规定更加灵活，避免资源浪费。基于以上区别，在申请人进行商标注册国际申请前列出拟申请国家名单时需要注意区分目标国家是否均为协定和议定书的缔约国，进而判断在目标国家获权时可以依据哪种程序获得何种权利。

---

〔1〕 陶俊英："国际商标注册马德里协定和马德里议定书的主要特色"，载《中华商标》2000 年第 8 期。

〔2〕 张宇："马德里协定与议定书的区别"，载《中国工商报》2005 年 11 月 3 日，第 B03 版。

3. 马德里国际注册的条件及步骤

（1）申请条件。进行马德里商标国际注册的申请人必须具有一定的主体资格。申请人应在我国设有真实有效的工商营业场所，或在我国境内有住所，或拥有我国国籍。另外，台湾地区的法人或自然人均可通过商标局提出国际注册申请。而香港和澳门特别行政区的法人或自然人目前还不能通过商标局提出国际注册申请。

申请国际注册的商标必须已经在我国启动一定的商标注册申请程序。申请人指定保护的国家是纯《马德里协定》缔约方，申请国际注册的商标必须是在我国已经获得注册的商标；申请人指定保护的国家是纯《马德里议定书》缔约方，或是同属《马德里协定》和《马德里议定书》缔约方，申请国际注册的商标可以是已在我国提出注册申请并被受理的商标，也可以是已经注册的商标。申请人可以委托国家认可的商标代理机构办理也可以自行向商标局提出申请。

（2）主要流程。依照《马德里协定》进行商标注册时整个流程大概分为以下几个步骤，如图3－7所示：

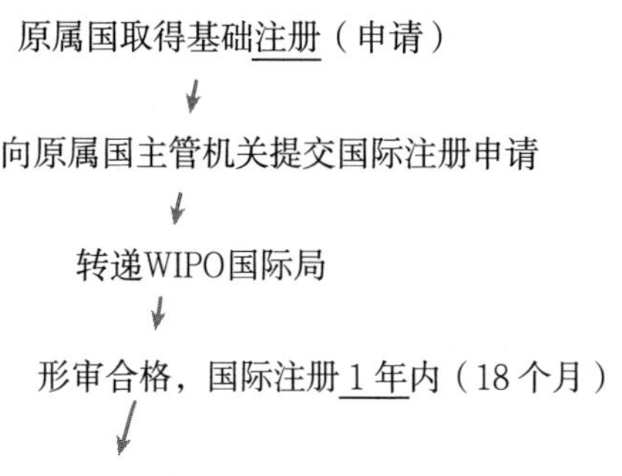

图3－7　《马德里协定》下的商标注册流程

《马德里协定》中的商标注册以国内注册为基础，申请人取得基础注册之后向原始国主管机关，也就是中国商标局提交国际注册的申请和费用，由于国内注册已经完成，无需进行其他审查，商标局会把申请直接转递 WIPO 国际局，经其形式审查合格之后直接进行国际注册，在《马德里协定》项下，国际注册的效力是自动延伸至所有缔约国。《马德里协定》的缔约国只能根据协定规定的三种情况之下：目标国在先权利冲突、商标构成违反了社会公共道德、商标构成不具有显著性为由拒绝保护并且该拒绝保护必须在 1 年内提出。

而将图 3 - 7 中标下划线的部分换成括号内的文字也就是《马德里议定书》国际注册的主要内容了，正如上文提及的两者的区别：依照《马德里议定书》进行商标国际注册时不以国内注册为先决条件，只要有国内申请即可，并且其国际注册的效力并不自动及于所有缔约国，而是申请时制定的国家，此外缔约国声明拒绝保护的期间也有所延长。

在具体操作方面申请人可以登陆中国商标网（http：//sbj. saic. gov. cn 页面如图 3 - 8 所示），点击“国际注册”（页面如图 3 - 9 所示）。

图 3 - 8　中国商标网首页

图 3 -9　中国商标网国际注册

这里会有马德里商标国际注册申请的指南、进行国际申请时申请书的模板以及一些常见问题的解答等以便申请人更好地理解马德里国际商标注册的流程（如图 3 -10、图 3 -11 所示）。

图 3 -10　中国商标网常见问题解答

图 3－11 中国商标网下载书式

三、跨国受让获权

（一）跨国知识产权转让获权

知识产权转让，是指出让方与受让方根据相关法律法规和签订的转让合同，将知识产权由出让方转移至受让方的法律行为。而“跨国”是指知识产权的转让跨越了国境，由一国出让方转移至他国受让方。跨国知识产权转让行为不但提高了知识产权在全球范围内的利用率，而且为知识产权权利人带来了转让收益，刺激了其科学创造的积极性，有利于推动科技的进步与发展。我国现行的《专利法》《商标法》《著作权法》都确立了相应的知识产权转让规范。

1. 专利权

根据《TRIPS 协定》第 28 条第 2 款的规定，专利所有者还应有权转让该项专利。该条款从国际条约的层面明确了专利权具有可转让性，但却并未明晰专利权转让的条件。因此，专利权转让的条件问题便由各成员方予以确定。我国《专利法》第 10 条第 3 款规定："转让专利申请权或者专利权的，当事人应当订立书面合同，并向国务院专利行政部门登记，由国务院专利行政部门予以公告。专利申请权或者专利权的转让自登记之日起生效。"因此，专利申请权和专利权的转让只有经过专利局核准并公告之后才能生效，仅签订转让合同还不能产生专利申请权或者专利权转让的法律效力。

2. 商标权

根据《TRIPS 协定》第 21 条的规定，各成员方可以确定商标转让的条件，已注册商标的所有者有权将商标所属企业与商标一同转让或只转让商标不转让企业。据此，一些国家的商标立法规定商标不能脱离商标注册人的商业信誉而单独转让。例如，美国《兰汉姆法》[Lanham（Trademark）Act] 规定，商标注册人只能将商标和与其相关的商誉一起转让。之所以如此规定，是因为这些国家认为如果单纯地转让商标，会使商标与其原先识别的商品或服务以及商标注册人的商业信誉发生分离，在短期内可能导致消费者误以为商标所标识的商品或服务仍然来源于商标注册人。但是，如果商品或服务品质卓越，具有良好的信誉，其注册商标的实际价值就会较高，商标转让价格也会比较昂贵，受让人出资购买商标之后，一般也会尽力提供高质量的商品或服务，以防商标贬值。同时，消费者通过商标选择商品或服务的真正目的，也并非识别商品或服务的实际提供者，而是信赖使用声誉较高商标的商品或服务质量优良。换言之，只要商标转让后，使用该商标的商品或服务具有同样的品质，并不会损害商标的识别功能或消费者的利益。因此，多数国家的商标立法已经允许单独转让注册商标了，如我国《商标法》第 42 条第 1 款规定："转让注册商标的，转让人和受让人应当签订转让协议，并共同向商标局提出申请。受让人应当保证使用该注册商标的商品质量。"以前不允许单独转让的国家和地区态度也发生了转变，例如，德国、意大利和我国台湾地区。此外，我国《商标法》第42条第4款规定："转让注册商标经核准后，予以公告。受让人自公告之日起享有商标专用权。"据此可知，与专利申请权和专利权的转让相同，注册商标转让只有经过商标局核准并公告之后才能生效，仅签订商标转让合同还不能产生商标专用权转让的法律效力。商标的基本功能是识别来源。因此，使用同一商标的商品或服务应当出自同一经营者，否则就会导致消费者的混淆，使得商标无法实现其识别功能。对此《商标法》第42条第2款规定："转让注册商标的，商标注册人对其在同一种商品上注册的近似的商标，或者在类似商品上注册的相同或者近似的商标，应当一并转让。"根据《商标法实施条例》第31条第2款的规定，应当一并转让而未一并转让的，由商标局通知其限期改正；期满未改正的，视为放弃转让该注册商标的申请，商标局应当书面通知申请人。

3. 著作权

著作权包括著作人身权和著作财产权。其中，著作人身权具有一般人身权的特征，不能转让、继承和遗赠。而著作财产权则与其他财产性权利一样，可以在不违反法律规定的前提下，由权利人进行转让。不过与转让专利权和注册商标专用权需要进行登记及公告不同，《著作权法》并不要求对著作财产权的转让进行登记及公告。这就导致著作财产权的变动缺乏公示，在权利人就相同的著作财产权订立多重转让合同的情况下，只能参照适用买卖合同的有关规定，在多个转让合同均有效的情况下，成立在先合同的受让人应当取得相应的著作财产权。

典型案例：IPAD 商标转让纠纷

第一部分：基本事实

1. 涉案各方的基本情况

（1）唯冠国际控股有限公司（唯冠控股）于1989年在中国香港设立。唯冠控股在11个国家或地区设有子公司或分公司。

（2）唯冠电子股份有限公司（台湾唯冠）是唯冠控股在中国台湾地区设立的子公司。

（3）唯冠科技（深圳）有限公司（深圳唯冠）是唯冠控股在中国大陆设立的子公司。

（4）苹果公司为总部位于美国加利福尼亚州，以生产电子科技产品为主要业务的公司。

（5）IP公司于2009年8月11日在英国伦敦注册成立。

2. 涉案商标的流转

（1）2011年，深圳唯冠在中国大陆获得2个“IPAD”相关注册商标专用权。

（2）2001年至2004年，台湾唯冠分别在欧盟、韩国、墨西哥、新加坡、印度尼西亚、泰国、越南共计获得8个“IPAD”相关注册商标专用权。

（3）2009年12月23日，台湾唯冠与IP公司签署协议，台湾唯冠以3.5万英镑对价向IP公司转让包括中国大陆商标在内的共10个商标。

（4）2010年4月7日，IP公司与苹果公司签署协议，转让所有其取得的“IPAD”商标相关权益。苹果公司在其生产的平板电脑产品上适用“IPAD”商标，并向包括中国大陆在内的市场销售上述商品。

3. 纠纷的产生

（1）深圳唯冠获悉苹果公司销售标有“IPAD”商标的平板电脑的消息后，向苹果公司提出深圳唯冠为涉案商标的真正权利人，并要求苹果公司停止侵权，赔偿损失。

（2）2010年6月，苹果公司、IP公司向深圳市中级人民法院提起诉讼，认为苹果公司依法取得了涉案商标的专用权，要求确认其为涉案商标专用权人，并以此为由申请保全了涉案商标。

第二部分：一审的争议焦点

1. 台湾唯冠与深圳唯冠之间是否构成表见代理?

根据我国《合同法》第49条及《最高人民法院关于当前形势下审理民商事合同纠纷案件若干问题的指导意见》第13条的规定，表见代理是指行为人没有代理权，但交易相对人有理由相信行为人有代理权。此时，为了保护动态的交易安全，该无权代理可发生与有权代理同样的法律效果，被代理人应承担相应的法律责任。如果是善意的交易，相对人不愿该无权代理发生与有权代理同样的法律效果，也可经由撤销权的行使，使其归于无效。构成表见代理应符合如下条件：

(1) 行为人实施了无权代理行为，即行为人没有代理权、超越代理权或代理权终止后仍以被代理人的名义实施代理行为。

(2) 客观上存在使相对人有正当理由相信无权代理人有代理权的情形，即代理人有被授权的表象。

(3) 第三人需善意且无过失。“善意”是指相对人不知或不应知代理人所实施的行为是无权代理行为；“无过失”是指相对人的这种不知情并非是因其疏忽和懈怠所造成的。

在本案中，台湾唯冠并没有深圳唯冠的授权，满足无权代理这一要件。但是，客观上原告并未提供任何证据显示台湾唯冠获得了深圳唯冠的表面授权，主观上原告也并非善意且无过失，理由如下：

(1) 根据前述规定，这种令相对人确信的表象主要包括以下几种形态：深圳唯冠表示授权给台湾唯冠，但实际并未授权；台湾唯冠签约时出具了深圳唯冠的文书印鉴，但深圳唯冠未授权其使用；深圳唯冠曾明确授权给台湾唯冠为某些行为，但台湾唯冠签署转让合同为越权；深圳唯冠曾经授权给台湾唯冠转让商标，但合同签署时授权已过期。从双方提供的证据来看，并未出现上述任何一种情形，所有的授权都指向台湾唯冠。

(2) 原告提供的第25号电子邮件附件中包含了涉案的

1590557号商标注册证复印件，第26号电子邮件附件中包含了涉案的1682310号商标网络查询结果。从这两个文件的记载中，可以清楚地看到涉案商标的专用权人为深圳唯冠，而不是台湾唯冠。因此，原告对涉案商标的权属状况应当自始就是明知的，而非善意且无过失。

2. 原告申请确权是否有法律依据？

根据我国《商标法》第42条的规定，注册商标转让需要满足如下条件：

（1）合法有效的书面转让协议。

（2）由商标局对商标转让审核通过并予以公告。

也就是说，注册商标专用权并不是自合同生效之日起发生转移，而是自商标局审查核准并公告之日起才发生转移。即使双方已经完全履行了合同义务，在未经审核批准公告的情况下，商标专用权仍然不发生转移。

在本案中，作为涉案商标专用权人的深圳唯冠不仅没有和IP公司签订任何书面协议，更没有履行任何的申请审批和公告程序，商标专用权也没有发生任何变动，IP公司不能据此要求其享有涉案商标专用权，苹果公司也不能以此请求确权。

2011年12月5日深圳市中级人民法院下达一审判决，苹果公司和IP公司的诉讼请求没有得到深圳市中院的支持，被宣判败诉。2012年1月5日，苹果公司和IP公司向广东省高级人民法院提起上诉。

第三部分：二审的争议焦点

台湾唯冠与深圳唯冠之间是否构成隐名代理？

根据我国《合同法》第402条和第403条的规定，隐名代理是指受托人在不向合同相对方披露自己和委托人之间的代理关系的情况下，以自己的名义与相对方订立合同。构成隐名代理应满足如下条件：

（1）委托人与受托人之间存在委托关系，即委托人授权受托人为某种行为，并且受托人的行为要在其代理权限范围内。

（2）受托人以自己的名义与第三人订立合同，不向第三人披露委托人的存在。

在本案中，如果要适用隐名代理，就应当满足前述构成要件，即：首先，深圳唯冠要实际授权给台湾唯冠；其次，台湾唯冠在签订商标转让合同的时候没有向IP公司公开深圳唯冠的委托人身份。然而，深圳唯冠完全没有授予过台湾唯冠代表其签约的权利，苹果公司和IP公司也没有证据证明深圳唯冠和台湾唯冠有过委托关系。

2012年7月2日，广东省高级人民法院下达了民事调解书，苹果公司向深圳唯冠支付6000万美元的结果为持续两年的诉讼画上了一个句号。

第四部分：启示

1. 进行商标国际注册必须了解相关的国际条约和国家或地区的法律

企业准备商标国际注册时，必须了解相关的国际公约，如《与贸易有关的知识产权协议》《保护工业产权的巴黎公约》《商标国际注册马德里协定》等等。同时还应熟悉指定国或地区的法律，因为提出商标国际注册申请之后，能否最终被注册，判断的依据是被指定国家或地区的法律。

而如果购买国外的商标权或要求在国外使用他人的注册商标，必须了解注册商标出让方或许可方国家或地区的法律。如美国苹果公司要购买深圳唯冠公司在中国注册的IPAD商标，必须了解我国的商标法，并根据我国商标法的规定，不仅应与深圳唯冠签订商标转让合同，还应依法向商标局申请注册商标的转让，办理转让手续。

2. 在国外购买注册商标或请求许可使用注册商标必须确定交易对方的主体资格

与传统的商品交易相比较而言，知识产权的交易主体具有一定的特殊性。在知识产权交易关系中，大多并非是权利人出面交易。因此，为了避免交易风险，知识产权购买人如果不直接与知识产权人交易，则必须清楚交易对方是否拥有交易的知识产权。否则，将影响交易行为的效力。

（二）跨国知识产权许可获权

知识产权许可，是指知识产权所有人（许可方）将知识产权授予被许可方，被许可方按照双方的约定使用该知识产权的行为。所谓跨国知识产权许可，是指知识产权的许可跨越了国境，从一国受许方从另一国许可方的手中获得了知识产权的许可。知识产权经许可他人使用转化为货币，一方面，加快了知识产权的应用和传播；另一方面，提高了权利人对科学研究和技术开发的积极性。有时许可方自己不具有最大限度地利用知识产权的能力，跨境许可使用则可以使智力成果在世界范围内得到全面利用；被许可方使用他人知识产权不需要承担技术研发的时间、成本和风险，直接获得新技术，是促进企业发展的捷径。通过知识产权许可使用的方式既实现了双赢，也实现了社会效益的最大化。我国现行的《专利法》《商标法》《著作权法》都确立了相应的知识产权许可规范。

1. 专利权

专利权是排他权，除法定例外情形，他人未经许可实施专利即构成侵权。因此，他人要合法实施专利，原则上应当与专利权人签订专利实施许可合同，取得专利权人的许可。专利实施许可分为三类：独占实施许可、排他实施许可、普通实施许可。独占实施许可是指专利权人在约定许可实施专利的范围内，将该专利仅许可一个受让人实施，专利权人依约定不得实施该专利。排他实施许可是指专利权人在约定许可实施专利的范围内，将该专利仅许可一个受让人实施，但专利权人依约定可以自行实施该专利。普通实施许可是指专利权人在约定许可实施专利的范围内许可一个或多个人实施该专利，并且可以自行实施该专利。如果当事人对专利实施许可方式没有约定或者约定不明确的，认定为普通实施许可。被许可人不能擅自许可合同约定以外的任何人实施该专利。

独占实施许可使被许可人获得在约定的范围内实施专利的垄断优势，因为在此范围内无人可以合法地以同样的方式实施该专利。此外，如果他人在相同范围内实施该专利，独占实施许可的被许可人可以单独起诉或申请法院采取诉前措施。排他实施许可的被许可人的竞争优势不如独占实施许可的被许可人，因为在约定的范围内，专利权人和被许可人都可以实施专利，互相之间存在竞争。如果其他人在相同范围内实施该专利，排他实施许可的被许可人只能和专利权人共同起诉或申请法院采取诉前措施，或在专利权人不起诉或提出申请的情况下，自行起诉或提出申请。普通实施许可的被许可人在同一市场上则需要面对较多的竞争，因为专利权人不但自己可以在相同范围内实施该专利，还能许可其他人实施。如果其他人未经专利权人许可在同一范围内实施该专利，普通实施许可的被许可人只有在有专利权人明确授权的情况下才能起诉或申请法院采取诉前措施。

2. 商标权

商标专用权是一种财产权，就像著作权人和专利权人可以许可他人使用作品和发明创造及外观设计一样，商标注册人当然可以许可他人行使商标专用权。但商标的首要功能在于识别来源，如果允许商标注册人许可他人使用商标，就会形成使用相同商标的商品或服务来源不一致的情况。因此，早期有些国家是不允许商标许可的。但消费者更为关心的并非商品或服务的实际提供者，而是使用相同商标的商品或服务是否具有相同的品质。只要由被许可人提供的商品或服务与商标注册人自己提供的商品或服务品质相同，商标使用于这些商品或服务仍然能够起到保障商誉和保护消费者利益的作用。目前，各国均允许商标注册人许可他人使用商标，这正是商标的品质保障功能得到承认的体现。

但如果被许可人提供的商品质量低劣，而消费者因为对原先从商标注册人处购买的商品具有良好印象，而购买了被许可人贴有相同商标的商品，就等于因商标许可而受骗上当。为了防止这种情况的发生，《商标法》第 43 条一方面要求被许可人必须在使用该注册商标的商品上标明被许可人的名称和商品产地，以使消费者知晓该商品并非由商标注册人提供；另一方面要求商标注册人监督被许可人使用其注册商标的商品质量，以防止被许可人的商品质量低劣，导致商标无法发挥其品质保障功能，并损害消费者的利益。

在美国，如果商标注册人没有对被许可使用其注册商标的商品或服务的质量进行监督与控制，商标注册人可能面临着被认为放弃注册商标的危险，因为注册商标在这种情况下被认为丧失了指示商品或服务来源的功能。在英国，如果商标注册人未能对被许可使用其注册商标的商品或服务的质量进行控制，而被许可人对商标的使用达到了在商品或服务的性质、质量或地理来源上误导公众的程度，《商标法》规定可以撤销注册商标。但是，在法国、我国台湾地区等国家和地区，商标注册人并没有义务去监督被许可人使用其注册商标的商品或服务的质量。因为立法者相信市场规律可以自然促使许可人和被许可人保障使用注册商标的商品或服务的质量。如果被许可人提供的商品或服务质量低劣，导致消费者将注册商标视为品质不佳的标志，则不但被许可人在商业上不可能取得成功，而且会危及商标注册人的声誉和商业前景。这种市场压力自然会促使被许可人自觉地保证商品或服务的质量，同时也会促使商标注册人在被许可人出现问题时进行干预，而无须在法律中强制要求商标注册人对被许可人使用其注册商标的商品或服务的质量加以控制。

此外，根据我国《商标法》第 43 条的规定，商标注册人可以通过签订商标许可使用合同，许可他人使用其注册商标。商标许可使用合同应当报商标局备案，并由商标局公告。可见，我国对商标许可采取的是登记对抗主义，即商标许可使用合同未经备案的，不影响许可合同的效力，但不得对抗善意第三人。商标许可分为三类：独占使用许可、排他使用许可、普通使用许可。在三种许可类型的内涵与外延以及被许可人的诉讼资格方面，商标许可与专利许可基本一致，故不再赘述。

3. 著作权

由于著作财产权是排他权，除法定例外情形，他人未经许可以受其控制的行为利用作品构成侵权。因此，他人要合法地利用作品，原则上应当与权利人签订许可使用合同。许可使用合同分为两类：专有许可使用合同和非专有许可使用合同。专有许可使用是指著作权人在约定的时间和地域范围内，仅许可一个被许可人以特定方式利用作品。图书出版合同通常为专有许可，约定图书出版者享有“专有出版权”，图书出版者据此成为图书出版涉及的复制权与发行权的专有被许可人。非专有许可使用则是指著作权人在约定的时间和地域范围内，可同时许可多个主体以相同方式利用作品。无论采用哪一种许可方式，除合同另有约定外，被许可人许可第三人以相同的方式利用作品，必须取得著作权人的许可。

根据《著作权法实施条例》第 24 条的规定，对于专有使用权的内容，合同没有约定或者约定不明的，视为被许可人有权排除包括著作权人在内的任何人以同样的方式使用作品。此外，著作权的专有被许可人还可以自己的名义，就他人在相同的时间、地域范围内未经许可以相同方式使用作品的行为提起诉讼或申请诉前措施。根据美国《版权法》的规定，版权转让包括专有许可，但不包括非专有许可。可见，美国立法者认为版权人发放专有许可的效果，在合同约定的时间、地域和使用方式范围内，已与转让版权本身无异。根据英国《版权法》第 101 条的规定，版权的专有被许可人享有的权利和救济，除了不能对抗版权人之外，与版权转让的受让人相同。由此可见，非专有被许可人取得的仅是债权性质的权利，不具有对世性，而专有被许可人取得的是物权性质的权利，具有对世性。

典型案例：王老吉商标跨地区许可纠纷

第一部分：基本事实

1828年清道光年间，广东鹤山人王泽邦（乳名“阿吉”）在广州开设首间“王老吉凉茶铺”，经营水碗凉茶。

1949年，“王老吉”因政局变化一分为二。在香港的“王老吉”由王氏后人继续经营，而广州的“王老吉”被收归国有，与另外八间中药厂合并，成为王老吉联合制药厂，后又于1968年改名为广州中药九厂。广州中药九厂即为后来的广州羊城药业股份有限公司，该公司隶属于广州医药集团有限公司。

1997年2月13日，广州羊城药业股份有限公司王老吉食品饮料分公司与香港鸿道（集团）有限公司（以下简称“鸿道集团”）签订了商标许可使用合同，合同规定鸿道集团自1997年取得独家使用“王老吉”商标生产销售红色纸包装及红色铁罐装凉茶饮料的使用权，合同有效期至2011年12月31日止，有效期为15年。鸿道集团为此成立了香港加多宝（广东）股份有限公司（以下简称“加多宝”），经广州羊城药业许可，在中国内地独家生产并专门负责红罐“王老吉”凉茶饮料的销售。

2000年，广州医药集团有限公司（以下简称“广药集团”）与鸿道集团签署正式合同，约定香港鸿道集团对“王老吉”商标的许可期限至2010年。

2001年，鸿道集团为能与广药集团续签“王老吉”商标许可合同，在香港分3次给予广药集团原副董事长、总经理李益民300万元港币。正是这次违规操作，令相关商标使用许可的效力受损，同时也令鸿道集团在日后的商标纠纷案中处于不利局面。

2002年至2003年间，鸿道集团与广药集团签署了两份补充协议，将商标许可期限分别延长至2013年和2020年。

2004年3月，广州羊城药业股份有限公司更名为广州王老吉药业股份有限公司（以下简称“广州王老吉药业”）。搭乘红罐“王老吉”的强大宣传攻势，广州王老吉药业2004年推出的绿色利乐包“王老吉”销售收入达到8000万元，2006年销售总收入更是成功站上了6.6亿元的高度。

2005年5月16日，李益民在广州市中级人民法院因涉嫌受贿370多万而受审，后以受贿罪被判处无期徒刑。广药集团认为，李益民是在受贿后才签订补充协议延长商标许可期限，因此续签的两份补充协议无效，且“王老吉”商标一直被“严重贱租”（从2000年到2010年，红罐“王老吉”已从2亿元销售额增加到160亿元，而同期加多宝给广药集团的年商标使用费仅从450万元增加到506万元，即便到2020年也只有537万元）

2008年起，广药集团开始就上述问题与鸿道集团交涉，但一直没有结果；同年8月，广药集团向鸿道集团发出律师函，称李益民签署的两个补充协议无效。

2011年4月，广药集团向中国国际经济贸易仲裁委员会（以下简称“贸仲”）提出仲裁请求，并提供相应材料，5月，王老吉商标案立案。

2012年5月9日，贸仲裁决两份商标许可补充协议无效，加多宝无权在内地使用“王老吉”商标。

2012年5月27日，鸿道集团声明表示不服此前贸仲的裁决结果，已于5月17日向北京市第一中级人民法院申请撤销上述裁决，并获受理。7月，被裁定驳回。

第二部分：争议焦点

商标许可补充协议的效力

1. 广药集团主张：广药集团仅承认其与鸿道集团2000年签订的商标许可合同，认为商标许可的期限应截至2010年，至于后来的两份补充协议，广药集团认为该补充协议是在李益民受贿基础上签订的，属于《合同法》第52条规定的“恶意串通损害国家、集体或者第三人利益”，且该补充协议使“王老吉”商标被“严重贱租”，致使国有资产流失，因此该补充协议无效。

2. 鸿道集团辩称：

(1) 第52条的恶意串通应指交易双方恶意串通，而非签约代表的恶意串通（300万元的贿赂的目的并非单纯为了签署补充协议）；

(2) 广药集团虽然是国有企业，但不能与第52条的“国家”划等号；

(3) 补充协议签订于2002年和2003年，当时“王老吉”的年销售额维持在2亿左右的水平，其年销售额的激增是2005年（确认商标使用权延长至2020年后）广东加多宝公司一系列广告宣传活动以后，事实上广药集团也是在2008年才第一次提出补充协议是“贱租商标”的行为；

(4) 2000~2010年“王老吉”凉茶年销售额的增加不仅仅是商标权产生的利益，还有被许方拥有的凉茶配方、品牌推广、质量监督保证责任的严格履行等带来的增值利益，“王老吉”商标无权分享这些增值利益；

(5) 合同无效的认定应当从严掌握，认定一份将近10年以前签订的协议无效会产生一系列连锁反应，例如其他合同的效力和履行等。

3. 仲裁裁决的依据：双方签订的两份补充协议属于《合同法》第52条规定的“恶意串通损害国家、集体或者第三人利益”的情形，两份补充协议自始无效。

第三部分：启示

1. 商业经营手段要合法

在商业经营中采取贿赂的非法手段，虽然在当时看来是走了一条“捷径”，但却给后来的发展埋下了巨大的法律和道德风险，而这些风险一旦发生，就会给企业造成重创，成为今后发展道路上的陷阱与阻碍。

2. 兼顾知识产权保护和品牌建设

如果企业在发展之初没有足够重视知识产权，那么日后在商标许可过程中出现的问题便会成为一颗定时炸弹，为企业与品牌的日后发展造成巨大阻碍。因此，国内的其他企业应从中汲取教训，在品牌建设的同时，更应对相关知识产权予以足够的重视和保护。

（三）各国对知识产权跨国转让或许可的法律限制（以技术进出口为例）

按照技术差距理论，国家之间的技术差距对于国际技术转让至关重要。国际技术转让产生的根本原因在于不同国家之间存在技术差距，因此，在技术上具有比较优势的国家就有可能将技术转让到不具有技术优势的国家。

一般而言，发达国家属于具有技术优势的国家，在发达国家与发展中国家之间的国际技术转让中更多居于技术出口国地位，发达国家管理技术转让的规范也侧重于对技术出口行为的管制。其管制的动机是国家安全、国家利益和外交政策；管制的核心是控制敏感或高精尖技术及与之相关的产品出口；管制的目的在于限制或控制先进技术，尤其是具有重大经济或军事价值的技术外流，避免培植潜在的竞争对手，进而使自己失去技术的垄断地位和经济军事上的优势，以保证本国的政治、经济、军事和文化利益不因技术出口而受到损害。发达国家之间的技术转移也很频繁，主要是在不同技术上的差距形成的技术跨国转移，由于发达国家对技术的甄别与吸收具有较为成熟的经验，其对于技术引进管理的需求相对较弱。

由于发展中国家多数为技术水平相对处于劣势的国家，故发展中国家管理技术转让的规范也侧重于对技术进口行为的管制。管制的手段不仅包括为防止本国经济利益在技术引进合同中受损，在引进技术之初通过对技术引进合同进行审批登记与明确限制性商业条款来规范本国的技术引进行为，还包括对引进技术本身的管制。对于发展中国家而言，先进外国技术的不断流入，会直接冲击企业对引进技术的消化吸收与发展过程，甚至会将风险推进到当地企业无法承受的程度。因此，要使本国企业形成独立的技术发展能力，发展中国家政府不仅要限制相关产品的进口，而且要限制外国技术的自由流入，防止来自国外现成技术的竞争。为此，战后许多发展中国家都将技术进口限制在本国不具备替代技术的范围，限制外国公司进入本国已具有一定技术能力的生产部门或领域，并禁止外国公司收购当地企业。

1. 美国

美国作为发达国家的代表，对于技术及技术产品进口所持的立场最为开放和自由，对于外国技术及技术产品的输入几乎不加以任何管制。迄今为止，美国并没有建立技术进口的审批制度，在工业产权的保护以及外汇、税收等领域，美国也极少对技术及技术产品实行限制，因此总体而言，外国技术及技术产品进入美国几乎不存在任何障碍。在国际技术转让领域，美国没有制定专门的技术进口立法，调整国内技术转让关系的法律同样适用于国际技术，其主要体现于美国的专利法和反托拉斯法的有关规定中。其实，在经济全球化和贸易自由化不断深入的全球背景下，美国对于技术进口的政府管制主要体现于反托拉斯法的立法与实践中。美国 1890 年的《谢尔曼法》、1914 年的《克莱顿法》和《联邦贸易委员会法》与众多的判例法共同构成了美国反垄断法体系，这是美国对于国际技术转让中的限制性商业行为采取的主要规制手段。但上述三部法律仅是一些原则性的规定，美国技术贸易中的某个具体的限制性做法是否构成垄断行为并触犯反托拉斯法，还需法院在个案中具体确定。

相对于技术进口的最为开放与自由，美国对于技术出口的管制在发达国家中可谓最为严格。美国对技术出口的管制主要通过三条渠道进行。第一，军火及与军火有关的技术的出口由国务院军火控制局管理。第二，军事技术的专利申请由原子能委员会或国防部管理，如果原子能委员会或国防部认为该项专利申请及技术需要保密，则申请人未经授权不得向外国申请专利，国防部及国务院对于此类技术会从国家安全及外交政策等方面进行考虑，拥有否决权。第三，依据美国《出口管理法》对技术进行出口管制，这也是技术出口管制中最经常性的方式，其中民用和军民两用的技术由商务部和财政部共同管理。综上可见，美国技术出口的主要管理机构是商务部工业安全局（BIS），其他机构如国务院、国防部、能源部、财政部及专利商标局也参与对技术出口的管理，但各自有着相对具体的分工。

美国的《出口管理法》将管理出口的权力托付给了美国总统，同时又规定总统可以将这项权力委托给总统认为合适的机构。如前所述，自第二次世界大战结束以来，美国总统管理出口的权力基本上是通过美国商务部来行使的。商务部虽无权行使军火、核装置、能源等方面的出口管辖权，但它是唯一行使一般出口管辖权的机构。根据《出口管理法》和总统的授权，美国商务部订有一套十分详尽且时时修订的《出口管理条例》。《出口管理法》和《出口管理条例》构成了美国管理技术和产品出口的基本法律制度。为了实现出口管理法的立法宗旨，《出口管理条例》规定了下列出口管理制度。

（1）出口许可证制度。出口许可证制度是美国技术出口管制所采取的最主要措施。依照美国《出口管理法》和《出口管理条例》的规定，除向加拿大输出的多数技术和产品外，在技术方面，向其他国家或地区的技术出口均须由 BIS 签发出口许可证；出口许可证分为普通许可证和特别许可证两种。前者主要适用于可公开获得的技术以及向“自由世界国家”出口的某些非公开技术，其取得无须提交书面申请或经商务部逐件核准，发货人只要按照法律规定填写一份“发货人出口声明”，即可出口。后者由 BIS 逐项审查出口商申报的项目后签发，授权某一特定货物或技术可以为某一特定用途而输往某一特定国家或地区的特定购买方。

（2）对技术资料的特别管理制度。根据《出口管理条例》的规定，所谓技术资料，是指任何可以用来设计或制造物品的资料。它可以是有形物，如图纸、操作指南；也可以是无形物，如技术服务。技术资料的出口也必须按照一般许可或特种许可的程序进行。但与一般的商品输出不同，无形技术资料的输出不一定必须跨越国界方能完成，只要是技术资料的泄密者意识到该项资料将被输往国外，则泄漏本身即构成出口。有时美国政府会拒绝外国的科学家去美国参加学术会议，就是为了防止技术资料的此种“出口”。

（3）输入国分类制度。在美国的出口管理活动中，某类货物或技术是否允许出口，以及可以按照何种形式出口，其依据之一就在于货物或技术是输往哪个国家或地区。美国将技术进口国编为 Z、S、Y、W、Q、T、V 等 7 个组。上述顺序大体上反映了美国对不同组别国家的出口管理从严格到宽松的程度变化。需要指出的是由于美国的输入国分类制度基本采用的是政治标准，所以苏联和东欧国家所发生的政治局势的改变必然要引起美国这一制度的变化。美国总统于 1990 年即已宣布将对其的出口管制政策进行调整，随后便大幅度放松了对苏联和东欧国家的出口限制。即使不对国家的组别加以变更，美国也可以通过对不同组别、不同的国家制定特殊的出口管理政策而实际地决定有关国家的待遇标准。美国自 1993 年起就将中国划为 V 组国家，但事实上，由于美国对中国规定了特殊的出口管理政策，使得中国在多种场合下享受不到其他 V 组国家可以享受的待遇，因而中国从来就不是完全意义上的 V 组国家。

（4）程序规则与法律责任。美国《出口管理条例》对许可证审批程序予以了具体规定。按照规定，美国商务部出口许可证办公室在收到出口商申请后的10天内要作出是否接受申请的决定。如果认为申请材料不齐备，可将申请材料退回，并要求申请人加以补充。若商务部可以独自做出审批结论，则出口许可证办公室在收到申请后的60天内作出是否发放许可证的决定。若商务部认为需要同其他部门进行协商，出口许可证办公室则要在收到申请后的20天内将申请及全部必要的分析和建议一同提交给有关政府部门；其他部门在收到上述材料后的20天（最多不超过40天）内向商务部提出意见；商务部在接到其他政府部门意见后的60天内应颁发许可证或拒绝当事人的申请。

为保证出口管制的实现，美国还规定了严格的法律责任，其中包括：中止或撤销已颁发的许可证；取消违法者从事出口业务的资格；对违法者进行罚款，对于情节严重的违法者还可以追究刑事责任。

2. 日本

在技术进口管制方面，自20世纪80年代以来，日本的立场也变得相对开放与自由。对技术进口的管制由事先审查制度改为事后申报制度，除极少数涉及国家安全和社会公共利益的技术引进合同需要进行审查外，绝大多数技术引进合同都只接受《反垄断法》的事后监督，有关技术进口的现行立法的主要目的在于防止技术转让过程中的不当竞争。

在技术出口管制方面，日本主要通过《外汇及对外贸易法》对技术出口予以管制。首先，企业向外国转让专利或专有技术，特别是具有重要战略意义的尖端技术时，必须经大藏省或通产省的批准。近年来，日本又进一步加强了对技术出口的限制，尤其是可能用作军事意图技术出口的控制。其次，向特定国家出口特定种类货物及服务，以及运用特定交易或结算方式的交易，应首先取得出口许可证，并指出关于货物、服务出口的限制规定同样适用于技术转让。最后，根据《外汇及对外贸易法》修正案的规定，日本企业员工等通过电子邮件等方式向国外提供重要情报时也必须取得许可，对未经许可擅自出口的行为，将加大处罚力度。

3. 中国

我国对于技术进出口管制的规定最先见于《中华人民共和国对外贸易法》（以下简称《对外贸易法》）中，根据其第三章的规定，我国允许技术的自由进出口，但是基于国家安全公共道德、出口经营秩序等第16条规定的原因可以，限制或者禁止相关技术的进出口。此后国务院为了规范技术进出口管理，根据《对外贸易法》的相关规定制定了《中华人民共和国技术进出口管理条例》，为了加强对核两用品及相关技术出口的管制，履行我国在国家条约中的义务，相应地制定了《核两用品及相关技术出口管制条例》《导弹及相关物项和技术出口管制条例》《有关化学品及相关设备和技术出口管制办法》《生物两用品及相关设备和技术出口管制条例》以及《两用物项和技术进出口许可证管理办法》等。

在管制主体方面，国务院对外经贸主管部门，现如今指商务部负责全国的技术进出口管理工作，其主要职能包括会同国务院有关部门，制定、调整并公布禁止或者限制进口的技术目录，如商务部会同海关总署制定和发布《两用物项和技术进出口许可证管理目录》等，此外还包括对自由进出口技术的登记以及对限制进出口技术的审查批准等。不过在涉及国家安全、社会公共利益或者对外交政策有重大影响的核两用品及相关技术出口的批准问题上，商务部必须报国务院批准。此外，省、自治区、直辖市人民政府外经贸主管部门根据国务院外经贸主管部门的授权，负责本行政区域内的技术进出口管理工作。

国家通过行政手段在进出口方面对技术的转让流通施加管制，最直接最便捷的方法就是限制技术本身通过贸易、投资或者其他方式转让的行为。商务部会同相关部门制定禁止或限制进出口的技术目录，并根据实际情况进行调整，凡在目录之上的禁止转让的技术不允许当事人以任何方式进出口，此类技术大多涉及国防安全、自然资源或人类和平健康等因素。针对目录中规定的限制进出口的技术实施许可证管理的方式，国际技术转让主要是通过合同的方式进行，所以对其施加的限制主要在合同的缔约阶段，当事人欲进口限制进口的技术需事先向商务部提出申请，商务部会同有关部门进行审查，批准之后向当事人颁发许可意向书，当事人在拿到许可意向书之后方可针对技术转让进行合同谈判，当事人达成合意取得技术进口合同后应当向主管机关提交合同副本及其他相关文件申请技术进口许可证，若商务部审查通过才会颁发进口许可证，此时该限制性技术经批准允许进口。在限制性技术出口的情况下，审批过程与技术进口基本相同，只不过在当事方向商务部进行缔约申请时，其要另外会同科技管理部门对技术进行审查，另外特别技术需要进行保密性审查的一并进行。

虽然我国对技术的进出口有了明确的管制规定，但是由于技术本身作为一种科技产品具有无形性的特点，随着现如今电子科技的发展，更多的情况下技术的转让可以转换为数字电文的传输，这就使对技术进出口的监管面临更大的难题，同时对维护我国的技术成果以及经济安全也具有较大的影响，所以如何在网络愈加发达的今天，更有效地对技术的进出口进行监管，是我们行政机关面临的巨大难题之一。

第四部分　境外商事活动中的知识产权风险

一、与他人在先权利的冲突

我国企业在“走出去”进行商事活动的过程中，可能在知识产权领域遇到与他人在先权利相冲突的情形。这些所谓的“在先权利”既包括他人依据各自国家的知识产权实体法和程序法所获得的知识产权，例如专利权和商标权，也包括那些无需申请和批准但通常受法律保护的其他权利，譬如他人的姓名权或者一些经营实体的商号权。当我国企业的产品在国外遭遇权利冲突的情形时，很有可能会被外国当局当作侵权产品处理，从而被采取相关的强制措施，给企业带来损失。所以“走出去”的企业需要高度重视相关风险的识别与防范，尽量降低风险，保障自身利益。

首先，识别和预判风险是防范风险的前提。关于在先权利的识别，我国企业应当注意在先权利的如下法律特征：时间上的相对在先性、受法律保护的民事权利属性、权利的专属性。企业在“走出去”之前，应当提前对相应的风险进行考察，主要通过构建海外知识产权风险防范体系、加强海外相关权利的信息检索与分析、做好海外知识产权尽职调查工作、有效利用境内外知识产权资源和合理科学地进行境外知识产权布局等方式。具体来讲，企业可以建立相应的规章制度，同时需要组建相应的专业知识产权团队。在进入目标市场之前，提前了解目标国家或者地区的知识产权保护水平和执法现状。另外，企业最好能够建立起自己的知识产权战略体系，将多种产品和多个市场之间的关系优化组合，进而更加合理地安排企业“走出去”的步伐。

在做好上述风险防范工作的基础上，如若企业仍然遭遇了与他人在先权利相互冲突的风险，那么企业也应当采取相应的措施，积极应对，而不能忽视海外侵权的严重性，听之任之，从而给企业造成更加严重的损失。因为企业一旦遭遇类似风险，不仅在短期内会给企业带来实际的经济损失，而且可能给企业带来长期的商誉以及信用方面的损失，这对于我国企业的海外发展是极为不利的。接下来，本报告将分别讲述企业在“走出去”过程中与他人在先的商标权或者专利权相冲突和与他人在先的姓名权、商号权相冲突等两类情形时，企业应当采用何种方式化解相应的危机，维护自身利益。

（一）他人专利或商标获权在先

1. 利用目标国家的获权程序使其撤销或宣告无效

由于专利权、商标权等权利并不是权利人自然而然取得的，而是权利人依据相关的程序向本国的知识产权管理当局提出申请后，由主管机关依法授予的，所以当我国企业在“走出去”过程中被控侵犯他人在先的专利权或者商标权时，我国企业可以通过挑战相应专利权或者商标权的合法性来使自己免受侵权指控。

以美国的《专利法》为例，根据美国《专利法》第 282 条的规定，专利被假定是有效的，这种有效性假定建立在每一项权利主张都独立于其他主张而存在的基础之上。因此，一方当事人要试图使一项专利无效必须提供清晰的使人信服的证据来构建无效性事实，说服他人的重担无疑要落在专利异议人头上。[1] 在判断专利有效性的问题上，美国法官的审查范围并不仅仅在于美国专利和商标局曾考虑过的材料。研究发现，在专利诉讼中，差不多三分之一到二分之一的涉案专利被认定无效。[2] 所以我国企业如在美国遭遇被控侵犯专利权的指控时，可以大胆地将挑战涉案专利的有效性纳入到诉讼方案的考虑之中。

美国《专利法》关于专利无效的原因主要规定在第 102 条、103 条和 112 条中。第 102 条列举了多种基于缺乏新颖性丧失可专利性的原因，主要包括：①在发明之前，其发明已在国内为他人所知悉、使用，在国内或其他国家已申请且已被核发专利，或将其发明描述登载于公开发行之文字刊物上；②在申请专利一年前，发明人或其他人在国内或其他国家已申请且已获准专利，或将其发明描述登载于公开发行之文字刊物上，或是在国内已有提供销售、许诺销售，或公开使用其发明；③发明人在国内已放弃其发明；④并非为其所发明。[3] 缺乏新颖性的法律术语是“anticipation”，通常将其译为“已被预料的”。第 103 条规定，如果发明被证明是该技术领域先前工艺的显而易见的组合，那么该专利是无效的。第 112 条规定了专利因权利要求表达的瑕疵而无效的情形，如不能满足书面描述要求；不能满足最好的方式要求；不具有可实施性；不能反映发明人认为的发明和不确定性等。接下来，本报告将分别说明企业应当如何使用上述几个专利无效的事由来抗辩。

（1）专利无效的“已被预料的抗辩”。美国法院认为，如果涉

---

〔1〕 牟燕：“美国 337 条款调查应对策略之实证研究”，厦门大学 2007 年硕士学位论文。

〔2〕 ［美］斯蒂芬·M. 麦克约翰：《知识产权法：案例与解析》，中信出版社 2003 年版。

〔3〕 王承守、邓颖懋：《美国专利诉讼攻防策略运用》，北京大学出版社 2006 年版。

案发明与已有资料相同，该发明便具有“已被预料的”属性，因而不具有可专利性。要构成与已有资料相同，涉案专利的每一部分都必须被单一的引证材料揭示，或者被单一的既存对象产品涵盖。如果一项引证材料虽未明确指出发明主张，但对于该领域技术娴熟的人而言，他们认为它应该被放在涉案发明主张中时，该主张就是“已被预料的”。引证材料不必字字句句与涉案专利主张相同，当涉案专利主张隐含其中，便是有“已被预料的”情形。涉案专利主张的部分即使没有明确地表现在已有的对象产品上，但如果经常出现在其所教导的部分或者可以从已有的对象产品中自然流露出来时，便可认定涉案专利的部分潜藏于已有产品中。从上述规则可以看出，法官在判定“已被预料的”时，并不拘泥于形式上涉案专利主张的部分有无明确的为先前技术所揭露或明确地表现于已有产品上。这对专利诉讼的被告而言无疑有正面意义。

（2）专利无效的不可实施性抗辩。美国《专利法》第 112 条第 1 节规定：“说明书应包括该发明及其制造与使用之方式和程序的书面描述，其以完整、清晰、简洁和准确的词汇，使任何熟悉该技艺的相关人士能据而实施，或使与其最关联者能制造及使用相同的技艺，以及应阐述发明人所设想以实现其发明的最佳实施方式。”从中可以得出，美国要求专利必须具有可实施性，当然这种可实施性的主体不是一般的任意自然人，而是具有相关技术背景的专业人士。如果我国的出口企业在被控侵权时能够证明涉案专利虽然具有新颖性，但是即便是专业人士也不能仅仅依据权利说明书实施该项技术，那么涉案专利被认定无效的可能性就更大了。

（3）专利无效的显而易见性抗辩[1]。根据美国《专利法》第 103 条的规定，如果发明被证明是该技术领域先前工艺的显而易见

〔1〕 牟燕：“美国 337 条款调查应对策略之实证研究”，厦门大学 2007 年硕士学位论文。

的组合，那么该专利是无效的。对显而易见的分析要求判断先前技术的范围和内容，该领域普通技术人员的水平，权利要求的发明与先前技术的区别，以及任何对证明非显而易见性有贡献的标记。此外，必须证明一个普通技能者已经知道组合先前技术。如果没有支持组合的指导和建议，对组合先前技术产生的主张发明，显而易见不能成立。

当一方当事人主张专利具有显而易见性时，专利权人通常会做出反驳，证明专利具有非显而易见性。非显而易见的“客观证据”或者“次要考虑”可以包括他人对该发明的抄袭，长期考虑但一直未得到解决的需要，其他人一直没有成功实现该发明，该发明在商业上的成功，该发明创造了意想不到的效果或者该发明具有意想不到的特性，该行业尊重这种发明的各种许可合同，以及发明前熟练技术人员的怀疑。〔1〕

显而易见并不要求绝对的可预言性，如果相关领域普通人能根据已有技术合理预测成功的可能性，那么该发明不具有可专利性。这一点对于被控侵权的出口企业是较为有利的。

（4）专利无效的不确定性抗辩。关于专利确定性的要求，美国专利法第 112 条第 2 节规定，专利说明书应当“有一项或多项权利要求，权利要求应显著地指出并清楚地要求申请人所认为的发明主题。”目前，美国联邦巡回上诉法院的主要观点是，专利要求不确定性的分析与权利要求解释密不可分，只有在合理地对专利要求的释义被证明是无意义的情况下才可以认定权利要求不具备确定性。判断权利要求是否具备确定性，应当根据常见的权利要求解释的规则对权利要求进行解释，只要不是无可救药的含糊，不能仅因为一项权利要求造成解释上难解的争议而认定它是不确定的。法官必须

〔1〕 转引自［美］夏妥夫：《1999 美国联邦巡回上诉法院专利案件年鉴：专利法在联邦巡回上诉法院中的发展》，顾柏棣译，知识产权出版社 2001 年版。

确定该发明领域内一个有经验的人根据说明书是否能够理解其权利要求范围。

所以美国《专利法》中对“确定性”的要求也只是相对的，有统计显示，目前被控侵权人通过此项原因使得涉案专利无效的案例比通过前三项原因使得涉案专利无效的案例要少得多。所以，被控侵权企业往往将此项抗辩理由作为辅助，与其他的抗辩一起进行。

事实上，国际上的主要国家对专利无效方面的规定虽然在文字表述和条文结构上存在较为明显的差异，但是实质内容几乎一致，依旧围绕专利的几个基本特征展开。所以，我国企业在“走出去”过程中遭遇与他人在先专利权的冲突时，应当积极地从该国的专利法中援引可以使涉案专利归于无效的条款来进行抗辩，从而使他人的侵权指控不能成立。

当然，这种抗辩思路同样适用于商标权领域。各国的商标法中基本上都有关于商标无效的规定。例如日本《商标法》第 46 条规定的“商标注册的无效审判”制度，该条规定如果注册商标出现了法定情形，相关人可以提起宣告注册商标无效的诉讼。这些法定情形虽种类繁多，但是多指向商标本身的可注册性和商标的违法使用等，故此处不作法律条款的逐一列举。总而言之，对于国内的企业来说，提起宣告涉案专利或者注册商标的无效程序是出口企业摆脱侵权指控的一种有效途径，企业可以适时选择使用。

2. 改进发明的获权及与原发明的交叉许可

当上述宣告涉案专利或者商标无效的方法确实行不通时，那么企业则可以将眼光放回到自己身上，通过调整自己所用的技术或者技术组合，以避开在先的专利侵权指控。

第一种方法就是改进涉案专利的技术方案。根据《巴黎公约》的相关规定，专利不仅包括普通的工业专利，而且还包括输入专利、改进专利、增补专利等。我国的《专利法》也将发明定义为

"对产品、方法或者其改进所提出的新的技术方案"，也就是说即使涉案技术已经获得了专利权，并且这种专利权也无法通过第一种方式被宣告无效，但是如果有其他人对涉案技术进行了改进，也可以依据专利法的规定获得新的专利授权。当然这种改进的发明依然要符合专利技术的基本法律特征，即新颖性、创造性和实用性。例如，国内某厨卫企业出口一种天然气灶到某中欧国家，在进入市场不久后，即被该国另一家厨卫公司起诉，理由是中国企业出口的这种天然气灶侵犯了他们的一项有关燃气具通气阀的发明专利，很快这家中国企业便被当地法院采取了保全措施。之后，这家国内企业便将目光转向通气阀的技术本身，他们很快在原有技术上取得了新的突破，不仅使点火时间更快，而且更加节省能源。他们随即向当地专利局提出了有关燃气灶通气阀的改进发明专利申请，后来他们与原告的专利侵权纠纷也得到了妥善解决，而且还获得了新的专利权，可谓一举多得。

第二种方法就是我国企业可通过与涉案专利的权利人达成专利交叉许可协议。所谓交叉许可，是指交易各方将各自拥有的专利、专有技术的使用权相互许可对方使用，互为技术的提供方和接受方。在交叉许可协议的期限和地域内，合同双方对对方的许可权利享有使用权、产品生产和销售权。在交叉许可关系中，各方的许可权利可以是独占的、也可以是非独占的，另外通常双方权利对等，一般不需要支付许可费。以上文中的厨卫企业为例，通常某一企业在进入外国市场之前，都会提前进行知识产权战略布局，比如申请某些专利。如果企业在目标国家已经拥有了一项或者多项专利技术，那么这就可以作为该企业与该国其他竞争企业进行谈判的筹码。如果能够与拥有我国企业不可避免的某项专利技术的权利人达成有效的交叉许可协议，也可以使我国企业在出口时免受侵权指控。但是，需要注意的是，交叉许可协议有可能会触犯某些国家的有关反垄断或者反不正当竞争方面的法律，我国企业在采用此种方法时应当提前对竞争法领域的法律风险有所考虑。

第三种方法就是通过“借力”或找帮手的方式。当在自身持有的专利上实在无法与对手抗衡时，可以考虑与一些知识产权运营机构或 NPE 之类的公司合作。例如 RPX 等就是以提供专利帮助企业应诉为主要业务的运营公司。其在企业遭遇诉讼时为被诉企业提供应诉所需专利。虽然该种方式也需要付出一定的成本，但是在整体考量下如果能以最小的代价解决纠纷保住市场，也可以进行灵活的运用。

在过往实际发生的专利纠纷中，情况往往复杂多变。国内企业在面对该类纠纷时应沉着冷静，做好充足的准备，往往能取得良好的效果，切忌置之不理或草率地达成和解。在遭遇侵权纠纷时，应首先深入了解对手的背景及起诉目的，然后制定详细的应对策略，从法律、知识产权到市场行为甚至舆论宣传等方面入手。在积极应诉的同时，配合其他的应对方式，确保以最低的代价处理好纠纷。

3. 改变商标构成或注册其他类别

当我国企业在境外从事商事活动的过程中遇到与他人在先注册商标权利相冲突，且又无法通过申请撤销或者宣告涉案商标无效方式解决时，则可以采取改变自身商标构成或者使用同一商标注册其他门类等方法来解决这一冲突。

首先是改变自身商标构造。由于商标是由一些可视化的要素所组成的，比如图案、字母、符号等，所以当我国企业被控侵犯他人商标权的时候，可以通过改变现有商标中的与涉案商标相同或者近似的部分，对相应的部分进行删除、修改或者替换，或者是对相关要素进行重新排列组合，也可以是对色彩的变换。总之就是改变自己正在使用的商标，使之与主张权利的权利人所拥有的商标有明显的差异。此处有明显差异的内在含义就是指不能使一个正常理性人对二者产生误解或者混同。所以，这种对自身商标的修改必须是实质性的修改，而不仅仅是简单的“小修小改”，要达到普通人在一般条件下即可清楚分辨的标准，否则依然有可能被认为是侵犯他人商标权的行为或者不正当竞争的行为。

另一种途径是用现有商标去注册其他门类，然后再间接使用。众所周知，商标是按商品和服务的门类分别予以注册的，目前世界上通行的商标分类标准由《尼斯协定》规定，绝大多数国家都是该协定的成员国。截至2013年，国际分类共包括45类，其中商品34类，服务11类，共包括一万多种商品和服务项目。通常情况下，某个商标不会将所有的门类都予以注册，而只是选择自己所涉及的商品生产或者服务提供的领域，或者是与之相近似的领域。所以当中国企业被控侵犯他人的某项商标专用权时，通常指的是同一门类的侵权，对此我们可以采用变通注册的方法，将该商标注册到其他门类下面，当然在进行与已注册门类相关的商业活动时，还是应该避免直接使用该商标，只能通过一些变通或者间接的方式使用。

4. 通过转让或许可途径避免侵权

如果企业通过上述三种方式都不能达到目的，那么企业为了保住该外国市场，只能选择寻求权利人的配合以避免侵权，包括从权利人那里受让相关权利或者被许可使用相关权利。此处的转让和许可途径在本书第三部分的“跨国受让获权”一节中有详细阐述，此处不再赘述。

纵观以上四种方式，其中第一种和第三种属于与权利人相互对抗的类型，第二种和第四种则是与权利人相互合作的类型。我国的企业在“走出去”从事商事活动过程中遭遇了与他人在先知识产权冲突的境况时，究竟选择合作还是对抗，需要根据每个案件的具体情况具体判断，并且需要综合考虑多种因素，如下表4-1所示。

表4－1 “合作”or“对抗”

因素	技术或商标的必要性		技术或商标的相似性		目标国家的执法力度		权利主张者的综合实力		侵权成本	
程度	强	弱	强	弱	强	若	强	若	高	低
决策倾向	合作	对抗	合作	对抗	合作	对抗	合作	对抗	合作	对抗

（二）与他人其他在先权利冲突：姓名权、商号权等

除上述权利存在与他人在先权利冲突的风险外，就其他非典型的知识产权而言，也可能存在与他人的在先权利产生冲突的情况，如商号权、姓名权等。

1. 商号权

商号是企业的身份标识，多数国家在法律规定中，均将商号作为一种识别企业名称的标志，或者认为商号与字号、企业名称同义。而商号权是指各类经营主体对其商号依法享有的专有权利，即经营主体对商号所拥有的商号设定权、使用权和转让权等权利。[1]商号的识别功能在于识别经营者等商事主体。当企业长时间使用同一商号持续经营后，该营业对于其相关大众而言，将具有一定的商誉、信用或顾客吸引力，此等商誉在具体上将融汇于商号之中，于此使得商号具有与其他标章同样的表示商品或服务来源之功能，而应与其他具有相同功能的标章受到同样的法律保护。[2]

因此，商号与企业的名称有着天然的联系。商号权的获得也是

---

〔1〕 吴汉东等：《知识产权基本问题研究》，中国人民大学出版社2005年版，第768页。

〔2〕（台）黄铭杰：“商号之登记、使用与著名标章之保护——商号法制、商标法及公平交易法的三不管地带?”，载《中原财经法学》2001年。

以企业向登记机关就其企业名称进行登记为必要前提的。而各国在登记方面的法律均要求，在后登记的企业名称不得与在先登记的企业名称相同，而如果商号之间存在相似性，大部分国家的法律对此也是不禁止的，因此，商号之间的冲突在实践中相对比较少见，更常见的是商标权与商号权之间的冲突，即将他人已经在先登记注册的商号，作为自己企业的商标进行注册。

在与商号权有关的国际公约方面，TRIPS 虽然没有对在先权的范围作出明确定义，但是《巴黎公约》的第 10 条之 3 将商号权列入工业产权的范围。[1]《发展中国家商标、商号及禁止不正当竞争行为示范法》也规定，当商标与第三者在一国已经使用的商号相似，以致容易使公众引起误解；或全部或部分模仿、翻译、抄袭第三者所有的已在该国为大家所知的商号，则该等商标不得注册。[2]尽管后者作为示范法并无强制约束力，但是各国对商标与商号的权利冲突问题亦采取了与之类似的态度。如德国与法国将公司名称或字号归于在先权的范围，规定拟注册的商标不得与在先的企业商号冲突，以避免引起公众对二者的混淆。还有的国家在立法上将这二者的冲突列入反不正当竞争法的规范范围。如日本《防止不正当竞争法》规定，如果使用众所周知的商号或者表明是他人商品的标记，以致与他人的商品或者营业活动产生混淆足以误导公众时，被侵权人可以以不正当竞争为由行使请求权制止该行为。

为防范与他人在先商号权产生冲突的风险，企业应当明确在这一类风险中的两个重要特点：其一，混淆性，即当引起公众对商品或营业活动产生混淆的误解时，该企业无法获得商标注册或者涉嫌侵权；其二，范围性，在商号注册的地域范围内，企业拥有在先

---

〔1〕 彭曙曦、刘凤菊："解决商标权与企业名称权冲突之外国法比较"，载《中华商标》2001 年第 5 期。

〔2〕《发展中国家商标、商号及禁止不正当竞争行为示范法》第 6 条第 1 款第③④项。

权。因此，企业应当在注册商标或者开展经营业务之前首先对相同或相似的产品市场以及地域市场中的既存商号进行充分检索，从而在源头上避免该等混淆。但是，若已经面临侵权索赔，企业可以考虑针对该等风险的两个特点进行抗辩：其一，不存在混淆，如涉诉商标与在先商号不具有近似性，涉诉商品种类存在较大差异，企业已在商标等标识上作出充分提示从而使公众能够充分知晓二者的区别从而不会产生混淆；其二，企业的经营范围不在在先商号注册的地域范围内。

2. 姓名权

与在先姓名权产生冲突的主要表现形式是拟注册商标或者已注册商标未经自然人的同意，而与其姓名相同或相似，从而产生冲突。该自然人通常在某特定领域具有一定的知名度与影响力。类似的案例在我国也出现过，如篮球明星迈克尔·乔丹（Michael Jordan）与中国运动品牌乔丹之间的纠纷。国外对自然人的姓名权也有保护，企业应当避免与他人的在先姓名权产生冲突。如美国法律规定，“若一名字标示特定地活着的自然人，则未经该自然人书面同意，该名字不得获得注册”，若是名人，则该等同意应当扩展到其去世。该涉诉的名字无需完整，无论商标所有人是否故意，只要相关公众会理解为该名字指代该特定的人，那么商标所有人必须要获得许可。[1]

商标存在的天然意义是为了防止混淆，因此，企业应当充分认识到与在先姓名权产生冲突的关键是在二者权利之间产生了混淆，即相关公众已经或者可能对商品或者服务来源、质量或者其他有关方面发生误认。如果使用其他自然人的姓名注册商标，企业应当充分考虑该姓名商标是使用在何种商品上，该姓名与商品之间的关联度是否会达到使公众产生误认的程度，以及是否会使该自然人产生

〔1〕 15 U. S. C. §1052（c）.

财产损失。企业在注册商标之前应当做好充分调研，尽量避免冲突的发生。如果企业被该自然人以姓名权提起索赔主张，则可以考虑从上述几点进行抗辩。

二、进口国知识产权边境措施对货物贸易的影响

在当今的知识经济时代，知识产权成为商品的核心要素，商品交易中知识产权所占的价值比例也在明显地增大。与此同时，随着贸易全球化的加速发展，假冒商标、盗版等知识产权侵权货物的国际流通数量不断增加。知识产权保护的重点已经从完善立法转向严格执法。因此，如何在一国边境有效控制侵权货物的流通，成为世界各国特别是进出口贸易大国知识产权执法措施的重点和难点。根据世界海关组织（WCO）的统计，世界超过70%的被没收假冒货物是在边境环节被拦截。[1] 保护本国的知识产权资本，仅靠提高本国的海关保护措施执法力度是远远不够的。国际贸易中的货物流通涉及进口国、出口国和潜在的众多的过境国。由于知识产权具有显著的地域性特征，为了协调国际贸易的跨国性和知识产权地域性这一对矛盾关系，知识产权执法需要进行国际协调，即通过缔结国际条约来规范和统一各国立法。这样的知识产权国际立法一方面为知识产权跨国际保护提供法律依据，另一方面也无可避免地对国际货物贸易产生影响。

（一）知识产权海关保护措施

知识产权海关保护措施制度是指“在某一单独关税区内，以海

---

〔1〕 *WCO and NXP join forces in the fight against global counterfeiting November* 12, 2015 *by WCO IPM*, http: //www. wcoipm. org/news/wco - and - nxp - join - forces - in - the - fight - against - global - counterfeiting/，最后访问时间：2018年1月14日。

关为主的执法主体在进出境环节，依据法定的权限，按照法定的程序对特定有关知识产权的货物进行监管，从而实现在边境对知识产权进行执法保护的制度体系。”[1]由于海关执法发生的地理环境是一国边境，知识产权海关保护措施又被称为边境措施。《与贸易有关的知识产权协定》（以下简称“TRIPS 协定”）是第一个吸纳知识产权执法问题的国际条约，也是知识产权海关保护措施国际立法的起点。作为发达国家与发展中国家在 WTO 乌拉圭回合博弈妥协的产物，TRIPS 协定构成各成员方知识产权保护的最低国际义务。欧美等发达国家、知识产权强国为了强化在国际贸易中的竞争优势，进一步提高知识产权的保护水平，采取场所转移策略（regime shifting)[2]，通过在双边、诸边、区域协定中纳入高标准的知识产权保护条款，试图在 WTO 之外创设更高标准的国际知识产权保护体系这种体系以 2011 年开放签署的《反假冒贸易协定》（以下简称“ACTA 协定”[3]）国际立法最新实践为代表，忽视 TRIPS 协定所兼具的“天花板”属性，一味地追求高标准的知识产权保护，将打破 TRIPS 协定所创设的保护知识产权权利人利益，促进技术发展、科技创新与防止知识产权的滥用、保障自由贸易的微妙平衡。

1. 知识产权海关保护的知识产权客体范围

知识产权海关保护措施通过在边境监控知识产权的有形载体——货物来实现对知识产权的执法保护。因此，海关保护措施所适用的知识产权客体类型实际划定了海关保护措施所适用的货物范围。

---

〔1〕 朱秋沅：《知识产权边境保护制度理论与实务》，上海财经大学出版社 2006 年版，第 7 页。

〔2〕 Laurence Helfer, Regime – shifting: *The TRIPS Agreement and the New Dynamics of Intellectual Property Policy making 29 YALEJ.* INT. L. 1 (2004).

〔3〕 Anti – Counterfeiting Trade Agreement (ACTA), downloaded from www. international. gc. ca/trade – agreements – accords – commerciaux/topics – domaines/ip – pi/acta – text – acrc. aspx? lang = eng，最后访问时间：2018 年 1 月 14 日。

（1）TRIPS 协定。TRIPS 协定第 51 条规定海关主管机关应当对假冒商标货物和盗版货物的进口中止放行。脚注 14 条进一步明确“假冒商标货物”是指未经授权，在同种类货物或其包装上使用与有效注册的商标完全一致或与其实质性部分不能区分的商标，因而根据进口国法律侵犯该商标所有权人合法权利的货物。盗版是指未经版权人或其在货物制造国的被授权人同意而直接或间接复制，因而根据进口国的法律侵犯版权的货物。由此可见，TRIPS 协定要求各成员方承担对进口货物中商标专有权、著作权及相关权利进行海关保护措施保护的强制性义务，并将侵权行为确认为假冒商标和盗版两种。

此外，TRIPS 协定第 51 条授权规定，“各成员方在不与协议条款抵触的前提下，可以在海关保护措施中实施更广泛的知识产权保护”，包括侵犯商标权、版权但未构成假冒商标或盗版，也包括侵犯协定第二部分 1 ~7 节所规定的工业品外观设计、专利、地理标志、集成电路布图设计、未披露信息等。值得强调的是，TRIPS 协定规定成员方在对这些可以自主决定的知识产权通过国内立法予以边境措施保护时，必须符合协定“边境措施”一节的要求，包括启动申请的侵权证明要求、中止放行的通知、时限、担保、信息提供等。[1]

（2）ACTA 协定。相较于 TRIPS 协定对于海关保护措施所保护的知识产权客体范围从强制性义务和授权性规定两方面做的清晰的界定，ACTA 协定的有关条文设置得非常模糊并引发争议，需要通过对协定进行解释来予以明确。

ACTA 协定在第 16 条规定海关主管机关依职权主动和依权利持有人申请中止放行的对象为“涉嫌知识产权侵权货物”，但未明确

〔1〕 TRIPS Art. 51.

该货物可能侵犯的知识产权客体类型。[1] 第13条“边境措施的范围”的表述为“for effective border enforcement of intellectual property rights”，该条脚注6将专利和未披露信息这两类知识产权排除在“边境措施”一节之外。[2] 基于上述规定，有一种观点认为，虽然ACTA协定第2.1条允许各缔约方在不违背协定条款的前提下通过国内立法实施更广泛的知识产权执法保护，但ACTA协定其实并未就任何一种知识产权客体向缔约方设置强制性保护义务。[3] ACTA协定未对“涉嫌知识产权侵权货物”进行定义，意味着该协定将对侵犯何种知识产权的货物进行执法的自由裁量权交由缔约国自主决定。从协定的谈判过程来看，美国和欧盟对于应保护的知识产权客体的争议较大，因而最终达成的协议文本对此问题做了模糊化的处理，但对协定本身进行体系解释可以为我们揭示这一争议的答案。首先，协定第6.1条执法的普遍义务规定“各缔约方应确保其国内法规定了知识产权执法的程序，以便对任何侵犯本协议项下知识产权的行为采取有效措施。”结合协定第5条（h）对于“知识产权”的定义“TRIPS第二章第1～7节所规定的所有类别的知识产权”[4] 和脚注6，可以得出，ACTA事实上将除专利和未披露信息外的其他知识产权客体，包括版权及相关权利、商标权、地理标志、工业品外观设计、集成电路布图设计纳入第16条缔约方有义务进行海关保护措施执法保护的知识产权范围。其次，ACTA协定第13条规定，在ACTA协定下的海关保护措施适用不得违反（without prejudice to）TRIPS协定的要求。如果认为ACTA协定不对任何知识产权客体的保护做强制性义务要求，实际构成对TRIPS

[1] ACTA Art. 16.

[2] ACTA Art. 13 together with footnote 6.

[3] Kimberlee Weatherall：Politics, Compromise, Text and the Failures of the Anti－Counterfeiting Trade Agreement, Sydney Law Review, VOL 33：229.

[4] ACTA Art. 5 (h).

协定的最低义务的违反，所以这样的解释是不恰当的。

值得注意的是，ACTA 协定一方面未设置缔约方对侵犯专利权的货物进行边境执法的强制义务，另一方面也没有禁止这一做法。不同于 TRIPS 协定未正面提及专利保护，ACTA 协定通过脚注的规定来回应谈判过程中各方争执不下的问题，具有深意。首先，脚注 6 仅将专利权排除在“本节”范围外而非“禁止”，缔约方依然可以通过援引第 2.1 条的授权性规定将专利纳入本国的海关保护措施中。更重要的是，因为脚注 6 的存在，缔约方对专利侵权货物进行海关保护措施执法时，豁免于协定第三节的规定，包括但不限于第 13 条海关保护措施执行过程中“应确知识产权保护与避免对合法贸易造成障碍之间保持平衡，避免造成不合理的歧视”以及申请中止放行的侵权证据要求、应当提交的材料、担保放行规定、扣押时限等强制性规定，这实际上为缔约方对涉嫌专利侵权货物的执法预留了巨大的自由裁量空间。ACTA 协定脚注 6 对于专利（也包括未披露信息）的排除性规定是为了应对协定谈判时反对纳入专利的强烈社会舆论压力。但如此“虚晃一枪”，ACTA 协定下的海关保护措施相比 TRIPS 协定实际达到了“明减实增”的效果，因为至少在 TRIPS 协定下，对涉嫌专利侵权货物的边境执法仍然受到与假冒商标、盗版货物相同的证据、程序制约。

2. 中止放行的证据标准

TRIPS 协定第 51 条第二句的前半句为各成员方在边境环节对更广泛的知识产权保护进行了授权，后半句为“广泛知识产权保护”的具体实施设置了一个重要的门槛，即各成员方自主对侵犯其他类型的知识产权、其他侵权行为采取执法措施也必须满足协定“边境措施”一节执法的要求，包括启动申请的侵权证明要求、中止放行的通知、时限、担保、信息提供等。其中，启动中止放行申请的侵权证明标准值得关注。

TRIPS 协定第 51、58 条规定主管机关依申请和依职权中止放行货物的前提是存在初步证据（*prima facie* evidence）证明涉案货物可能侵犯协定所保护的知识产权。在ACTA和TPP协定下，依职权启动边境措施是缔约方的协定义务（TRIPS协定下无义务），主管机关依职权中止放行仅需依据货物是否“涉嫌侵权”（suspected of infringement）的主观判断。“涉嫌侵权”标准不要求主管机关取得任何书面的证据证明侵权可能发生，这种自由心证的判断标准具有很强的主观性和任意性，特别是在对侵犯专利、集成电路布图设计这些涉及技术分析的复杂知识产权货物进行执法时，很难达到TRIPS协定要求的初步证据标准。而“混淆性相似商标”的纳入使得商标侵权货物的执法标准更加模糊化。TRIPS协定明确规定对所有类型的知识产权客体进行保护而中止放行货物时，须达到“初步证明侵权”的标准，其意义在于约束权利人和主管机关任意启动边境措施的权利，防止边境措施的滥用，避免损害涉案货物进出口商利益并阻碍自由贸易。

ACTA协定在扩大边境措施适用知识产权客体范围的同时，并没有顾及TRIPS协定第51条第二句后半句的限制条件，其过低的中止放行标准可能构成对TRIPS的第51条与第58条的违反，造成知识产权海关保护措施的滥用。

3. 海关保护措施的货物除外领域

海关保护措施还专门规定了货物的除外领域，即侵犯协定所保护知识产权客体的货物在何种条件下可以排除适用于海关保护措施，从反面界定海关保护措施的适用范围。

（1）TRIPS协定。根据协定在“边境措施”一节的最后规定的“微量进口”（*De Minimis Imports*），“成员方可以将旅客个人行李中携带的或在小型托运件中运送的少量非商业性货物排除适用于本节的规定。”这一条文可以从三方面进行解读：①除外对象的范围仅限于入境旅客个人行李中携带或在小件托运中的货物，即个人行李物品；②这些货物在性质上属于非商业用途，且数量较少；③该条为选择性条款，成员方可以结合本国知识产权实体法关于侵权的规定，[1] 对此条“除外”规则不予适用。

（2）ACTA 协定。ACTA 协定第 14 条对这一问题分两款进行了规定：“首先，成员方应当将商业性质的小型托运件纳入边境执法范围；其次，成员方可以将旅客个人行李中携带的少量非商业性货物排除在外。”[2]

与 TRIPS 协定相比，ACTA 协定有两方面的变化：①明确规定商业性的小型托运件属于缔约方的执法范围，缔约方有义务适用海关保护措施进行中止放行或者扣押；②在可除外适用的范围中未提及非商业性的小型托运件，留下一个立法空白点。[3] 根据逻辑推理，似乎可以认为 ACTA 协定未赋予缔约方可以对非商业性的小型托运件除外适用的权利。

通过比较分析两个协定，可以发现除外领域逐步限缩。一方面，ACTA 协定明确规定商业性的小型托运件不能排除适用于海关保护措施，进一步缩小了排除适用的范围；另一方面，在两个协定中，个人行李中携带的少量非商业性货物的除外适用规则均为授权性规定，缔约方可以决定是否排除适用。相对于一次性大批量的进出口的货运渠道，小型托运中的邮递和快件渠道侵权货物容易化整

---

〔1〕 一些国家的版权立法允许“个人使用”为合理使用，如可以为个人使用不经许可复制一份他人作品，因此，携带这种未经许可的复制品进出海关也不以侵权论处。也有国家严格限制合理使用的范围，如对于个人携带假冒商标的物品入境一般没有专门的免责条款。考虑到不同国家关于不同类型的知识产权的侵权认定有不同的规定，TRIPS 协定对于“微量进口”只规定了“可”不予计较，具体适用留待成员国自行裁量决定。见郑成思：“TRIPS 中与海关有关的两种措施”，载于《中国海关》1995 年第 2 期。

〔2〕 ACTA Art. 14.

〔3〕 Washington College of Law 的学者 James Love 指出，ACTA 协定在这一问题上与 TRIPS 协定存在较大差异并主张应与 TRIPS 协定的除外范围保持一致。见 https://www.wcl.american.edu/pijip/go/blog-post/amend-acta-small-consignments-and-personal-luggage，最后访问时间：2018 年 1 月 14 日。

为零，规避法律法规的规定，给海关执法增加难度。世界海关组织在2004年《示范法》中建议“海关当局在起草和解释这一例外时应当谨慎决定是否采用该例外，确保假冒货物的贩卖者不能将这一例外作逃避知识产权海关保护措施的法律漏洞。”[1]实践中，各国也采纳了《示范法》中的谨慎态度，在国内立法中限制除外规则的适用范围，这引发旅客仅携带一个用于装运行李的假冒皮箱即被海关查处的案例。[2] 欧盟在 Council Regulation (EC) 608/2013（简称《2013欧盟条例》）中仅规定了该条例不适用于个人行李中携带的供本人个人使用且没有迹象表明与商业性交易有关的货物，[3] 而对于行邮或快递渠道的小型托运件，不论其为商业性或非商业性，均适用于边境措施。[4] 中国海关总署专门针对邮递渠道侵权案件的办理出台暂行规定，[5] 在实践中指出邮递、快件渠道是海关知识产权执法的重点领域。[6]

4. 侵权货物的处置措施

对达到涉嫌侵权证据标准的货物在边境中止放行，体现了海关保护措施制度打击知识产权侵权的时效性。但中止放行终归是临时性措施，在达到法定期限后如果权利人未启动侵权认定程序，主管机关必须予以放行。因此，对于国际贸易中的知识产权侵权行为真正产生震慑效果，对国际货物贸易产生实质影响的，是对货物的终

---

〔1〕 *WCO Model Provisions for National Legislation to Implement Fair and Effective Border Measures Consistent with the Agreement on Trade - Related Aspect of Intellectual Property Rights*, 2004.

〔2〕 王殊：《中国知识产权边境保护》，北京师范大学出版社2011年版，第95页。

〔3〕 Council Regulation (EC) 608/2013 Preamble (4) and Art. 1 (4).

〔4〕 Council Regulation (EC) 608/2013 Preamble (4) and Art. 2.

〔5〕 中国海关总署2013年5月起实施的《海关办理邮递渠道知识产权案件的暂行规定》。

〔6〕 中国海关总署发布新闻“海关在邮递快件渠道开展知识产权保护重点执法”，详见 http://www.sipo.gov.cn/wqyz/gndt/201409/t20140905_1006020.html，最后访问时间：2018年1月14日。

局处置。

（1）国际条约的规定。TRIPS 协定第 59 条是在海关保护措施制度下对侵权货物进行处置的专门规定，即“在不损害权利持有人其他可获得的权利并确保被告有权寻求司法复审的前提下，主管机关对侵权货物责令销毁或处置应符合协定第 46 条中确定的原则；除例外情况下，主管机关不能将假冒商标的货物以原封不动的状态重新出口或将其置于其他海关程序下。”协定第 59 条第一款所指向的第 46 条是关于民事和行政程序的救济规定，“为了达到对侵权的有效震慑作用，司法机关应当以避免对权利人造成伤害的方式将侵权货物排除商业渠道，或者在不与现行宪法相冲突的情况下，有权责令销毁货物；对于制作侵权货物的原料和工具，为进一步减少侵权的危险，也应当有权将其排除商业渠道；在考虑这类请求时，应顾及侵权的严重程度与给予的救济相协调的需要及其第三方的利益；针对假冒商标货物，除个别例外情况，仅移除非法添附的商标不足以允许货物进入商业渠道。”

结合上述两条，TRIPS 协定对于侵权货物的处置规定有以下几层含义：①主管机关有权决定将货物排除商业渠道或销毁，采取前者必须确保不损害权利人利益，采取后者必须不违反该成员方的宪法规定；②针对假冒商标这一类侵权货物，除例外情况外，不能仅除去非法添附的商标后将其出口或置于其他海关程序；③海关在作出将侵权货物销毁或排除商业渠道的决定时，应考虑侵权的严重程度与给予的救济的相称性以及与第三方利益之间的均衡性；④海关的处置不得损害权利人的其他自由和被告寻求司法复审的权利。

ACTA 关于侵权货物的处置方式为：“在确认构成侵权后，缔约方应确保主管机关有权责令销毁侵权货物；在例外情况下，没有被销毁的货物应当以不损害权利人的方式被排除商业渠道；对于假冒商标货物，除个别例外情况，仅移除非法添附的商标不足以释放货物使其进入商业渠道。"[1]

TRIPS 和 ACTA 协定在侵权货物的处置问题上主要有两点差异：其一，TRIPS 协定销毁和排除商业渠道这两种方式的适用先后顺位，成员方有权选择适用。而 ACTA 协定则明确销毁为第一顺位和最主要的处置方式，仅在例外情况下方可适用"排除商业渠道"。其二，无论是销毁还是排除商业渠道，TRIPS 协定在侵权货物处置的条款中强调采取的处置措施必须与侵权的严重程度相适应，并且顾及托运人、收货人等第三方的利益，这一要求在 ACTA 协定相应的处置条款中均未出现，反而规定在了知识产权执法部分的普遍义务中。[2]

（2）国内立法的规定。通过上述梳理，不难发现 TRIPS 协定和 ACTA 协定关于侵权处置措施的规定都较为原则性。欧盟、美国和中国立法代表性地体现了协定中不同类型的处置措置义务的国内法转化。

欧盟的"简化程序"。欧盟在 2013 年进行了立法修订，在最新的 Council Regulation（EC）608/2013（以下简称《2013 欧盟条例》）中，侵权货物处置的规定发生了较大的变化。《2013 欧盟条例》在序言中明确"海关的边境执法义务在于防止涉嫌侵权的货物自由流动"，[3] 而知识产权侵权与否交由成员国法院或相关主管机关依据知识产权实体法来认定。一旦判定侵权成立，则由成员国法院决定适用国内法上的处置措施。因此，《2013 欧盟条例》不再对确认侵权后的货物的处置方式做统一规定，而是交由各成员国依据国内法通过诉讼程序进行处置。但其底线是应当销毁的货物，不能被放行进入自由流通，也不能被带出欧盟海关管辖区域、存放入自

〔1〕 ACTA Art. 20 and TPP Art. 18.76.7.

〔2〕 ACTA Art. 6.3 and TPP Art. 18.76.5.

〔3〕 Council Regulation（EC）608/2013 Preamble.

由区或保税仓库。除在例外情况下可将涉嫌侵权货物排除于商业渠道外，必须事先取得申请人同意，并用于公益用途。

与此同时，《2013 欧盟条例》第 23 条规定成员国可以对涉嫌侵权的货物采取“简化程序”，即在满足一定条件时，不用对侵权事项进行实体判断，在取得申请人和货物持有人、报关人的同意后即可在海关监管下将涉案货物进行销毁。[1] 此外，针对邮寄和快递渠道的小件侵权货物占比较大和权利人申请启动海关保护措施的积极性不高的问题，[2] 《2013 欧盟条例》第 26 条新增了对少量货运（small consignment）的“特别简化程序”[3]，基于一个概括的授权，权利人不需要对每一个扣押程序分别确认侵权和同意销毁，货物报关人或持有人同意销毁的意思表示可以采用默示推定，海关不用履行条例规定的通知和提供有关信息的义务，从而进一步减轻权利人和海关主管机关的负担。

根据欧盟 2016 年发布的《欧盟海关知识产权边境执法报告》，82% 进入海关保护措施程序的被扣押货物最终通过简化程序（包括

---

〔1〕 根据 Council Regulation (EC) 608/2013 Art. 23，简化程序的适用需要同时满足以下两个条件：①申请人在收到海关中止放行或扣留货物的 10 个工作日内（易变质货物 3 个工作日），向海关进行存在知识产权侵权的书面确认并书面同意将货物销毁；②货物的报关人或持有人在收到海关中止放行或扣留货物的 10 个工作日内（易变质货物 3 个工作日），以书面形式向海关确认同意将货物销毁，在上述时间内报关人或持有人未确认是否同意销毁且未通知海关其异议，则视为其同意销毁。如果海关未在上述时限内收到申请人对侵权的书面确认和对销毁的书面同意，除非被告知判断是否侵权的诉讼程序已经启动，海关应当在办结海关手续后立即放行扣押货物。

〔2〕 2015 年欧盟海关边境执法程序中，扣押邮寄和快递渠道的涉嫌侵权货物占总扣押的 77%，主要为电子产品（32%）和药品（16%）。See *Report on EU customs enforcement of intellectual property rights*, results at the EU border, 2015, Chart 6 – Breakdown of result by procedure.

〔3〕 对于快递或邮寄渠道数量少于 3 件或毛重少于 2 公斤的货物，权利人可以就海关保护措施申请提出总请求，许可每个具体案件中可以不经权利人的同意，在满足其他条件的情况下对货物进行销毁。这种侵权货物限于假冒商标和盗版货物两种。

特别简化程序）被销毁，而进入司法程序实体认定侵权的仅占9.2%。[1] 可以看出，欧盟的简化程序对货物不经侵权实体判断而径行销毁的处置方式已经得到了各成员国海关的广泛适用。

美国，销毁为基本原则。在双轨制模式下，美国的知识产权海关保护一方面由国际贸易法委员会（USITC[2]）依据1930年关税法“337条款”对进口贸易中涉及知识产权侵权的行为进行调查，由海关发出禁止令、排除令或采取临时救济措施。另一方面，由海关根据海关条例及相关知识产权法律对商标、商号、版权进行备案保护。

美国对海关没收知识产权侵权货物的处置方法规定于《美国法典》19卷1526节和《美国联邦法规》19卷133.52条中。《美国法典》“载有美国商标的商品”一节规定，“对于假冒商标的商品，在没收后应当销毁。如果商品本身是安全的、不会对健康造成危害，在取得商标权人同意并且假冒商标可以除去的前提下，移除非法附加的商标后的商品按照如下处置：其一，送至有需要的联邦、州或地方政府机构；其二，捐赠给有需要的慈善机构；其三，在没收90天后，由海关通过公开拍卖的方式出售，出售前需确定没有政府机关或慈善机构需要这些商品。”[3]《联邦法规》在“海关职责”部分补充规定“对于假冒商标以外其他侵犯商标和商号专用权的商品，在清除掉侵权标记后按照海关处理其他侵权货物的程序处

---

〔1〕 其中普通简化程序销毁占59.93%，小件货运的特殊销毁程序占20.05%。参见See *Report on EU customs enforcement of intellectual property rights*, results at the EU border, 2015.

〔2〕 United States International Trade Commission.

〔3〕 19 U.S.C. § 1526: Merchandise bearing American trade-mark, http://codes.lp.findlaw.com/uscode/19/4/III/III/1526#sthash.SKiy1It2.dpuf，最后访问时间2018年1月14日。

置，对于侵犯著作权的商品，一律销毁。"[1]

通过上述规定可以看出美国海关对知识产权侵权货物的处置措施的特点是以销毁为基本原则，对不同类型的侵权商品有不同的处理方法。具体而言，对于盗版商品，销毁是唯一做法。对于假冒商标商品，一般也应当销毁。对于不适用销毁而进入政府、慈善机构、海关公开拍卖程序的商标、商号侵权货物，除了移除侵权标记外，需要满足商品本身是安全无害的要求，并取得权利人的同意。

中国，销毁为兜底规定。中国海关保护措施执法主体海关对扣留的侵权货物的处置方式规定在《海关知识产权保护条例》（简称《条例》）和《〈保护条例〉实施办法》（简称《实施办法》）中。根据《条例》，海关对侵权货物的处置分为三个层次，如果可以用于社会公共事业，应当转交用于社会公共事业；如果知识产权权利人愿意收购，可以有偿转让；在不满足上述两种情况时，视货物上的侵权特征能否消除，如能，则海关在消除侵权特征后可以依法拍卖，若否，则应当销毁。[2] 对于进口假冒商标货物，除特殊情况外，不能仅消除货物上的商标标识即允许进入商业渠道。[3] 这是现行《条例》相对2003年条例新增的一款规定。《实施办法》重申了上述规定，并且补充规定了拍卖前海关征求知识产权权利人意见的义务，销毁货物时知识产权权利人提供必要协助的义务以及海关对于捐赠侵权货物实际用途的监督义务。[4] 针对拍卖，海关总

---

〔1〕 19C. F. R. § 133. 52 Disposition of forfeited merchandise, http: //www. ecfr. gov/cgi - bin/text - idx? SID = b1363b24e0e940e65a6e0176ad5f562f&mc = true&node = pt19. 1. 133&rgn = div5#se19. 1. 133_ 152. ，最后访问时间：2018年1月14日。

〔2〕《中华人民共和国知识产权海关保护条例》（2010年修订）第27条。

〔3〕《中华人民共和国知识产权海关保护条例》（2010年修订）第27条第3款。

〔4〕《中华人民共和国海关关于〈中华人民共和国知识产权海关保护条例〉的实施办法》（2009年修订）第33条第4款规定，海关拍卖侵权货物，应当事先征求有关知识产权权利人的意见。海关销毁侵权货物，知识产权权利人应当提供必要的协助。有关公益机构将海关没收的侵权货物用于社会公益事业以及知识产权权利人接受海关委托销毁侵权货物的，海关应当进行必要的监督。

署发布公告强调“完全清除有关货物以及包装的侵权特征，包括清除侵权商标、侵犯著作权、侵犯专利权以及侵犯其他知识产权的特征。对不能完全清除侵权特征的货物，应当予以销毁，一律不得拍卖。海关拍卖侵权货物前应当征求有关知识产权权利人的意见。”[1]

综上，可以将中国海关处置措施做以下解读：其一，没收的侵权货物应首先考虑用于公共事业，或由权利人收购；其二，不能用于上述途径且侵权特征能够消除的，可以在消除侵权特征后进行拍卖，权利人有发表意见的权利，对于假冒商标货物，不能仅消除侵权商标后即拍卖；其三，销毁是处置措施中的兜底性规定，在上述条件均不满足的情况下，侵权货物应当被销毁，知识产权权利人应提供必要的协助。

ACTA 和 TPP 协定模式将“销毁”确立为基本处置原则，这一规定虽然本身不违反 TRIPS 协定，但是打破了 TRIPS 协定所创设的权利人、第三人利益和发达国家、发展中国家利益的微妙平衡局面，与 TRIPS 协定实际“貌合神离”，体现了高标准海关保护措施执法中利益天平向权利人的倾斜保护。

5. *海关保护措施适用的贸易环节*

海关保护措施制度的产生与国际贸易的发展密切相关。随着国际贸易中知识产权资本比重的显著增加，侵权货物泛滥严重影响了正常的贸易秩序。根据经济合作与发展组织（OECD）和欧盟知识产权办公室（EUIPO）2016 年联合发布的报告，2013 年假冒和盗版货物的国际贸易占国际贸易总额 4610 亿美元的 2.5%，在欧盟的进口贸易中，这个比例达到 5%。[2] 仅在国际贸易流程中的进口环

---

〔1〕《海关总署公告 2007 年第 16 号——关于没收侵犯知识产权货物依法拍卖有关事宜》。

〔2〕 OECD/EUIPO, *Trade in Counterfeit and Pirated Goods: Mapping the Economic Impact*, 2016.

节进行知识产权执法已经不能满足全球打击假冒、盗版货物的需求。因此，海关保护措施的适用开始扩展到出口环节，并将高标准保护的目光投向过境贸易。

（1）TRIPS 协定。协定第 51 条规定，成员方“应对有证据证明可能发生进口的假冒商标或盗版货物由海关主管机关采取中止放行，可以采取相应措施对从本国出口的知识产权侵权货物中止其通关放行。”此外，脚注 13 规定“成员方没有义务对过境货物采取本节规定的边境措施。”这两条确定了 TRIPS 协定下边境措施适用的贸易环节范围。成员方有义务在货物进口环节进行知识产权保护，而在出口环节执法成员方可以自行选择适用。应当注意，TRIPS 协定对出口环节执法这一授权性规定并没有同授权其他知识产权客体保护一样附加“须符合本节的要求”的规定。[1] 对于过境环节，TRIPS 协定没有像规制出口环节一样采用授权性条款（may），而是通过脚注方式注明成员方无义务实施。“无义务”不代表禁止，TRIPS 协定的这一区别性的条文设置耐人寻味。WTO 专家组曾在中美知识产权争端一案的报告中指出该脚注是对成员方义务范围的限制，而不是提供可选择性的海关保护措施适用范围的扩张。[2] 从中可以解读出，TRIPS 协定对于过境环节执法至少持不支持的态度。

（2）ACTA 协定。ACTA 协定在第 16 条分两款规定缔约方“有义务”在进口和出口环节实施知识产权边境保护，对于过境货物和处于其他海关控制下的货物则是“可以”采取措施。相比 TRIPS 协定，ACTA 协定有两点变化：其一，将出口环节的执法纳入缔约方

---

〔1〕与此相对，TRIPS 协定允许成员方对知识产权客体执行更大范围的保护，但是须满足协定“边境措施”一节的规定。

〔2〕*Panel Report CHINA – MEASURES AFFECTING THE PROTECTION AND ENFORCEMENT OF INTELLECTUAL PROPERTY RIGHTS*, WT/DS362/R footnote 214, January 2009.

的条约义务范围；其二，将针对过境环节的规定从脚注上升为正文，表述上从“无义务”（no obligation）修改为“可以”（may）。有学者从条约用语的角度指出，当一个条约采用授权性的用语（may）来规定某一措施时，通常有两种功能：①确认相关的措施是被允许的，不与条约中的其他条文相违背；②为缔约方选择实施该项措施提供某些指导。[1] ACTA 协定虽未对过境环节的执法作出特殊规定，但明显采取了较 TRIPS 协定更为积极的立法态度。

此外，ACTA 协定首次对“过境货物”的范围进行了界定。在协定第二节“通用定义”第 5 条（i）项中将“过境货物”定义为海关过境下的货物（customs transit）或转运货物（transhipment），前者是指“从一个海关监管机构运至另一个海关监管机构的货物”，后者指“在同一个同时办理进口和出口的海关机构监管下，从进口运输工具转移至出口运输工具的货物”。无论哪一种过境货物，均是在海关监管下“借道通过”，并不进入过境国国内市场。

6. 小结

面对在全球范围内打击知识产权侵权货物流通的紧迫需求，以 ACTA 协定为代表的后 TRIPS 时代国际知识产权立法呈现出明显的 TRIPS – plus[2] 特征。

从 TRIPS“最高标准”的角度审查 TRIPS – plus 知识产权海关保护措施的发展，一方面，ACTA 协定和 TPP 协定通过扩大所保护的知识产权客体类型，限缩边境措施货物的除外领域，使落入边境措施的货物范围显著扩张，但由于放宽了 TRIPS 协定中止放行的

---

〔1〕 Daniel Gervais: *The TRIPS Agreement: Drafting History and Analysis*, page 294, Sweet & Maxwell, second edition, 2003.

〔2〕 Sisule F Musungu and Graham Dutfield, Multilateral agreements and a TRIPS – plus world: The World Intellectual Property Organization (WIPO), TRIPS Issues Papers 3。TRIPS – plus 既体现在扩大知识产权专有保护范围和提升保护水平的方面，也体现在缩减权利限制和例外、削弱 TRIPS 协定灵活性的方面。ACTA 协定和 TPP 协定在知识产权保护的内容、方式、效果等方面明显超出 TRIPS 协定标准，因此具有显著的 TRIPS – plus 特征。

“初步证据”安全阀标准，容易引发程序的滥用；另一方面，关于侵权货物的处置，ACTA 协定将“销毁”确立为基本处置原则虽不违反 TRIPS 协定，但过于强调权利人利益以及通关效率而未对第三人（如货主）提供必要保障，实则与 TRIPS 协定的利益平衡主旨“貌合神离”。此外，知识产权海关保护措施甚至出现了在贸易环节上的扩张适用，不以货物可能转向过境国国内市场为前提条件直接对过境货物进行扣押无疑是对合法贸易的严重阻碍，也存在合法性和合理性上的争议。

TRIPS - plus 海关保护措施必然引发知识产权保护和自由贸易这一对基本价值的紧张关系。海关保护措施适用范围的扩大和对货物处置的严厉化将对自由贸易产生阻碍，形成一种新型的具有隐蔽性的贸易壁垒。TRIPS 协定第 7 条确定的利益平衡主旨实际为知识产权海关保护措施的适用范围划定了红线。发达国家在追求知识产权高标准保护的同时，必须在这红线的警示下对海关保护措施的扩张适用和处置的严厉程度保持一定的克制，以保证在强化海关保护措施执法的同时兼顾国际贸易自由化价值取向的实现。

（二）美国 337 调查

在我国企业的全球化贸易活动中，越来越多的企业遭遇到美国的 337 调查，并且被调查的企业数量一直居高不下。从 2008 年到 2013 年，我国每年遭遇 337 调查的案件数量基本上都超过 10 起，6 年来调查总数达到 70 起，占到我国总调查数量的 89%。我国高技术企业不仅遭遇调查的数量高，而且很多企业在 337 调查诉讼中处于被动地位，近六成高技术企业在 337 调查中以败诉结束。其中，我国企业败诉（案件结果为排除令、禁止令、和解令）的比例达到 60%，胜诉（案件结果为撤诉和不侵权）的概率仅为 40%。被调查的企业在支付高昂的应诉费用后，或者以高额的专利使用费来获得继续出口美国的机会，或者被裁定侵权直接排除在美国市场之外，严重影响了我国高技术企业的发展。与其他贸易保护措施相比，337 调查是以侵犯知识产权的产品为主要调查对象的，其启动门槛低、处罚措施严厉、应诉难度大、诉讼费用高。

面对频繁的 337 调查，我国很多企业却束手无策，被裁定侵权。如果不能成功应对频繁发起的 337 调查，不仅阻碍我国企业的国际化发展道路，而且会遏制我国产业转型升级。因此，我们需要深入剖析美国的 337 调查，探讨应对之策。本书从两个方面入手，首先介绍 337 调查的主要程序及特征，使我们对美国 337 调查有一个初步的认知。然后从案例的角度分析如何应对 337 调查的法律问题并提供抗辩角度以帮助中国企业能够以最小的代价取得 337 调查的胜利。

1. 美国 337 条款简介

（1）337 条款的演进。“337 条款”是美国《1930 年关税法》第 337 条的简称，现被汇编在《美国法典》第 19 编 1337 节，其主要目的是在美国的对外贸易中保护美国企业不受国外进口产品的不公平行为或者不公平做法的损害。

其实 337 条款最初出现在《1922 年关税法》的第 316 条，该条款规定：如果发现存在不公平竞争方法和不公平行为，关税委员会应将此种影响向总统报告。法律授权、但不要求总统必须提高违法商品的关税，或命令禁止违法商品进入美国境内。[1] 当初该条款主要是针对美国法院无权管辖的外国人的不公平竞争行为而提供行政救济，该内容在修改后出现在《1930 年关税法》第 337 条中。此后的 337 条款历经了《1974 年贸易法》《1979 年贸易协定法》《1988 年综合贸易与竞争法》以及 1994 年的《美国乌拉圭回合协议法》的多次修改和完善，之后逐步确立了国际贸易委员会（International Trade Commission，简称“ITC”）的调查主体地位并扩大

〔1〕［美］“1922 年关税法”，载《美国成文法汇编》第 46 卷，第 858 页。

了其职权、细化了337调查的流程、吸纳了民事处罚的内容，并就其程序本身与WTO规则有所冲突的部分进行了适当的修订。至此也就形成了现在有效运行的337条款。

（2）337条款的主要内容。现行有效的337条款被汇编在《美国法典》第19编第1337节中，主要规定了进口贸易中不公平行为的范围，也就是提起337调查的范围以及国际贸易委员会在进行337调查时具体实施的程序性以及实体性规范。337调查所针对的是进口贸易中的不公平竞争行为，主要包括两个方面：涉及知识产权的不公平行为以及非涉及知识产权的不公平行为。

涉及知识产权的不公平行为，指所有者、进口商或者寄售商将货物进口到美国、为了进口的销售或者进口货物在美国的销售，侵犯了美国在先登记的有效的专利权、商标权、版权、专有权以及根据专利方法制造、生产、加工、开采出来的货物或者进口的半导体芯片侵犯了美国有效的注册了的掩膜产品等，并且美国国内存在或正在建立与上述被侵犯的专利、版权、商标、掩膜产品或设计保护有关的货物的产业时，该货物进口就是一个“可提起337调查的对象”。关于如何判断是否存在相应的“国内产业”，337条款对其有所规定：当存在对工厂和设备的实际性投资；对劳动力或资本的实际性雇佣；进行开发的重大投资，包括工程、研究开发或许可时可以认定关于专利、版权、商标、掩膜产品或设计保护有关货物的美国产业存在。[1]

非涉及知识产权的不公平贸易行为，指所有者、进口商或者寄售商将货物进口到美国国内时运用了除知识产权侵权外的其他不公平竞争方法或者不公平行为，并且该方法或者行为或者破坏或严重损害了美国的某一产业或者阻碍了该产业的建立或者限制或垄断了

---

〔1〕 19 U.S.C.A.（《美国法典诠注》）§1337（a）（1）BCDE.（2）（3）（4）.

美国的贸易，有这三种损害后果之一即可。[1] 此时该种不公平行为也是337调查适用的对象，从337调查的案例中我们可以看出这些不公平行为包括但不限于盗用商业秘密、虚假广告以及不正当竞争等。此外我们可以发现与不要求存在损害后果的侵犯知识产权的不公平行为不同，对于非知识产权性的不公平行为要求有相关的损害后果才属于337调查的范围。

图4－1是美国国际贸易委员会官网上所统计的过去10年内337调查涉及不同的不公平行为的案件数量，由此我们可以看出337调查案件最主要的是专利侵权案件，总体来看由知识产权侵权的不公平行为所引起的337调查占了90%以上，涉及非知识产权的不公平行为的案子屈指可数，这也是337调查一直被称作“知识产权边境措施”的原因。

Types of Unfair Acts Alleged in Active Investigations by Fiscal Year (Updated Annually)

Fiscal Year	Solely Patent Infringement	Solely Trademark Infringement	Solely Trade Secret Misappropriation	Patent, Trademark or Copyright Infringement, Trade Secret Misappropriation, and/or Other Unfair Acts	Copyright Infringement, Trade Secret Misappropriation, Unfair Competition, False Advertising and/or Other Unfair Acts
2006	60	4	-	6	-
2007	63	4	-	6	-
2007	79	6	1	3	-
2008	79	6	1	3	-
2009	77	3	1	2	2
2010	94	1	1	5	2
2011	126	2	-	-	1
2012	119	3	1	4	2
2013	113	2	2	3	4
2014	93	1	1	4	1
2015	71	7	1	9	-
2016	97	3	3	10	4
2017	102	1	1	8	5

图4－1　2006—2016年337调查案由及数量

〔1〕 19 U.S.C.A. §1337（a）（1）A.

2. 美国 337 调查基本程序

（1）实施调查的主体（ITC），ITC 简介。

①在美国 337 调查中，实施调查的主体是美国国际贸易委员会（简称“ITC”），它是一个准司法性质的联邦机构，目的是防止美国国内产业受到进口产品的不公平竞争的损害。ITC 成立于 1916 年，前身为美国关税委员会（U. S. Tariff Commission），《1974 贸易法》颁布后改称国际贸易委员会。该委员会有两个任务：客观公正地实施美国贸易补偿法；向总统、美国贸易代表和国会提供独立的高质量的有关国际贸易和国际贸易竞争的建议及信息。ITC 可以调查美国产业是否因不公平贸易的商品进口而受到损害，并可向总统建议向这些产业提供减免，以便使企业进行调整从而应对适应进口商品的竞争。减免的形式可以是对进口商品增加关税或限额，或者实行有助于国内产业调整的政策。[1] ITC 由六名委员组成，委员经总统提名由参议院同意后任命。通常情况下每一党派有三人，一任九年，不得连选连任。委员会还有两个下设的单位，分别是行政法官办公室（Office Of Administrative Law Judge）和不公平进口调查办公室（Office of Unfair Import Investigations，简称“OUII”）。

②行政法官办公室。行政法官办公室主要的职责就是为 337 调查指定三名行政法官并将人选上报委员会，由委员会选出一名行政法官独任审理。行政法官就相当于处理 ITC 案件的美国政府的全职员工。他们根据规定的程序审理 ITC 启动的“337 调查”案件，对案件作出独立的初步裁定并有权发布临时救济措施。需要注意的是，行政法官在审理案件的过程中不受 ITC 的干涉，也不能就案件的实体内容同 ITC 进行交涉。

---

〔1〕［美］罗伯特·库普曼：“我眼中的中美贸易”，载《WTO 经济导刊》2005 年第 1 期。

③不公平进口调查办公室（OUII）。OUII 起初是根据 1974 年贸易法案设立的，当时为了解决 ITC 作为行政性的事实发现者不能直接单方面地同私人当事方沟通的问题。OUII 在 337 调查中有效地扮演独立第三方的角色，代表公众利益，帮助委员会作出合理而公正的判决，主要包括审核申请人的申请书是否符合要求，并就是否准予立案向委员会提出建议；立案后在必要的情况下，比如该案涉及公共利益或者涉及国内相关产业等需要 OUII 的经验进行帮助时，OUII 会派出律师辅助调查。

（2）调查的主要程序。

①调查的启动。根据 337 条款的规定，ITC 可以根据申诉或自行对任何被指控侵犯以上权利的行为进行调查。[1] 因此从理论上讲，337 调查程序既可以因申诉方的申请而启动也可以由 ITC 自行启动。但是结合大量的实践我们可以看出，在 337 条款施行的期间只有两起案例是 ITC 主动发起审查的，所以基本上申诉方提出申请是启动 337 调查主要方式。

申诉方必须是美国某项产业的代表，包括知识产权的独占许可人，申诉方要证明被诉方有违反 337 条款的行为并且进行宣誓。ITC 对申诉方的申诉状提出了严格的要求，根据 ITC 程序规则的要求，申诉方的申诉状除了基本信息外至少还要包括申诉方所指控的不公平行为的具体陈述；如果涉及知识产权，还需包括就相关知识产权的具体情况的陈述以及国内相关产业的情况并提供相应的数据支持，此外还要提出自己的救济主张等。

通常 ITC 收到申诉方的申诉状后不会直接进行审查而是会移交到 OUII 的手中，此时 OUII 会站在申诉方的角度就申诉状的内容进行简单的审查，看有无不足之处，若存在缺陷，退回申诉方令其补充完善。OUII 会在审查认为申诉状没有问题后向 ITC 上交一份备忘

---

〔1〕 19 U. S. C. A. §1337（b）（1）.

录，并对该申述状是否符合 ITC 程序要求以及是否建议立案调查进行阐述。

②立案与答辩。通常情况下申诉方的申请在经过 OUII 的审查后再递交给 ITC 时，ITC 都会受理，不受理的情况都是极少数的。如果 ITC 驳回申诉方的申请，应该以书面的形式将不立案的理由通知所有的申诉方以及在申诉状中列明的被诉方。根据 ITC 程序规则的要求，ITC 通常会在接到申诉方申请30 日内决定是否立案，如果申诉方同时提出了临时性救济措施的申请，那么 ITC 会在 35 日内决定是否立案。ITC 在决定立案后会在联邦公报和 ITC 官网上公布立案通知，并且把申诉书副本和调查通知送达美国被告以及外国被告所在国的驻美国大使馆。ITC 立案后将指定一名行政法官负责案件调查，并且应在立案后的 45 日之内，确定结束调查的目标日期。目标日期对于一般案件而言为 12 个月，较为复杂的案件可以延期到 18 个月。此外，如果涉及公共利益的问题，OUII 还会派一名律师站在公共利益的角度辅助调查。

调查程序中的答辩分为对申诉状的答辩和对临时性救济动议的答辩两种。如果申诉方没有提出临时性救济的动议，则被诉方应当在申诉状和调查通知送达之日起 20 日内向 ITC 提交书面答辩意见。反之，如果申诉方提出了临时救济的动议，则被诉方应当在申诉状和调查通知送达之日起 10 日内，同时提交对申诉状的答辩意见以及对临时救济动议的答辩意见，如果调查较为复杂，则上述期限仍然为 20 日。临时性救济动议的答辩时间一律都是 10 日，自该动议送达之日起算。当然，如果该动议是与申诉状一并提交的，而且该案件未被宣布为“较复杂案件”（more complex case），被诉方应当自送达之日起 10 日内同时提交对申诉状和调查通知以及临时性救济动议的答辩。[1] 被诉方在提交答辩意见时，如果未对申诉状和调查通知按照要求作出答辩，则将构成对申诉状中申诉方主张的承认。[2] 由于临时性救济动议可能导致 ITC 发布临时性禁令，因此在实践中，多数情况下申诉方都会向 ITC 提出临时救济的动议，这是作为被诉方应当特别关注并在答辩时认真对待的部分。

③反诉。反诉是 1994 年《乌拉圭回合协议法》对 337 条款的修正之后才增加的调查程序。ITC 允许被诉方在 337 调查的程序中提起反诉，但是 337 条款并未授予 ITC 就被诉方的反诉进行审理的法定权限，因此当被诉方向 ITC 提起反诉时，该反诉将被迅速转移到联邦地区法院解决，同时，申诉方的请求则仍由 ITC 解决。反诉书要以书面的方式进行，一旦反诉被提起，而且该反诉与 ITC 所进行的调查同属一个诉由，则在 ITC 调查程序中的被诉方可以请求暂停法院的诉讼，从而防止平行诉讼给被诉方带来压力。该反诉可以在调查开始后的任何时间提出，但不应该迟于听证会开始前 10 日，反诉的提出之日追溯到申诉方申诉的提起之日。

④证据披露与听证会。证据披露是当事人双方都可以行使的权利，一般会在 5 个月内完成。各方当事人都有权利调查案件的真相，调查可采取多种方式，包括书面讯问、通过口头或书面提问以获取证言、以检查或其他目的请求进入等。[3] 当事人还可以要求对方披露与案件有关的信息，对披露要求的答复日期是 10 日。在证据披露的期间，行政法官会组织一次或者多次双方当事人的会面，主持整个披露程序。

行政法官在调查结束后会组织听证会，但在正式的听证会之前

---

〔1〕 19 C. F. R. （Code of Federal Law《联邦法典》） §210. 13 （a） ——19C. F. R 210 条主要为 THE COMMISSIONS RULES OF PRACTICE AND PROCEDURE《委员会程序规则》中 337 调查的程序规则。

〔2〕 19 C. F. R. §210. 13 （b）.

〔3〕 19 C. F. R. §210. 27 （a）.

一般会有预听证会。预听证会的作用主要是为当事人简化明晰法律问题、确定听证会的范围、确定文件审查的范围、确定专家及证人的数量及范围等，在预听证会中当事人也可能交换一些文件，最后行政法官会签发一个决议，宣布预听证会的结果。[1]

听证会是为了行政法官正确地采纳证据，倾听当事人双方的辩论并确定涉案产品是否违反 337 条款。听证会一般会持续 1 ~ 2 周时间，秉承着谁主张谁举证的原则，由行政法官依照《行政程序法》的规定主持进行，双方都有权进行交叉询问、提供证据、反对、提出动议、辩论等。[2] 听证会结束后，当事人双方会提交一个最终的辩护书状，行政法官会根据听证会的内容以及辩护书状的内容作出初步裁决。

⑤初步裁定与 ITC 审查。听证会后，行政法官需要就被诉方是否违反 337 条款并就应该提供的救济措施作出初步裁定。上文已经说到行政法官在立案后的 45 天内需要确定中止调查的期限，一般情况下调查的期限都在 12 个月到 15 个月之间，如果调查期限在上述范围内，行政法官就应该在调查结束期限的最后 3 个月之前作出初步裁定；如果确定的调查期限超过 15 个月，则行政法官可以在调查期限的最后 4 个月之前作出初步裁定。[3] 初裁的内容主要包括行政法官针对调查结果所得出的结论，包括事实问题和法律问题，并且应当列明所得出的所有重大事实和结论的依据和记录。[4] 此外应当注意的是，行政法官对于下列动议的裁决也以初步裁定的方式作出，包括：修改申诉书的动议、认定缺席裁决的动议、简易程序的动议、没收或归还被诉方保证金的动议、终止调查的动议、

---

〔1〕 19 C. F. R. §210. 35.

〔2〕 19 C. F. R. §210. 36 (d).

〔3〕 19 C. F. R. §210. 42 (a) (1) (i).

〔4〕 19 C. F. R. §210. 42 (d).

没收或退还申诉方关于临时救济的动议等。[1]

对于行政法官作出的初步裁定，如果没有当事人申请 ITC 审查并且 ITC 也没有主动审查，该裁定就自动变为终局裁定，也就是说，ITC 的审查程序并不是必经程序，可以由 ITC 主动发起或者任何一方当事人申请。申请的理由包括：初裁存在重大的事实认定错误；初裁存在法律适用错误，没有先例或者滥用自由裁量权；初裁的结论会影响 ITC 的政策。[2] 对于审查的申请 ITC 可以接受也可以拒绝，但是如果 ITC 委员会的 6 个委员中有 1 名委员支持审查 ITC，那么就要对行政法官的初裁进行审查。

⑥终局裁定与总统审议。行政法官所作出的初步裁定经过 ITC 审查之后既可能被确认也可能被撤销，ITC 审查之后所作出的裁定为 ITC 作出的最终的裁定。该裁定应该送达当事人并在 ITC 官网以及联邦公报上予以公布，当事人在收到 ITC 的裁定后的 14 日之内，任何一方都可以请求 ITC 对该裁定进行复审，反对复审的一方可以在 5 日内提交答辩书，但是申请复审不影响该裁定的生效。[3]

如果 ITC 的裁定认为被诉方违反了 337 条款并提出了相应的救济措施，那么该决定需要提交总统审议。总统应该在 60 日内审议该裁定，总统可以基于政策因素的考量否决 ITC 所作出的裁定，如果总统在 60 日届满后仍然没有作出批准或者不批准的决定，那么视为总统批准了 ITC 的裁定。无需经总统审议的终局裁定自公布在联邦公报之日起生效而成为最终裁定，经总统审议的 ITC 裁定在审议时限届满或总统批准之日起产生效力，成为终局裁定。[4]

⑦司法审查。如果总统批准了 ITC 的裁决和禁令或者总统在 60 日内，没有否决 ITC 的裁决，那么 ITC 的裁定以及其发布的相关禁

---

〔1〕 19 C. F. R. §210. 42 (c).

〔2〕 19 C. F. R. §210. 43 (b).

〔3〕 19 C. F. R. §210. 47.

〔4〕 19 U. S. C. A. §1337 (j).

令将变为终局裁定。被诉方对终裁不服的可以在终裁生效后的 60 日内向美国联邦巡回上诉法院就该裁定提起上诉，对上诉结果不服的还可以向联邦最高法院继续上诉。[1] 联邦巡回上诉法院的审查采用两个标准，对于法律问题，法院有权确定，包括解释宪法和法律，因此，法院有权宣布 ITC 的最终裁定是随意的、滥用权力的以及不合法的；对于事实问题，ITC 的最终裁定只有在“没有实质性证据”的情况下才可能被联邦巡回上诉法院推翻，上诉期间不影响禁令的执行。

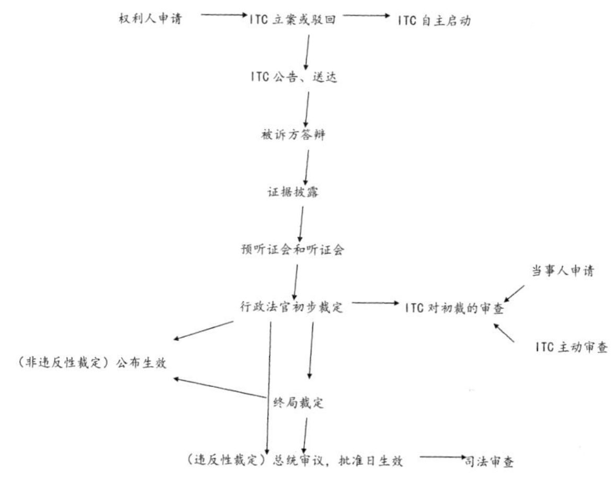

图 4-2　337 调查流程图

（3）337 调查的救济措施。ITC 所进行的 337 调查的主要目的就是判断被诉方的进口是否违反了 337 条款，是否构成不公平行为并为申诉方提供相应的救济，与法院审理侵权案件判决被侵权者承担一定数额的赔偿的做法不同，337 调查着眼于市场的公平竞争，而非单一的被侵权者本身。因此，337 调查也不会像法院判决一样，直接裁定由被诉方赔偿申诉方一定金额的财产性损失，而是对

〔1〕 19 U. S. C. A. § 1337（c）.

侵权产品发布不同类型的禁令。ITC 发布的救济措施可以包括两种：一是永久性救济措施；二是临时性救济措施。

①永久性救济措施。永久性救济是 ITC 发布的终局性的救济措施，包括排除令、停止令以及扣押没收令，排除令和停止令可以颁发在同一个案子中。

A. 排除令。排除令是指自发布后排除侵权产品进口到美国市场的措施，排除令根据适用对象的区别又可以分为有限排除令和普遍排除令。

a. 有限排除令。有限排除令是指 ITC 作出的由海关排除 337 调查中被诉方的所有侵权产品的进口的禁令。一旦被诉方在调查后被认定侵权成立或者被诉方根本没有对 337 调查进行应诉或应诉后对某些指控没有进行有力的抗辩，ITC 就应该依照申诉方的请求以及提供的证据进行审理并发布排除令[1]，除非该考虑了排除在进口行为对公共健康和福利、美国经济的竞争状况和美国类似产品或直接竞争产品的生产状况产生的影响后，认为不应排除上述产品的进口。[2] 原则上排除令只能针对案件中的被诉方也就是侵权人进行，此时发布的排除令就是有限排除令。

b. 普遍排除令。排除令中还有一种不区分产品来源直接排除所有侵权产品的进口的普遍排除令。在 337 调查中普遍排除令是非常严厉的一种禁令，所以排除令的发布以有限排除令为原则，在符合上述有限排除令的发布条件之外，如果出现为了防止出现规避针对特定人的产品的排除令（即有限排除令），必须对有关产品实施普遍禁止入境措施或者难以辨认侵权产品的来源的时候，ITC 可以发布普遍排除令。[3]

---

〔1〕 19 U. S. C. A. §1337 (g).

〔2〕 19 U. S. C. A. §1337 (d) (1).

〔3〕 19 U. S. C. A. §1337 (d) (2).

B. 停止令。停止令是 ITC 提供的另一种救济方式。停止令不再由海关执行，而是由 ITC 执行，直接禁止被诉方侵权产品的违反 337 条款的不公平行为，包括侵权行为以及市场行为如市场开发、广告宣传等。停止令发布的条件同排除令相同，只不过针对的对象有所区别，停止令针对的是已经进口到美国国内的被诉方的侵权产品。同时应该注意的是，在决定发布停止令之前必须要考虑到该停止令的发布是否会对美国的公共健康或福利产生影响，否会对美国经济的竞争条件产生影响以及是否会对美国相同或直接竞争产品的生产和美国消费者产生影响。

在委员会发布了停止令之后，被诉方必须马上停止相应的侵权行为以及市场行为。如果当事人违反 ITC 发布的停止令，那么当事人则会被处以罚款，用作对美国的赔偿。该赔偿额应不超过每天 10 万美元（自有关产品的进口或销售侵犯该停止令之日起计算），或两倍于进口或销售产品的国内价值（以违反停止令当日价值计算），以高者计。[1]

C. 扣押或没收令。1988 年《综合贸易与竞争法》的修改还赋予了 ITC 签发扣押及没收产品两项禁令的权力。但扣押或没收产品的前提必须是该产品已为 ITC 禁止进口，且进口商对该项禁止进口的命令有所了解。所以从一定意义来说扣押或没收令不算是一种单独的救济措施，而是对先前签发的“排除令”的执行所必需的手段。此举是为了防止进口商在知道有禁止进口命令后，仍然企图选择管制较宽松的海关进口产品的情形。没收令的签发需要满足以下几个条件：货物所有者、进口商或寄售商曾试图将该货物进口到美国；该货物被排除令限制禁止进入美国；在上述禁止进口情况下，财政部长曾对货物所有者、进口商或寄售商提交关于以下事项的书面通知：排除令的存在以及若再次试图将货物进口到美国而将对其

〔1〕 19 U. S. C. A. § 1337（f）（2）.

予以扣押和没收。[1] 在满足以上三个条件的情形下，ITC 可以向进口货物的所有者、进口商或者寄售商签发扣押或没收令。

②临时性救济措施。临时性救济措施包括临时排除令和临时停止令，是在 337 调查过程中由 ITC 发布的禁止货物进口或者停止货物市场行为的禁令。在调查期间，委员有理由相信被诉方存在违反 337 条款的侵权行为并且在考虑了对美国公共健康和福利、美国经济的竞争状况和美国类似产品或直接竞争产品的生产状况和美国消费者状况的影响后，可发布临时排除令排除上述侵权产品进口到美国市场或者临时停止令停止侵权产品的市场行为。

临时排除令在立案后的 90 日内做出，对于复杂案件 ITC 可准许 60 天的延长期，但必须在联邦公告上说明其认为该调查案复杂的理由。在临时救济提案中，申诉方必须提供有力证据证明与控诉事实、损害情况以及公共利益相关的事项，这些事项包括：申诉方胜诉的可能性；如果不进行临时救济国内产业将遭受到的立即的实质的损害；如果获得临时救济，其对被诉方将会产生的损害以及实施临时救济将对公共利益产生的影响。

申诉方申请发布临时救济措施的，ITC 可以要求申诉方提交保证金以保证应诉人在胜诉后不受损害，注意此时 337 条款没有要求申诉方一定要提供保证金，是否提供由委员会决定。反之如果被诉方在接到临时排除令或之后仍想进行进口，则必须要提供相当的保证金以保证申诉方的利益，此后方能在调查期间继续进口货物到美国市场。提供保证金的一方在败诉后保证金会被委员会没收交付给胜诉方。

(4) 337 调查的特点。

①对物诉讼性质。从上述对 337 调查程序的介绍中我们不难看出，337 调查相比于联邦法院的知识产权诉讼或者是其他的行政诉

〔1〕 19 U. S. C. A. § 1337 (i).

讼而言，有着很大的区别。与联邦法院对人诉讼的性质不同，337调查有着对物诉讼的性质。

337 调查所针对的是存在不公平行为的侵权产品，337 调查所作出的排除令或者停止令针对的也是禁止产品的进口以及停止产品的市场销售行为，这就为申诉方省去了寻找侵权行为人这一步骤，无论是对举证还是救济而言都是十分便利的。而且 337 调查涉及的对象非常广泛，包括与产品相关的所有人、进口商和承销商，向美国的进口、为进口而销售或进口后在美国的销售。而不必像法院诉讼那样拘泥于特定的侵权行为实施者。此外，337 条款授权 ITC 可以发布普遍排除令，除了涉案侵权人进口的侵权产品，普遍排除令对全球所有潜在的欲将其产品进口到美国的当事人都产生效力，为何而生效？就是因为其要进口到美国的产品存在侵害美国知识产权或者存在其他不公平行为。由于产品的属性而约束所有的拥有产品的当事方，这是 337 调查对物诉讼性质最鲜明的体现。

②门槛低，时间性强。欲提起 337 调查的申诉方提出申诉时若以知识产权侵权为由，只需要证明存在侵权行为和在国内存在相关产业即可，并不需要证明存在相应的损害后果以及有因果关系等，这就为 337 调查的提起大大降低了门槛。申诉方申诉的门槛之低使得 337 调查的发起变得十分容易，这也是为什么现在 337 调查变成了在很多情况下美国企业打压外国进口商的手段。

此外 337 调查的每一项程序都有严格的时间性，并且整个调查周期较短，具有时间紧迫、运行高效、程序严密等基本特征。整个程序 12 ~ 18 个月就能结案。相比于联邦法院诉讼平均 3 年左右的诉讼周期，对于“商场如战场”瞬息万变的市场而言，这些快捷的时间性的规定正是美国企业看重 337 调查的原因之一。

③救济手段严苛。虽然 337 调查并不像联邦法院侵权诉讼那样判决败诉方承担相应的赔偿责任，但是 337 调查的主管机关 ITC 却可以发布各种禁令，包括将国外进口产品排除出美国市场的普遍排

除令和有限排除令，事实上就是这些禁令让很多外国企业闻风丧胆，这对美国企业而言比损害赔偿更加实用。因为这些非金钱性赔偿的排除令，可以使国外产品部分甚至完全地失去在美国市场的竞争机会，这对生产销售相关产品的厂商而言是一种毁灭性打击。

④应诉成本过高。由于337调查时间性强并且救济手段十分严苛，被诉方在规定的答辩期内若是没有应诉，ITC就会按照申诉方的请求以及提供的证据进行裁决，所以想要保住美国市场的被诉方都会选择积极地应诉，但是应诉337调查的成本又十分高，抛开外国企业跨国应诉的各种花销外，高额的律师费也是应诉337调查的难题之一。据调查，美国精通337案件的律师的收费为平均一小时八百美金，整个337调查的过程包括之后联邦法院的上诉中的诉讼费用加起来可能要几十万到几百万美金不等，而且337调查又没有损害赔偿的救济，所以很多被诉方即使经过一年多的调查最终胜诉，但是花费的时间成本以及金钱成本也是没有办法得到弥补的。这也是很多企业在面临337调查的时候选择放弃美国的市场，因而采取不应诉的方式解决问题的原因。

3. 337调查的法律应对

经过上述对337调查程序的分析，我们可以看出整个337调查过程时间性强、救济措施严苛的特点。而根据前文中关于中国企业遭受美国337调查的数据显示也可以看出，中国企业遭受337调查的数量整体呈上升趋势。而且近年来受337调查的涉案产品都是中国企业具有较大市场竞争力以及高技术含量的产品，因此在一定程度上337调查已经发展成了美国企业打压国外竞争者的手段之一，所以如何更加有效地应对337调查是中国高新产业面临的难题。

（1）诉前预防。

①知识产权的美国化。美国一直施行着“商品未动，专利先行”的战略，中国由于知识产权保护起步较晚，保护意识薄弱，所以即便是在中国的知识产权市场上，很多国内企业也一直存在着知

识产权方面的短板，这导致很多美国企业在华注册专利商标，抢占了本属于中国企业的技术以及市场。这些年来随着企业高新技术的研发能力的提高以及知识产权保护意识的增强，知识产权的国际化也应该被各个企业纳入战略布局之中。回顾整个 337 条款的规则我们不难看出，337 调查的申请人并没有限制为美国国民，只要求是美国的知识产权人或者独占被许可人或者受到不公平行为影响的美国产业代表，所以在美国拥有知识产权的他国权利人同样可以作为申请人提起针对外国出口商以及美国进口商的 337 调查，以保护自己在美国的知识产权。将企业拥有的商标、专利等及时在美国注册获权使自己成为知识产权人，不失为一个未雨绸缪的办法。

知识产权的美国化一方面可以帮助中国企业打开美国市场，提高自己产品的竞争力，另一方面也对预防美国 337 调查有着巨大的作用。相比于被调查后采用的各种应诉抗辩手段，从一开始就杜绝 337 调查的开展，将自己摆在潜在申诉方的角度无疑能够更好地保护自己的权益。

②缔约阶段的防范。中国企业在签订贸易合同的时候要注意知识产权的防范，提高警惕。例如以原始设备生产商（OEM）和以原始设备制造商（ODM）方式生产出口的企业[1]，应该注意与之签订合同下单的外国企业是否对生产加工的产品享有商标权、专利权或者是否是该知识产权的许可使用人，这就要求我国企业在合同缔结阶段对涉及的知识产权做严格的调查判断。如果可能存在知识产权权利瑕疵的情况，我国企业应该在合同中约定法律风险的负担

〔1〕 OEM（Original Equipment Manufacture）：OEM 是指原始设备制造商应客户要求对我公司现有产品作局部改动的加工，不涉及机械结构、电路结构、软件功能上的重大改动，并要求将产品制作成客户的品牌。

ODM（Original Design Manufacture）：ODM 是指原始开发商应客户要求对我公司产品作较大改进、改型的加工，涉及机械结构、电路结构、软件功能上的重大改动或者是根据客户需要为客户重新设计制定产品的加工。

问题，如约定制造加工产品出口到美国后若遭遇知识产权侵权的指控以及 337 调查的风险，损失由对方来承担；对于那些经调查有侵犯他人专利权、商标权重大嫌疑的，甚至可以要求美国的进口方提供一定数量的保证金，以避免涉诉给自己造成的巨大经济损失。[1]

③出口前的审查。我国企业出口前的法律风险防范意识还有待提高，将美国市场作为主要国际市场的我国企业，一方面应该对美国的相关法律以及可能会提起的有损我公司权益的调查的情况有所了解，另一方面企业的技术以及法务部门也应该对比本公司技术产品所涉及的知识产权技术以及其他企业在美国所拥有的类似的知识产权，做好知识产权风险防范，并且在出口前主动进行知识产权检索，就相关产品是否侵害美国在先知识产权，是否存在不公平的市场行为进行预先分析并提前准备好可能涉及的知识产权权利要求书等，以免面临 337 调查时由于答辩期时间的限制导致准备不够充分，发生有损自身权益的情况。

（2）应诉 337 调查的抗辩。从 337 调查发起的案由比例中我们不难看出，90% 以上的 337 调查都是因申诉人主张进口产品侵犯其有效专利权而发起，而在中国企业被指控违反 337 条款的案例中，绝大多数也是被指控为专利侵权。所以笔者下文将要论述的应对 337 调查的法律抗辩主要是在专利侵权的角度开展，其他诉由如商标侵权或者其他不公平行为等可以类推适用应诉专利侵权的办法。

中国企业在应对 337 调查的时候最先要决定的是是否应诉，在作决策之前，中国企业要综合考量美国市场的重要性、ITC 作出侵权裁决的可能性以及应诉费用、时间成本的承担能力和应诉准备能力等因素。[2] 一旦企业做出了积极应诉的决定，就要为自己应诉

---

〔1〕 张丽："美国关税法'337 条款'及我国的应对策略"，华中师范大学 2007 年硕士学位论文。

〔2〕 冉瑞雪：《337 调查突围——写给中国企业的应诉指南》，知识产权出版社 2015 年版，第 87 页。

侵权准备相应的抗辩策略，结合中国企业历年来应诉337调查的策略，大体可以分为以下几个方面：

①从侵权行为的角度。《美国专利法》认为任何人未经权利人的许可而制造、使用、销售、许诺销售和进口专利权所覆盖的发明，都是侵权。按照美国关于专利侵权的判定标准，专利侵权分为直接侵权和间接侵权两大类，间接侵权又分为帮助侵权和引诱侵权。对于直接侵权类型的专利侵权无疑属于发起337调查的范围之内，那么337调查能否因专利间接侵权而启动呢？

根据《美国专利法》第271条（c）款的规定，在美国许诺销售或销售，或在美国进口专利机器、产品、组合或合成物之成分者，或用于实施专利方法之材料或器械者，而且该成分、材料或器械是有关发明的实质性部分，同时还知道该成分、材料或器械是为了用于侵犯专利权而特别制造或特别改装的，并且不是主要可用于非侵权目的的大宗物品或商品，将作为帮助侵权者而承担责任。[1]帮助侵权的行为无疑是专利权人提起专利侵权之诉的缘由之一，但是专利权人可否因外国出口商的专利帮助侵权的行为而对其出口到美国的帮助侵权产品提起337调查呢？我们可以一起来看一下ITC对于生物扫描仪一案的裁决（337－TA－720）。

该案是由交叉匹配科技公司Cross Match Technologies，Inc.（下文简称CrossMatch）在2010年提起的，被申请人包括Suprema，Inc.（以下简称Suprema）和Mentalix，Inc（以下简称Mentalix）。该案涉及三个专利，与间接侵权相关的是344专利，344专利是关于指纹捕捉和处理的应用。被申请人Mentalix把另一被申请人Suprema生产的生物扫描仪进口到美国，并在进口后配上自己的软件使用，该组合被认定侵犯了344专利的第19项方法专利权利要求。

〔1〕 United States Code Title 35 – Patents CHAPTER28 35. U. S. C. 271 Infringement of patent（c）.

在该案的审理过程中，Cross Match 承认涉案的生物扫描仪在进口时并没有侵犯 344 专利第 19 项的方法专利权利要求，而是在生物扫描仪进口到美国后与在美国国内开发的软件组合使用时才发生侵权。ITC 认为 Suprema 将生物扫描仪出口到美国的行为构成帮助侵权，因为其明知其出口的生物扫描仪被 Mentalix 与自己的软件组合后用作侵权，即使该扫描仪还有其他的用途。但是 Suprema 主张，间接侵权的指控没有在进口的事实和最终的侵权之间建立足够的联系。因为当 Mentalix 进口该扫描仪的时候侵权行为还没有发生，337 调查针对的应该是进口环节的行为。ITC 最终没有认可 Suprema 的抗辩，认为 Suprema 在进口前已经鼓励、协助了 Mentalix 的侵权行为，因此在进口时已经间接侵权。

Suprema 和 Mentalix 不服，上诉到联邦巡回上诉法院（以下简称 CAFC），CAFC 主张直接侵权在进口到美国之后才会发生，无法基于间接侵权的理论预期到基于违反 337 条款第（a）(1)(b)(i) 条而签发的排除令。联邦巡回上诉法院的判决明确指出："除非发生直接侵权，否则间接侵权不可能发生。进口时，直接侵权尚未发生，也就不存在所谓的'侵权产品'"。该判决实质上将进口到美国后才发生直接侵权的所有间接侵权形式从 ITC 的管辖范围中抹去，此后的申请方在提起 337 调查的时候必须证明在进口的环节上就有明显的侵权行为的存在，中国企业也可以以进口环节并不存在直接侵权行为作为抗辩应对专利侵权的 337 调查。

②从知识产权的角度。从知识产权的角度出发进行抗辩是中国企业在应诉 337 调查时最主要的抗辩手段。以专利侵权为例，从专利的角度出发可以援引的抗辩包括：进口产品不存在侵权行为，也就是被诉侵权产品所涉及的专利与申诉人所持有的专利技术本质不同；质疑专利的可实施性，如果申诉方本身的专利是不可实施的，那么也就不存在专利侵权的可能性；从根本上挑战专利的有效性，

直接主张申诉方的专利无效，那么也就根本谈不上侵权的问题了[1]。

A. 进口产品不侵权。如果被诉侵权产品的技术特征与申诉方所享有的专利的技术特征不符，那么就不属于专利侵权。这也是专利纠纷中最常见的抗辩手段。美国认定专利侵权是兼采字面原则和等同原则。将被诉侵权产品所含技术的各个要素同涉案专利的权利要求一一对比，如果完全相同则构成专利侵权，又称为字面侵权；如果虽然没有完全相同但是这两个对象以基本的手段解决相同的问题并取得基本相同的效果[2]，相当于对于权利要求中的要素进行了细微的改动，但是也实现了同样的目标，此种行为同样构成侵权，也就是所谓的等同侵权。

以进口产品涉及的专利技术与涉案专利不同而进行的不侵权抗辩是中国企业采用最多的手段，当然最主要的原因也是337调查的滥用以及中国企业事实上真的不存在侵权行为。这一类的案件有很多，比如三氯蔗糖案（337 - TA - 604）、同轴电缆接头案（337 - TA - 650）以及双道锁案（337 - TA - 689）等。

B. 专利不可实施。根据《美国专利法》的规定，一项发明专利必须具有可实施性。《美国专利法》第112条明确规定专利说明书中必须包括一份关于该发明以及制造和适用的方法和过程的书面描述，这种描述必须足够全面准确使得该领域的一般技术人员可以实施该发明，并规定了发明创造人必须披露实施该专利的最佳模式。此外该条款还规定了发明创造人必须在专利说明书中明确其所

---

〔1〕冉瑞雪：《337调查突围——写给中国企业的应诉指南》，知识产权出版社2015年版，第35页。

〔2〕Union Paper - Bag Mach. Co. V. Murphy 97 U. S. 120（24L. Ed. 935）. 原文如下："if two devices do the same work in substantially the same way, and accomplish substantially the same result, they are the same , even, though the differ in name, form or shape."

要申请保护的客体的范围。[1] 如果被诉中国企业发现申诉方的专利违反了上述要求，则可以以其隐瞒或者未充分公开发明内容、专利具有不确定性或者专利权保护的范围不够明确等为由主张其专利无效。《美国专利法》修改之前专利无效的抗辩还包括最佳模式抗辩，也就是申诉方的专利说明书由于没有披露实施该专利的最佳模式使专利无效，典型案例就是 2010 年的味之素诉大成赖氨酸案（337 - TA - 571），大成以最佳模式抗辩作为应诉策略之一取得了胜利，最终被裁定没有违反 337 条款。但是自专利法修改之后，专利最佳模式要求仅存在于专利审查阶段，而专利权授予后不可以以违反最佳模式为由主张专利无效，因此赖氨酸案的最佳模式抗辩的胜利也可以说是绝唱了。

最为出名的“电池案”（337 - TA - 493）可以说是专利不具有实施性抗辩的典型案例。美国劲量控股公司及其控股的 EVEREADY 公司在 2003 年向 ITC 提出申诉，主张中国企业在内的 24 家电池企业侵犯了其合法有效的 709 号无汞碱锰电池专利，并申请普遍排除令。初裁认为被诉方侵犯了劲量公司专利权并发布了普遍排除令，但 ITC 复审认为 709 号专利因不具有确定性而无效，故裁定被诉方不侵权。在本案中中国企业主张《美国专利法》要求专利说明书中必须明确指出申请专利的保护范围，即必须具有确定性的保护范围，过宽或过窄都将被视为范围模糊而不具备专利保护的条件。本案中，劲量公司的第 709 号专利恰恰是因为不具有《美国专利法》第 112 条所规定的确定性要求，最终导致被 ITC 和联邦巡回上诉法院判决为无效。

圣奥公司的“橡胶防老剂案”（337 - TA - 533）也是我国企业历时几年几经波折终于取得胜利的一个案件。2005 年美国福莱克

---

〔1〕 United States Code Title 35 - Patents CHAPTER11 APPLICATION FOR PATENT 35. U. S. C. 112 Specification.

斯公司主张圣奥公司的产品侵犯了其专利权并提起 337 调查，ITC 裁定圣奥公司侵权行为成立并发布了有限排除令，圣奥公司不服 ITC 裁决，上诉到联邦巡回上诉法院，联邦巡回上诉法院驳回了 ITC 的裁定并将案件发回 ITC 重审，ITC 重审后撤销了有限排除令，裁定被告“山东圣奥”不违反 337 条款。[1] 在本案中圣奥公司积极应诉，在专利问题上找到了问题突破口，《美国专利法》要求专利申请人履行对其所知道的全部重要信息的披露义务，如果专利申请人没有履行该项披露义务，即构成不公正行为，从而成为专利不可实施的一个理由，并且该案中福莱克斯公司存在专利不当使用的行为，专利不当使用也可以成为认定专利不具有可实施性的另一个理由。本案中圣奥公司正是从专利不具有可实施性，入手掌握了 538 专利存在缺陷的证据，从而引导圣奥公司取得了该案最终的胜利。

C. 专利无效。除了主张专利不可实施之外，被诉方还可以采用“釜底抽薪”的做法主张申诉方的专利无效。《美国专利法》要求有效专利权的获得要满足新颖性、非显而易见性和实用性三个方面的条件。[2] 一项发明在被授予专利权后默认为有效专利，如果被诉方能够证明该专利不具备授予专利权的实质要件也就是不具有新颖性、显而易见性或者实用性又或者不属于可专利的主体，就可以从根本上解决问题，当提起 337 调查主张被侵权的专利都无效时，自然也就没有所谓的侵权发生。

一项发明要想获得专利保护就必须具备新颖性和显而易见性。但是我们要明白的是，由于各国专利行政部门对于现有技术的检索都有一定的局限性，都不可能保证检索的毫无遗漏以及随时与最新

〔1〕 中华人民共和国商务部贸易救济调查局：http：//gpj. mofcom. gov. cn/article/cx/cp/fengong/diaocc/200809/20080905796306. shtml，最后访问时间：2018 年 1 月 14 日。

〔2〕 United States Code Title 35 – Patents CHAPTER10 PATENT ABILITY OF INVENTIONS 35. U. S. C. 101. 102. 103.

更新的技术保持一致，所以那些可能已经丧失新颖性的发明却通过了新颖性审查的情况时有发生。主张申诉方专利无效的被诉方可以从新颖性和非显而易见性的角度入手，重新检索截止到该涉案专利申请日的技术情况，以得到该专利在申请时不具备新颖性等而导致专利无效的证据。中兴、华为无线3G设备及其组件调查案（337－TA－800）就是一个很好的例子。2011年7月，美国交互数字公司（InterDigital）指控华为、中兴等企业侵犯其专利，申请提起了337调查。经过调查行政法官做出初裁，认定申诉方的专利权中的若干权利要求因在先技术而无效，随后申诉方交互数字公司申请ITC复审，ITC于2012年12月9号作出终裁维持了行政法官未侵权的初裁。[1] 反观从实用性方面进行抗辩主张专利无效就不是那么好进行的了，因为一般专利都具有一定程度的实用性，即使是微不足道的。而且法院认为一项专利都已经涉及被侵权的程度，那么就一定是存在一定实用性的，因为侵权人很少会盗用无用的发明。

不过值得一提的是，美国宣告专利无效的程序包括诉讼程序和行政程序。当事人通过诉讼主张另一方当事人的专利无效有三种方法，包括：提起专利权确认诉讼；在侵权诉讼中提起专利权无效的反诉；或是在侵权诉讼中提起专利权抗辩。而通过行政程序主张宣告专利无效也包括单方再审制度、双方重审制度和授权后重审制度，这些在《美国专利法》以及最新的《发明创造法案》中均有规定。由此可见，ITC是没有宣告专利无效的资格的，行政法官作出申诉方专利无效，被诉方不侵权的判决只有个案效力，只针对本次337调查而言，判决作出后申诉方的专利不当然归于无效。如果被诉方想请求宣告申诉方的专利无效，可以按照法律规定单独走行政或者司法程序。

---

〔1〕 冉瑞雪：《337调查突围——写给中国企业的应诉指南》，知识产权出版社2015年版，第227页。

③从美国相关产业的角度。在申诉方以知识产权受侵害为由申请提起337调查的时候必须满足337调查的发起条件，除了证明被诉方有侵权行为之外还需要证明存在或者正在建立与涉案知识产权相关的国内产业。所以被诉方被指控知识产权侵权时绕开侵权行为的角度，主张不存在国内产业以及也没有正在建立的相关国内产业也是一种应诉抗辩的角度。

337条款对于如何判断涉及有关知识产权的国内产业的存在有明确的规定：如果存在对工厂和设备的实际性投资，对劳动力或资本的实际性雇佣，以及进行开发的重大投资，包括工程、研究开发或许可，那么可以认为相关国内产业的存在。[1] 在个案中，行政法官通常会从两个方面判断是否存在国内产业：一是从经济角度证明美国境内存在除了销售以外的重要运营行为，单纯的销售行为很难认定为存在国内产业，如辅酶Q10案（337－TA－790）中申诉方Kaneka公司主张浙江医药股份有限公司侵犯了其US7910340号专利，浙江医药一方面进行不侵权抗辩，另一方面主张Kaneka公司自进入美国市场后主要从事单纯的销售行为，该作法不构成国内产业，最终ITC支持了被诉方浙江医药的观点，裁定其不违反337条款；二是从技术角度说明申请人的经济行为与其所主张的知识产权的利用有关。[2] 上述337条款的规定主要是从经济角度要求证明国内产业存在的条件，对于前两项的要求一般争议不大，实践中的争议主要集中在第三项中关于许可的投资构成国内产业的标准。由于337调查并没有将NPE（Non－Practicing Entity）[3] 排除在申诉方的范围之外，所以如何判断其实施的专利许可行为是否符合国

[1] 19 U. S. C. A. §1337 (a) (1) BCDE. (2) (3) (4).

[2] 冉瑞雪：《337调查突围——写给中国企业的应诉指南》，知识产权出版社2015年版，第49页。

[3] NPE：Non－Practicing Entity，“非执业实体”也就是“专利授权公司”。简单说，NPE是指代那些拥有专利但不从事专利产品生产的机构。

内产业就是一个不小的难题。根据现有判例，申诉方需要证明其在美国境内发生的投资是实质性的并与该许可和该专利均相关。[1]而技术角度的国内产业的要求主要是行政法官在337案件的裁决中所确立的条件，申请人必须证明国内产业实际利用了涉案的知识产权，主要是通过将国内产业产品与所主张的权利要求作技能型比对的方式进行。[2]

所以面对申诉方存在国内产业的主张，尤其是申诉方为NPE时，被诉方可以从两个角度进行抗辩：一方面考虑涉案知识产权的许可投资是否符合国内产业的经济因素，另一方面要分析涉案知识产权在许可后有没有投入到生产的产品中，也就是技术因素的考量。在同轴电缆接头案（337 - TA - 650）中，申诉方主张其存在与“许可”相关的诉讼行为，诉讼费用可以视为与许可相关的投资，可作为证明存在国内产业的依据，而ITC认为专利诉讼的花费不能自动构成国内产业的证据，申诉方必须证明“诉讼”与许可之间的必要联系。而在导航设备案（337 - TA - 694）涉及专利一揽子许可是否构成国内产业的问题上，ITC推翻了初裁中认定存在国内产业的裁决，提出了十项考虑因素，包括一揽子许可中该专利的重要性、涉案专利是否在许可谈判中提及以及涉案专利在市场的认可度等，最终裁决申诉方的一揽子许可的投资不符合国内产业的标准。

对于NPE对许可的投资是否符合国内产业的判断标准主要体现在ITC裁决的各个案件中，目前还没有一个统一的判断标准。而且可以发现ITC判断是否构成国内产业的门槛是在不断升高的，所以被诉企业完全可以在调查中对国内产业是否存在这一现象进行抗

---

〔1〕 Certain Multimedia Display and Navigation and Systems, Components Thereof, and Products Containing same, Inv. 337 – TA – 694, Commission. Op. at 7 – 8 (August 8, 2011).

〔2〕 Alloc v. Int' l Trade Comm' n, 342 F. 3D1361, 1375 (Fed. cir. 2003).

辩，综合利用上述介绍的各种抗辩手段以达到胜诉的目的。

④其他抗辩理由。除了上述提及的比较常用的抗辩理由外，个案的差异决定了还存在很多其他的抗辩角度。被诉方可以主张337调查的申请人并非涉案专利的权利人。《美国专利法》要求必须以发明人的名义申请专利并且发明人为专利所有权人[1]，而以知识产权侵权为由申请提起337调查的申诉方必须是知识产权受到侵害的权利人或者独占被许可人，所以337调查对于申诉方的主体资格其实是有一定限制的。比如职务发明人在其职务范围内进行的可获专利权的发明一般转移给雇主，而若是企业合并分立等事项发生时，权利人的多次变更可能会导致权属瑕疵问题，被诉方也可以此为由进行抗辩，认定申诉方无权提起337调查。

此外，如果申诉方存在专利权滥用的行为，比如搭售、一揽子许可、滥用标准必要专利的行为，也可能导致专利不可实施。在337－TA－474的案件中，ITC就是以飞利浦公司存在一揽子许可必要专利和非必要专利的行为导致了专利权滥用而驳回了飞利浦公司的请求。

（3）应诉中的其他解决办法。

①寻求和解。实践中很多337调查的被诉方在衡量应诉抗辩的成本和不应诉放弃美国市场这两个选项后会选择积极同申诉方和解的方式尽快了结337调查。我国企业面临337调查时采取和解协议方式结案的案例不在少数（如下表4－2）。

---

〔1〕 United States Code Title 35 – Patents CHAPTER11 APPLICATION FOR PATENT 35. U. S. C. 111 Application（a）（1）.

表4-2 2011-2014年中国企业涉案337调查应诉及结果统计

单位：件

年份	中国企业涉案总数	应诉	胜诉（包括撤诉）	和解	同意令	败诉
2011	51	27	6	13	8	17
2012	33	22	6	6	1	12
2013	31	23	2	10	6	3
2014	34	21	1	5	3	14

ITC允许一方当事人基于特别许可协议或者其他的和解协议提出动议终止审查，达成和解协议的双方要在终止程序的动议中同时提交保密版和公开版两个版本的和解协议。[1] 对于当事人提出的因和解和终止程序的动议，行政法官经审理后作出初裁，裁决是否允许因和解终止程序。一般情况下ITC考虑若对美国公共利益不会造成影响后会作出允许的裁决。一般情况下的和解会以签订许可协议作为解决方案，但是要注意的是，许可协议并不是万能的解决方案，因为对于提起337调查的美国企业来说，可能出于知识产权受到侵害想寻求救济并获取许可费，也有可能是出于保护本公司的市场的目的而打压竞争对手。如果被诉方在谈判中发现申诉方属于竞争企业并存在利用337调查打压外国企业的想法，那么这个时候许可协议的功效显然就不是那么大了，所以及时发现申诉方的意图并制定合理的和解方案是十分重要的。

②规避设计。规避设计是指被控侵权的企业研究设计一种不同于涉案产品的新产品，来规避原告的专利权。被控侵权人可以在知道申诉方的指控后马上着手进行规避设计，将本公司产品中可能侵

〔1〕 19 C. F. R. §210. 21 (b).

害申诉方专利的特征拿掉并寻求替代方案形成规避设计产品，被诉方可以在应诉337调查的过程中就将规避设计产品提交ITC审查，一旦ITC作出产品不侵害申诉方知识产权的裁决，被控方可以就该规避设计产品进行进出口贸易活动而不用担心受到排除令的波及。在碎纸机案中（337－TA－863），被诉方在应诉开始时就积极进行规避设计，并将规避设计的相关产品和资料在证据披露时就予以公开，后双方达成和解协议，规避设计的产品也被允许出口到美国市场。

此外，被诉方的规避设计来不及做出的，也可以在ITC作出排除令之后请求进入咨询意见程序，申请ITC就该产品是否侵权作出裁决[1]，或者取得海关认可，确认规避设计产品未落入排除令范围。337调查的排除令交由美国海关执行，原则上美国海关仅仅是执行机关，不审查实体问题，但是美国海关需要判断进出关口的产品是否属于排除令的范围。所以进行规避设计好的产品或者其他企业的与排除令内容类似的产品均可以致函海关，请求海关就其将要出口到美国的产品是否落入排除令范围发表意见。如数字电视案（337－TA－617）发布排除令后，数名被申请人就其重新设计的产品向海关提请审查，请求确认其不属于排除令的范围，四个月后海关作出了重新设计的产品不侵权、可以进入美国市场的判断。如果海关不认可规避设计的产品或者非涉案当事方的与排除令内容相似的产品，则当事人可以将海关起诉到美国国际贸易法院寻求救济。

典型案例：泰莱公司诉捷康公司三氯蔗糖337调查案（337－TA－604）

第一部分：基本案情

2007年4月6日，国际甜味剂巨头英国泰莱公司及其在美国的下属子公司依据美国《1930年关税法》第337节，对分布在广

---

〔1〕 19 C. F. R. §210.79.

东、河北和江苏常州的三家三氯蔗糖制造商和25家涉案的中外企业（其中11家为中国企业）提出美国337调查，诉称进口到美国本土的三氯蔗糖产品（含下游产品及中间体）侵犯了泰莱公司的五项专利，该五项专利分别为：①专利号：4980463（简称专利463）蔗糖－6－酯的氯化；②专利号：5470969（简称专利969）蔗糖－6－酯的催化工艺；③专利号：5034551（简称专利551）从包含"有机锡酯化物"的反应物中回收"有机锡酯化物"的工艺及重复使用回收的"有机锡酯化物"；④专利号：5498709（简称专利709）无须分离三氯蔗糖－6－酯晶体的生产三氯蔗糖方法；⑤专利号：7049435（简称专利435）用于纯化三氯蔗糖的萃取方法。并以对美国本土相关产业造成损害为由，请求ITC发布对三氯蔗糖产品的永久性普遍排除令和永久禁止令。[1]

2007年5月6日，ITC经过法定时间的审查，受理了泰莱公司的申请。

盐城捷康公司起初并未被列入泰莱公司的被申请人名单，但捷康公司也为三氯蔗糖产品的生产商之一，为避免受到永久性排除令的影响，于2007年7月5日主动申请加入ITC的337调查。

2007年8月15日，ITC批准盐城捷康公司加入该337调查的申请。捷康公司向ITC提出的抗辩理由包括：

1. 捷康公司所使用的生产工艺与泰莱公司申请保护的专利具有实质性差别，并不侵犯泰莱公司的专利权；

2. 泰莱公司专利463的说明书和权利要求书不具有可操作性，且在美国没有与专利463对应的产业存在，故该项专利应为无效专利；

3. ITC对专利551没有管辖权。

---

〔1〕 中华人民共和国商务部贸易救济调查局：http：//images. mofcom. gov. cn/trb/accessory/200712/1197360968619. pdf，最后访问时间：2018年1月14日。

2008 年 9 月 22 日，ITC 行政法官对此案作出初裁：进口到美国的三氯蔗糖及其下游产品并不侵犯泰莱公司诉请的 463、969、709、435 四项专利；对于泰莱公司诉请的专利 551，ITC 没有管辖权；同时还认定，美国并不存在与专利 463 相关的国内产业。

2009 年 4 月 4 日，ITC 发布最终公告："按照美国国际贸易委员会的程序，在盐城捷康三氯蔗糖制造有限公司出口到美国的产品中，没有发现触犯'337 条款'的产品，未参加应诉和被判定侵权的被调查企业的产品禁止出口到美国"。[1]

第二部分：捷康公司的主要抗辩

1. 捷康公司不侵权。在本案中，泰莱公司根据美国普通法的等同原则，诉称捷康公司的三氯蔗糖产品侵犯了专利 463。泰莱公司认为，捷康的（xxx）用实质上相同的方法（xxx），实现相同的功能（将蔗糖 -6 - 酯氯化以获得三氯蔗糖 -6 - 酯），并产生相同的结果（一个［xxx］的氯化过程），根据各个要素遗漏的程度，捷康公司的"氯化过程"在等同原则下侵犯了"专利 463"。[2] 而捷康公司则辩称，根据泰莱公司的权利请求，捷康公司的生产过程并未符合专利 463 第二步和第三步的权利限制请求。ITC 最终得出结论：捷康公司的生产方法并未用实质上相同的方法，实现相同的功能，并产生相同的结果，并不构成等同原则下的侵权。根据对当事人主张和证据的审查，ITC 认定泰莱公司的证据不能证明侵权的权利要求，因为在证明专利侵权时，权利请求的每一项限制都需符合，最终作出捷康公司的三氯蔗糖产品不侵犯专利 463 的裁定。

2. 美国不存在针对"专利 463"的国内产业。在本案中，双方在认定泰莱公司的专利是否符合国内产业的认定标准时，主要争议

---

〔1〕 United States International Trade Commission：www.usitc.gov，最后访问时间：2018 年 1 月 14 日。

〔2〕 朱淑娣：《中美知识产权行政法律保护制度比较》，知识产权出版社 2012 年版，第 222 页。

点在两个方面：其一，国内产业要件中所指的“只有美国存在或正在建立与专利……保护有关货物的产业时”中的“货物”是否包含三氯蔗糖的中间产品“三氯蔗糖－6－酯”和其他中间化合物。如果不包含中间产品，那么泰莱公司的五个涉案专利则不符合国内产业的技术性要求，因为这五个专利并没有直接指向产品。其二，就“专利463”而言，泰莱公司的麦金托什工厂的氯化过程是否实施了“专利463”的权利要求1的第二步，是否符合国内产业的技术特征要求。[1]

最终，ITC对以上两个争议做出认定：①捷康公司关于中间化合物不属于产品的主张没有说服力，因为每个方法皆被可执行的美国专利所保护。②ITC同意泰莱公司主张国内产业的要求，因为其展示了大规模投资的证据。③就“专利463”的国内产业，泰莱公司未能举证证明麦金托什工厂的氯化过程生产了（xxx），一个关于在（xxx）中反应产物的分配的推断是不充分的，这样的推论不能证明国内产业的技术性特征。因此，ITC裁定，与泰莱公司的产品相关的国内产业在美国存在，并受专利“969”“专利709”“专利435”的保护。泰莱公司不符合国内产业对于“专利463”的技术特征要求，因其未能证明实施“专利463”中权利请求1中的第二步。因此，“专利463”不受国内产业要件的保护，该专利应被排除出337调查的范围。

---

〔1〕 何宪章：“泰莱公司诉捷康公司案研究”，西南政法大学2014年硕士学位论文。

三、适用国际标准时的知识产权风险

(一) FRAND 原则的内涵

当专利技术被纳入技术标准后，为了消除技术标准的公共性与专利权的私益性之间的冲突，确保技术标准能够在产业成员中被广泛应用，同时也确保标准必要专利权人能够从其技术创新中获得足够的回报，标准化组织在其相关知识产权政策中，不仅要求标准参与者及时向标准化组织披露其拥有或实际控制的专利，而且要求其承诺以公平（Fair）、合理（Reasonable）和无歧视（Non - Discriminatory）的条件许可所有标准实施者使用其专利。这就是标准必要专利许可使用中标准必要专利权人必须遵守的 FRAND 原则。

然而，针对 FRAND 原则的争议就如同它被标准化组织知识产权政策所采纳一样广泛，其主要原因在于 FRAND 原则的模糊性，对于什么是“公平、合理、无歧视”没有一个统一的衡量标准，甚至连初步的指导原则也没有。[1] 以至于有学者认为标准化组织知识产权政策中规定的“公平、合理、无歧视”空泛而无用，需要被其他许可政策代替。[2] 尽管面临着种种质疑，绝大多数的标准化组织仍然选择仅在其知识产权政策中抽象地规定 FRAND 许可原则，既不在标准制定活动中讨论具体的“公平、合理、无歧视”条款，

---

〔1〕 BROOKS R G, GERADIN D, *International Journal of IT Standards and Standardization Research*: Interpreting and enforcing voluntary FRAND commitment, 2013, 9 (1): 1 - 23.

〔2〕 Marc Rysman, Tim Simcoe, A Naasty Alternative to RAND Pricing Commitments, http: //www. Rotman. Utoronto. ca/timothy. simcoe/papers/NAAST. pdf, 最后访问时间: 2017 年 5 月 10 日。

也不对当事人的具体许可条款是否合乎“公平、合理、无歧视”原则作出认定，而将解释该原则的任务交给审理相关案件的法院。随着2014年1月1日我国《国家标准涉及专利的管理规定（暂行）》的实施，标准必要专利的FRAND原则被正式写入我国的规范性法律文件中。不过，该规定也未明确FRAND原则的内涵，其操作性并不理想。据此，笔者结合国内外的学理研究成果和司法实践经验，对“公平、合理、无歧视”之内涵予以剖析，以期在标准必要专利许可使用费的确定方面，提供一条清晰的思路。

1. 公平原则

“公平”与“合理”的区分成为界定FRAND原则内涵的一大难题。有学者认为，公平原则意味着在反垄断法的框架内，占有主导地位的公司不能在相关市场上利用知识产权许可限制竞争。[1] 例如，要求被许可人将他们后续创造的知识产权无偿许可给许可人（知识产权回授）；对被许可人与许可人的竞争对手所进行的交易加以严格的限制（强制排他行为）等。然而更多的学者认为“公平”与否大多源于人们的主观感受，难以用具体方法加以量化，满足了“合理”与“无歧视”的要求，就当然满足了“公平”的要求。此外，从现实的角度来看，美国倾向于使用RAND，而欧洲倾向于使用FRAND，但两者在所指的内涵方面并无不同。因而可以看出对FRAND原则的解释应主要集中在“合理”和“无歧视”两个方面。

在笔者看来，公平原则并非没有独立存在的价值，“公平、合理、无歧视”这三项原则的排列次序也并非毫无意义。“公平”强调的是标准必要专利权人就其享有的标准必要专利不得对标准实施者拒绝许可，即专利权人在此种情况下丧失了拒绝许可的权利；

---

〔1〕 贾晓辉、潘峰：“标准组织知识产权政策的FRAND许可原则评析”，载《信息技术与标准化》2010年第2期。

“合理”强调的是标准必要专利权人在向标准实施者进行标准必要专利许可时，应当给予标准实施者合理的许可条件，包括合理的专利许可费和合理的专利许可限制；“无歧视”强调的是对情况相同的标准实施者适用相同的专利许可费。因此我们可以看出，公平原则解决的是“许可与否”的问题，而合理原则和无歧视原则解决的是“怎么许可”的问题。只有先解决了前者，对后者的讨论才是有意义的。即如果标准必要专利权人拒绝了许可，那么探讨许可费的合理性和非歧视性以及许可限制的合理性就失去了基础。而将“公平”理解为禁止专利权人拒绝许可的理由，如下所述。

我国《合同法》第5条规定，当事人应当遵循公平原则确定各方的权利和义务。将公平原则作为合同当事人的行为准则，其目的是防止当事人滥用权利，保护当事人的合法权益，平衡双方当事人之间的利益。在专利许可中，根据专利权的独占性，具有技术优势的专利权人通过专利许可，从被许可人处获取直接的经济收益，并且间接地实现其技术的市场拓展。专利技术的被许可人则通过专利许可获得该专利技术的使用权，通过进入相关市场从而获得市场收益，同时也通过技术许可实现技术累积与进步，逐步提升自己的市场竞争力。[1] 在专利许可过程中，专利权人和被许可人均围绕着自己的利益进行谈判，由于专利权人和被许可人双方均具有很大的选择空间，此时两者之间的利益分配是公平的。

但是当专利与标准结合成为标准必要专利之后，公平的利益分配关系就被打破了。标准必要专利权人凭借技术标准的广泛使用性在行业中拥有了明显的技术优势，其收益通过技术标准实现了最大化，在相关市场中也极易形成技术垄断地位。然而，标准实施者只有通过专利许可才能获得标准必要专利技术的使用权，从而生产符

---

〔1〕［美］小杰伊·德雷特勒：《知识产权许可》，王春燕译，清华大学出版社2003年版，第13～23页。

合该技术标准的产品，否则便无法进入相关市场。此时，标准实施者对于专利许可的相对方不可能像通常情形那样享有较为充分的选择权。因此，在专利许可谈判过程中，极易发生标准必要专利权人通过其垄断地位损害标准实施者利益的情况，进而导致二者之间的利益平衡难以实现。

公平原则与合理原则的核心就在于通过某种方法或手段，重新平衡标准必要专利许可中双方当事人之间的谈判地位，进而保障双方当事人之间的利益平衡。这些方法与手段主要表现为如下三种形式：①标准必要专利权人不得拒绝许可；②标准必要专利许可使用费应当合理；③标准必要专利权人对专利许可施加的限制条件应当合理。其中后两点为合理原则所调整，第一点为公平原则所调整，即公平原则要求标准必要专利权人不得拒绝授予标准实施者以专利许可实施权。这一规定，一方面可以保障标准实施者基于对技术标准的信任所做的各种投资的安全，避免因专利权人拒绝许可使其前期投入功亏一篑的情况；另一方面使专利权人拒绝许可权利的丧失不会过度威胁其所获利益，因为专利被纳入标准后，专利权人虽然失去了独占市场的利益，但却能通过技术标准的普遍实施而获得更多的专利许可使用费，专利权人可以此来弥补其失去市场独占地位而带来的潜在损失。

2. 合理原则

标准必要专利权人在向标准实施者进行标准必要专利许可时，应当给予标准实施者合理的许可条件。这里所指的合理的许可条件具体包括两个方面：其一，专利许可费应当是合理的；其二，专利许可限制应当是合理的。对于后者而言，在专利许可中，专利权人除了收取专利许可费之外，往往还会对被许可人施加其他方面的限制以维护自己的优势地位。这些限制有些是合理的，如要求被许可人保证相关产品的品质并且专利权人拥有技术监督的权利；有些在一定条件下是合理的，如搭售；有些则是完全不合理的，如要求被

许可人不得对被许可使用的专利的有效性提出异议或控告，也不得协助他人进行控告。因此，在专利许可限制的合理性方面，判断起来相对而言比较容易，且学界对此已有比较充分的研究，故笔者不再赘述。而在专利许可费的合理性判断方面，由于“合理”本身的抽象和笼统，以及标准化组织对此采取的回避态度，并未给出明确的判断标准，这导致在标准必要专利权人与标准实施者之间因专利许可费产生的纠纷层出不穷，屡见不鲜。因此，笔者在下文主要就专利许可费的合理性判断问题展开论述。

截至目前，中国、欧盟和美国的法院已经判决了若干起涉及标准必要专利 FRAND 许可使用费计算的案件，并在判决中对合理许可使用费的考量因素予以明晰。如美国法院在“乔治亚太平洋公司诉美国胶合板公司案”中给出了确定合理使用费的 15 个考量因素；[1] 在“微软诉摩托罗拉案”中，Robart 法官对前述 15 个考量

〔1〕 Georgia-Pacific Corp. v. U. S. Plywood Corp., 318F. Supp. 1116, 1120 (S. D. N. Y. 1970), modified by 446F. 2d 295 (2d Cir. 1971) 这 15 个因素包括：①专利权人许可专利所得到的许可使用费；②其他被许可人实施该专利所支付的许可使用费费率；③许可的性质和范围，例如，是独占许可或非独占许可，是否限制许可的地域或专利产品的销售对象；④专利权人以不许可他人实施其专利，或者只有特定的情况下才许可他人实施专利等方式维持其专利垄断权的既定政策和市场计划；⑤许可方与被许可方之间的商业关系，如双方是否在同一地域竞争，或者是否属于同一经营领域等；⑥销售专利产品对提高被许可人其他产品销售量的促进作用，该专利对专利权人非专利产品销售的促进作用，以及这些派生的销售的程度等；⑦专利的有效期及许可条款；⑧专利产品的盈利能力、商业价值以及目前受市场欢迎的程度；⑨专利产品与具有相同功效的其他产品相比的实用及先进之处；⑩专利发明的性质，其与商业的结合程度，以及其为专利权人带来的利益；⑪侵权人实施专利的程度以及能证明侵权获利的任何证据；⑫根据惯例，特定商业或具有可比性的商业中使用发明或类似发明的利润在商业中利润或售价所占的部分；⑬因发明区别于其他非专利技术、制造工艺、商业风险或侵权人增加新特点或改进而产生的可实现利润的部分；⑭合格专家证人的意见；⑮假如侵权人在开始实施侵权的时候自愿、合理地与专利权人磋商所可能达成一致的专利许可费。

因素予以修改，给出了确定合理使用费的 9 个考量因素；[1] 在"华为诉 IDC 案"中，我国法院则主要确定了 4 个考量因素。[2] 纵览这些司法判决，可以看出，法院在确定合理的标准必要专利许可费及其费率时，考量的因素主要包括：

（1）许可使用费的数额应当与实施该专利或类似专利所获利润，以及该利润在被许可人相关产品销售利润或销售收入中所占的比例有关。许可使用费的数额应当与被许可人实施该专利之后所能获得的经济利益呈正相关关系。在"华为诉 IDC 案"中，一审和二审法院认为，技术、投资、管理和劳动共同创造了产品利润，专利技术仅仅是其中的一个因素，因此，针对这些专利的许可使用费只能占产品利润中专利技术所能够创造的利益部分的一定比例。此外，一项产品之中往往包含若干专利技术，因此，每一项专利都只能收取其中的一部分收益。

新产品出现之后会随着成本下降、竞争加剧等因素不可避免地

---

〔1〕 See Microsoft Corp. v. Motorola, Inc. , Not Reported in F. Supp. 2d (2013) 这 9 个因素包括：①其他类似 RAND 许可的谈判中，专利权人对涉案专利曾收取的许可费；②被许可人为类似标准必要专利所支付的许可费；③许可的性质和范围，例如，是独占许可或非独占许可，是否限制许可的地域或专利产品的销售对象；④除去专利技术被标准采用所带来的价值之外的、专利技术自身的价值；⑤相比在制定标准时可用的替代技术，该专利所具有的实用性与先进性；⑥该专利发明对标准的技术层面的贡献以及对实施者及其产品的技术贡献；⑦在涉及 RAND 许可的商业实践中，为获许使用该发明或相似发明支付的费用在利润或售价中所占的比例；⑧专利产品的当前盈利能力、商业成功状况和市场普及程度；⑨考虑假想谈判时，为达成协议，标准必要专利的权利人所提出的 RAND 许可条件必须符合 RAND 许可承诺的目的，即通过避免专利套牢和专利堆积，促进标准的广泛使用。

〔2〕 广东省高级人民法院（2013）粤高法民三终字第 305 号。这四个考量因素包括：①许可使用费数额的高低应当考虑实施该专利或类似专利所获利润，以及该利润在被许可人相关产品销售利润或销售收入中所占比例；②专利权人所作出的贡献是其创新的技术，专利权人仅能够就其专利权而不能因标准而获得额外利益；③许可使用费的数额高低应当考虑专利权人在技术标准中有效专利的多少，要求标准实施者就非标准必要专利支付许可使用费是不合理的；④专利许可使用费不应超过产品利润一定比例范围，应考虑专利许可使用费在专利权人之间的合理分配。

逐步降低价格，这在无线通信终端行业尤为明显，因此产品销售利润也会不断减少，实施专利技术所创造的利润自然也会减少。如果许可使用费不能随着产品价格走低而逐步下调，则势必会导致许可使用费在产品最终利润中所占的比例越来越高。而随着时间的流逝，技术的寿命会逐渐缩短，技术的价值会逐渐降低，进而会出现专利技术的价值降低而专利许可使用费创造的收益增加这种不合理的状态。因此，专利许可使用费应当适应市场情况的变化，通过当事人之间的重新谈判予以调整。[1]

（2）许可使用费应基于比例原则来确定。“比例原则”可以保证专利许可使用费在专利权人之间的合理分配，即标准必要专利许可使用费费率可以用基于专利权人持有的标准必要专利占覆盖标准的标准必要专利总数比例的定量方法来确定，标准必要专利许可费费率可以据此进行相应的调高调低，具体调高或者调低取决于相关专利权人所持有的标准必要专利在该标准中价值的大小，该原则可确保标准必要专利权人不会获得不属于他的潜在的专利许可费。

在“华为诉 IDC 案”中，一审和二审判决虽然在进行一般分析时考虑了“比例原则”，但并没有将其应用于案件的具体解决。具体表现在两个方面：一是一审和二审判决并没有考察在 WCDMA、CDMA2000、TD－SCDMA 等标准内分别存在多少标准必要专利，其中包括多少中国标准必要专利，在这些标准必要专利中，又有多少属于美国 IDC 公司所有；二是一审和二审判决没有考察美国 IDC 公司的中国标准必要专利对于相关具体标准的贡献，华为究竟在哪些产品中使用了美国 IDC 公司的这些中国标准必要专利，美国 IDC 公司的这些标准必要专利究竟对华为的产品做出了怎样的贡献。

---

〔1〕马海生：《专利许可的原则——公平、合理、无歧视许可研究》，法律出版社 2010 年版，第 58 页。

与“华为诉IDC案”一审和二审判决不同的是，尽管存在很大难度，“微软诉摩托罗拉案”的判决还是尽可能地解决了上述问题。判决认为摩托罗拉公司在H.264和802.11两个标准内拥有必要专利。为了确定与H.264标准有关的标准必要专利许可使用费，首先，判决分析了H.264标准发展的时间脉络，标准本身的特点和水平，与该标准有关的专利以及摩托罗拉在该标准发展和确立过程中的贡献。其次，确定了摩托罗拉对H.264标准来说必要的6个专利族，并详尽分析了每个专利族对H.264的贡献大小。随后，在确定微软使用H.264的产品包括Windows、Xbox、Silverlight、Zune、Lync和Skype等几个产品的基础上，确定了摩托罗拉每个专利族对于微软上述每个产品的贡献大小。[1]

（3）专利权人仅能够就其专利权而不能因标准而获得额外收益。专利技术被纳入技术标准后，技术标准会增强专利的垄断性，进而使专利权人获得超越其专利权的利益。而这一部分利益是由标准这种公共产品带来的，而不是由专利权人的贡献产生的，因此，专利权人不应当享有这部分利益，这也被称为“反专利劫持”。也就是说，专利权人从标准实施者处能够获得的专利许可使用费的数额应当不超过该专利被纳入标准之前同等许可条件下其所能获得的许可使用费数额。如果在该专利被纳入标准之前其并没有许可实施的记录，则可以参考与其最相类似技术的许可条件予以确定许可使用费的数额。

在“微软诉摩托罗拉案”中，法官明确使用了“反专利劫持”这一概念，而在“华为诉IDC案”的判决中，一审和二审法院虽未明确使用“反专利劫持”这一概念，但两审法院都认为标准必要专利权人不应当从标准本身中获得利润，其贡献在于创新技术而不

---

〔1〕 李扬、刘影：“FRAND标准必要专利许可使用费的计算——以中美相关案件比较为视角”，载《科技与法律》2014年第5期。

是其专利的标准化。也就是说，两审法院实际上都认为符合FRAND原则的标准必要专利许可使用费应当防止专利劫持现象的发生。

(4) 许可使用费的数额应与技术标准中有效且必要的专利数量相关。标准必要专利许可使用费的数额应与标准中有效且必要的专利数量呈正相关的关系。首先，接受许可的标准必要专利必须是有效的专利技术。专利保护具有地域性特点，在标准实施者所实施技术的国家内，标准必要专利权人在标准项下享有的所有必要专利未必都能受到保护。对于没有受到保护的专利技术，若仍要求标准实施者为其支付许可使用费，这显然是不合理的。其次，技术标准中只应当包括必要专利，如果在技术标准中加入非必要专利并要求标准实施者支付许可使用费，这显然是不合理的。最后，技术标准中所包含的有效且必要的专利数量并非一成不变，专利数量的增加或减少在所难免。因此，在有效且必要的专利的数量调整之后，许可使用费的数额理应作出相应的调整。

“华为诉 IDC 案”一审和二审判决纳入了此项考量因素，称“许可使用费数额高低应当考虑专利权人在技术标准中有效专利的多少，要求标准实施者就非标准必要专利支付许可使用费是不合理的”。

(5) 限制专利许可使用费堆叠。一项技术标准项下往往包含着成百上千的专利，标准实施者若想满足标准之要求，就必须获得标准项下全部必要专利的使用许可，而如此数量众多的专利又不可能仅掌握在少数专利权人手中。面对数量如此庞大的专利，即使针对一项专利仅支付极低比例的许可使用费，累积堆叠起来的许可使用费数额仍然可能非常庞大，导致被许可人负担过重，形成了专利权人与被许可人之间利益分配严重不平衡的局面。

为解决专利许可使用费的堆叠问题，相关人员在实践中提出了限制最高专利许可使用费率的做法。该做法主要是由标准化组织或相关专利许可组织对相关技术标准中的必要专利实施“打包”许可的方式，并且限定标准实施者所需支付使用费的最高费率，具体的费率要根据本行业的惯例以及公平合理的原则来确定。实践中较早提出限定最高许可费率的机构是“3G专利平台”，其最初将最高许可使用费率设定为5%。此外，2002年11月，拥有WCDMA主要专利的NTT DoCoMo、爱立信、诺基亚和西门子四家公司共同提出专利许可计划，随后，日本富士通、松下、三菱电机、NEC和索尼公司表示愿意加入该计划，他们承诺对外专利许可的累计专利费率将不超过5%。[1]

“华为诉IDC案”一审和二审判决均未考虑此项因素，与之不同的是，Robart法官在“微软诉摩托罗拉案”的判决书中提到，决定FRAND许可费的方法应尽量降低阻止该标准推广的风险，即“专利挟持”风险，还要考虑到今后可能出现的其他标准必要专利的专利费累加问题。

3. 无歧视原则

标准必要专利许可对“无歧视”主要有如下三种解释：

第一种解释认为“无歧视”仅要求专利权人应当向每一个标准实施者授予专利许可，而不能有例外，尤其是专利权人不能拒绝向其竞争对手发放许可。根据这一解释，只要专利权人同意向所有的标准实施者授予专利许可，就满足了“无歧视”的要求，至于专利许可使用费的多寡在所不问，显然此种对于“无歧视”的解释过于宽松。

第二种解释认为“无歧视”意味着所有的标准实施者支付相同的专利许可使用费，表现在专利许可合同上，则是无论价格条款还是其他条款，至少在字面上均不存在任何歧视。然而，这种严格的

---

〔1〕 马海生：《专利许可的原则——公平、合理、无歧视许可研究》，法律出版社2010年版，第62页。

解释并不能发挥“无歧视”原则最佳的制度效果，因为同样的专利在不同的技术领域所创造的价值不尽相同。例如，一项有关无线通讯技术的标准必要专利，使用在手机中所创造的利益价值与使用在无线心脏检测仪中所创造的利益价值显然不同。不同的利益价值却收取相同的专利许可使用费，必将造成形式上无歧视，但实质上有歧视的后果。此外，按照此种解释，就不存在许可人与每个被许可人展开有针对性的谈判的余地。因此，这种严格的解释与标准必要专利许可领域不相适应。

第三种解释认为“无歧视”既不是对所有标准实施者授予专利许可，也不是对所有标准实施者适用相同的许可使用费率，而是“对情况相同的标准实施者适用相同的许可使用费率”。所谓“情况相同的标准实施者”，是指处于相同行业且相互间具有竞争关系的公司。例如，前述的手机制造商与无线心脏检测仪的医疗设备制造商，分别处于通讯设备行业和医疗设备行业，相互之间并不存在竞争性，同一项标准必要专利所带来的利益增值也各不相同，应当允许对两个公司适用不同的许可费率。[1] 再如“华为诉 IDC 案”中，其标准必要专利均被适用于相同的行业（华为公司、苹果公司、三星公司均为无线通信终端制造商）中相互竞争的产品（无线通信终端），应当适用相同的许可费率。

在“华为诉 IDC 案”中，一审和二审判决采纳的是第三种解释，即在交易条件基本相同的情况下，标准必要专利权人对标准必要专利实施者应收取基本相同的许可费或者采用基本相同的许可使用费率。在基本相同的交易条件下，如果标准必要专利权人给予某一被许可人比较低的许可费，而给予另一被许可人比较高的许可费，通过对比，后者有理由认为其受到了歧视待遇，标准必要专利

〔1〕罗娇：“论标准必要专利诉讼的‘公平、合理、无歧视’许可——内涵、费率与适用”，载《法学家》2015 年第 3 期。

权人因此也就违反了无歧视许可使用的承诺。

审理此案的一审、二审法院认为，苹果公司与IDC公司之间的专利许可费费率0.0187%是在双方平等自愿协商的基础上达成的，所以可以用作本案确定FRAND许可费费率的参考样本。另外，鉴于华为技术有限公司要求IDC公司许可的标准必要专利许可的范围仅限于中国领域内，而IDC公司许可苹果公司的0.0187%的标准必要专利许可费费率为全球范围内的许可，再加上考虑到要避免专利劫持和许可费堆叠等问题，法院最终确定IDC公司对华为技术有限公司的FRAND许可费率不得超过相关产品实际售价的0.019%。[1]

该案的一审和二审法院充分发挥了司法的主动性和能动性，通过结合国内外学术界和司法实务界对此问题的观点和实践经验，对FRAND标准必要专利许可费的计算做出了有益的探索和借鉴。但在确定标准必要专利FRAND许可使用费率的具体参照因素和解释方面，判决所述的理由还略显粗糙。例如，判决虽然提出了“交易条件大致相同”这个前提，却并没有说明这里所指的“交易条件”是什么，“交易条件相同”又是如何判断的，故在此方面有待于进一步的完善。

此外，歧视与否的判断需要比较不同被许可人的许可待遇，但通常来讲，专利权人与被许可人之间的许可合同是保密的，第三人对于合同条款并不知悉。因此，只有在制度上采取措施要求标准必要专利许可合同的适度公开，才能保证“无歧视”原则的真正落实。

（二）FRAND原则的性质

1. 要约说

要约说通过运用默示许可理论来解释标准必要专利权人

---

〔1〕 广东省高级人民法院（2013）粤高法民三终字第305号。

FRAND 承诺之法律性质。所谓专利默示许可，是指在一定情形下，专利权人以其非明确许可的默示行为，让专利使用人产生了允许其使用专利的合理信赖，从而成立的一种专利许可形态。[1] 1927 年，美国联邦最高法院在 De Forest Radio Tel. Co. V. United States 一案中对专利默示许可进行了解释："并非只有正式的授权才能达到许可的效果。对于专利权人的任何语言或任何行为，只要其能够使人正当地推定为专利权人已经同意其从事制造、使用或销售等实施专利的行为，则可以构成一种许可，并可以在专利侵权诉讼中以此作为抗辩。"从法律性质上来看，专利默示许可是一种默示合同。"此后当事人之间的关系以及相关的任何诉讼，都必须认定为合同关系，而非侵权关系。"专利默示许可理论的目的在于保护专利使用人的信赖利益。如果一个善意的专利使用者在尽到勤勉、谨慎和注意义务之后，基于专利人的行为合理推定专利权人已经同意其实施专利，那么专利使用人就具有获得专利许可的信赖，这种合理的信赖利益，应当获得默示合同的保护。[2] 根据"默示许可"理论，标准必要专利权人做出 FRAND 承诺即意味着同意将其拥有的专利纳入标准并以 FRAND 原则对外许可。该 FRAND 承诺构成了专利权人对标准实施者发出的要约，标准实施者的使用行为构成了承诺，专利权人与标准实施者之间即形成了事实上的专利许可合同，FRAND 原则构成该合同的一项条款。至于专利许可合同的其他条款，则在合同履行过程中协商确定，对合同条款不能达成一致的，应根据《合同法》的规定，按照有关合同条款或者行业内的交易习惯确定。

---

〔1〕 袁真富："基于侵权抗辩之专利默示许可探究"，载《法学》2010 年第 12 期。

〔2〕 杨君琳、袁晓东："标准必要专利 FRAND 原则的解释与适用"，载《科技管理研究》2016 年第 2 期。

默示许可理论在“季强、刘辉诉朝阳兴诺公司案”[1] 中得到运用。2008 年 7 月 8 日，最高法院在复函中称：“鉴于目前我国标准制定机关尚未建立有关标准中专利信息的公开披露及使用制度的实际情况，专利权人参与了标准的制定或者经其同意，将专利纳入国家、行业或者地方标准的，视为专利权人许可他人在实施标准的同时实施该专利，他人的有关实施行为不属于《专利法》第 11 条所规定的侵犯专利权的行为。专利权人可以要求实施人支付一定的使用费，但支付的数额应明显低于正常的许可使用费；专利权人承诺放弃专利使用费的，依其承诺处理。”据此，辽宁高院判决被告对技术标准中的必要专利不构成侵权，但应向原告季强、刘辉支付专利使用费 4 万元。

然而，将 FRAND 承诺定性为标准必要专利权人向标准实施者发出的要约，其不合理之处在于 FRAND 承诺并不符合要约的构成要件。根据我国《合同法》第 14 条的规定，要约的构成要件包括：①要约须是特定人作出的意思表示；②具有缔结合同的主观目的并表明一经承诺即受拘束的意旨；③内容具体确定；④须为向要约人希望与之缔结合同的相对人发出。[2] 而 FRAND 承诺包含的“公平、合理、无歧视”抽象又笼统，且各标准化组织在将其纳入知识产权政策时并未对其具体的判断标准予以明晰和细化，因此 FRAND 承诺并不符合“内容具体确定”这一要约的构成要件，故将 FRAND 承诺定性为要约是不适当的。只有当标准必要专利权人

---

〔1〕 2006 年 5 月 19 日，原告季强、刘辉在支付 8 万元许可费之后，获得“混凝土桩的施工方法”发明专利（专利号 ZL98101041.5）的独占实施许可，该专利已经纳入我国建设部的行业标准《复合载体夯扩桩设计规程》，并向全国建筑行业推广。原告发现被告在某项目的施工中使用的施工方法落入了涉案专利的保护范围，遂向法院起诉。一审法院认定被告构成侵权，判决被告赔偿原告经济损失及制止侵权的合理费用共计 135000 元。被告认为自己按照建设部的行业标准设计、施工并无不当，遂上诉至辽宁省高院。在审理过程中，辽宁省高院就被告是否构成专利侵权向我国最高法院请示。

〔2〕 韩世远：《合同法总论》，法律出版社 2011 年版。

做出的不仅仅只是原则性的 FRAND 承诺，而是在该承诺中包含了明确具体的许可费率、许可规模等专利许可合同的主要条款时，才符合要约的构成要件，专利权人做出的承诺才能被理解为向潜在标准实施者发出了要约。只要潜在标准实施者实施了该标准，双方的专利许可合同即告成立。

在“华为诉 IDC 案”中，原告试图引用最高院在“季强、刘辉诉朝阳兴诺公司案”中的回复，主张原被告双方之间存在事实上的专利许可合同关系，但是深圳中院没有采纳专利默示许可理论，而是认为：只有双方进入谈判阶段，标准必要专利权人针对特定对象提出具体专利许可费率及条件，才可以称之为要约；也只有针对标准必要专利人的要约，标准实施者予以承诺，合同方能成立。根据我国法律，专利权人作出的专利许可声明，既不属于第三人受益合同，又不构成默示许可。2014 年 1 月 2 日，我国最高院在“张晶廷诉衡水子牙河建筑工程公司发明专利侵权提审案”中进一步否定了默示许可理论，认为“（2008）民三他字第 4 号”是对个案的答复，不应作为裁判案件的直接依据予以援引。

2. *要约邀请说*

要约邀请说认为专利权人加入标准化组织并做出 FRAND 许可承诺，这本身并不意味着，在标准必要专利权人和标准实施者之间创设任何许可合同。FRAND 许可承诺，只表明专利权人愿意与标准实施者即被许可人通过谈判的方式，最后达成正式的许可合同。专利许可合同本身需要考虑的因素非常多，需要许可方与被许可方共同协商达成一致，若 FRAND 许可承诺本身就是一个合同的话，该合同太过简单模糊，无法保障合同双方的利益。因此认为，FRAND 许可承诺只是一种许可意愿的表达，而非合同。[1]

---

〔1〕 史少华：“标准必要专利诉讼引发的思考——FRAND 原则与禁令”，载《电子知识产权》2014 年第 1 期，第 77 页。

在“摩托罗拉诉微软案”中，德国曼海姆地区法院也支持了这一观点。“专利权人在专利标准组织作出的知识产权声明或是许可声明，并不构成权利人和潜在被许可人之间的许可合同。也不存在一份第三人为受益人的合同，通过使第三人受益的合同层面而创设的具有处分性质的许可授权于法无据，德国法不承认使第三人受益的物权合同。标准必要专利权利人作出的许可准备声明，也不能被视为针对不特定的、甚至标准必要专利权利人不认识的多数第三人作出的、仅需要第三人接受即可的具有约束力的要约，而仅仅是请求寻求许可的各方寻求符合 FRAND 条款的要约邀请。许可准备声明仅仅包含一项将反垄断法的效力具体化的意愿，但并不包含缔约的强制。它包含将会按照 FRAND 条款给予第三方许可的承诺，但仅仅是设定了一项请求权的基础，即使寻求许可方为满足其要求能够提出一项实际的请求权的基础。”〔1〕

然而，将 FRAND 承诺定性为标准必要专利权人向标准实施者发出的要约邀请，其不合理之处在于：根据我国《合同法》第 65 条的规定，要约邀请是希望他人向自己发出要约的意愿。因此，要约邀请是事实行为而非法律行为，发出要约邀请之人并没有受其约束的意思，而这与 FRAND 承诺本身是相矛盾的。FRAND 承诺存在的意义在于平衡标准必要专利权人与标准实施者之间的利益，避免专利权人利用专利被纳入技术标准而形成的优势地位损害标准实施者的利益的情况。如果标准必要专利权人作出了 FRAND 承诺，但却不受其约束，那么 FRAND 承诺的价值便无法体现。

3. 利益第三人合同说

美国法院将标准化组织的 FRAND 许可政策条款视为向标准必要专利权人发出的要约，将标准必要专利权人的 FRAND 承诺视为向标准化组织作出的承诺，因此，标准必要专利权人与标准化组织

---

〔1〕 广东省高级人民法院（2013）粤高法民三终字第305号。

之间达成了可执行的合同，该合同规定专利权人以标准实施者作为利益第三人执行该合同。

在“微软诉摩托罗拉案”中，美国法院采纳了此种观点。摩托罗拉向标准化组织作出 FRAND 承诺，表明摩托罗拉与标准化组织之间建立了一个可执行的合同，而标准化组织成员与潜在的标准实施者之间也存在一种合同关系，即微软是合同的利益第三人。

然而，将标准化组织与标准必要专利权人之间的合同定性为以标准实施者为第三人的利益第三人合同，其不合理之处在于：根据《合同法》第 64 条的规定，当事人约定由债务人向第三人履行债务，债务人未向第三人履行债务或者履行债务不符合约定的，应当向债权人承担违约责任。由此可见，我国《合同法》虽然承认了“利益第三人合同”，但违约责任需要由债务人向债权人而不是第三人承担。我国法律规定，若专利权人不履行 FRAND 义务，则其需要向标准制定组织承担违约责任，这与实践中标准制定组织避免参与专利权人与标准实施者之间专利许可协议的做法不符，也使得标准实施者不能依法取得诉讼主体资格。因此，根据我国《合同法》的规定，专利权人向标准制定组织作出的 FRAND 承诺无法被认定为以潜在专利实施者为受益人的向第三人履行合同。

4. 单方法律行为说

单方法律行为，是指只需一方意思表示即可成立的法律行为。[1] 我国《民法总则》第 134 条承认了单方法律行为：民事法律行为可以基于双方或者多方的意思表示一致成立，也可以基于单方的意思表示成立。单方法律行为说认为标准必要专利权人向标准化组织作出的 FRAND 承诺系其依单方意思表示为自己设立的一项义务，一经作出，对专利权人即产生直接的法律约束力。该义务的

〔1〕［德］迪特尔·梅迪库斯：《德国民法总论》，邵建东译，法律出版社 2010 年版，第 165 页。

内容为依 FRAND 原则向潜在的标准实施者进行专利实施许可，该义务在性质上与供水、供电、供气等垄断企业所担负的强制缔约义务相似。[1]

在笔者看来，将标准必要专利权人对标准化组织做出的 FRAND 承诺定性为以潜在的标准实施者为对象的单方法律行为是适当的。首先，这种观点被我国司法实践所采纳，在“华为诉 IDC 案”以及“张晶廷诉衡水子牙河建筑工程公司案”中，主审法院均在判决中将标准必要专利权人对标准化组织作出的 FRAND 承诺定性为单方法律行为。在“西电捷通诉索尼中国案”中，北京知识产权法院在 2017 年 3 月 22 日作出的判决中再一次明确“FRAND 许可声明仅系专利权人作出的承诺，系单方民事法律行为，该承诺不代表其已经作出了许可，即仅基于涉案 FRAND 许可声明不能认定双方已达成了专利许可合同。”[2] 其次，标准必要专利权人以 FRAND 承诺这一单方法律行为，在其与潜在的标准实施者之间成立了单方允诺之债，专利权人一旦未依 FRAND 条件向标准实施者进行专利许可，标准实施者即可以专利权人违反单方允诺之债下的义务为由向人民法院起诉，这就解决了标准必要专利许可使用费纠纷的可诉性问题。最后，由于专利权人为自己设立的此项义务在性质上与强制缔约义务相似[3]，而强制缔约义务的特点就在于缔约义务人无法任意要价，契约自由受到严格限制。即法院违背一方当事人意愿，裁定专利许可费，强制在当事人之间建立许可实施合同

---

〔1〕 狭义的强制缔约，即个人或企业负有应相对人之请求，与其订立合同的义务，即对相对人之要约，非有正当理由不得拒绝承诺。王泽鉴：《民法债编总论》，三民书局 1996 年版，第 73 页。

〔2〕 北京市知识产权法院（2015）京知民初字第 1194 号。

〔3〕 叶若思、祝建军、陈文全等：“关于标准必要专利中反垄断及 FRAND 原则司法适用的调研”，载《知识产权法研究》2014 年版，第 21 ~22 页。

关系只能基于一个法律事由，那就是一方当事人具有强制缔约义务[1]，这就解决了法院确定标准必要专利许可使用费的权源问题。然而，目前尚未发生法院认定标准必要专利权人具有强制缔约义务，进而在当事人不能协商确定许可费的情况下由司法裁定许可费的案件。[2]

总之，标准必要专利兼具专利的专有性与标准的公共性，为了避免标准必要专利权人滥用专利标准化带来的优势地位，实现标准必要专利权人与标准实施者之间的利益平衡，当前许多标准化组织都将标准必要专利 FRAND 许可原则纳入其知识产权政策，但却并未对“公平、合理、无歧视”予以进一步的细化，而将解释的任务交给了个案中的主审法院。笔者认为“公平原则”要求标准必要专利权人不得拒绝许可，“合理原则”要求标准必要专利权人给予合理的专利许可费及专利许可限制，“无歧视”要求标准必要专利权人对情况相同的标准实施者适用相同的专利许可费。对于合理的专利许可费的确定，笔者通过结合国内外司法实践经验认为应主要考量如下因素：①许可使用费的数额应当与实施该专利或类似专利所获利润，以及该利润在被许可人相关产品销售利润或销售收入中所

---

〔1〕马海生：“标准必要专利许可费司法定价之惑”，载《知识产权》2016 年第 12 期。

〔2〕华为诉 IDC 案一审判决的主审法官发表的文章虽然表达了认为标准必要专利权人对标准实施者以及潜在的实施者负有以符合 FRAND 条件许可的义务，该义务与供水、供电、供气等垄断企业所担负强制缔约义务相似的观点（祝建军、陈文全：“标准必要专利使用费率纠纷具有可诉性”，载《人民司法》2014 年第 4 期，第 8 页），但在一审判决书中，并未直接表达出这种类比思路，而是以 IDC 公司在中国负有以 FRAND 条件向华为公司许可的义务，但 IDC 的要约不符合 FRAND 原则，华为如果不寻求司法救济，就只能被迫接受 IDC 公司单方面所提出的条件作为论证理由，得出法院有权力裁定标准必要专利许可费率的结论。终审判决又是以类比强制许可的思路，得出双方可以自行协商确定使用费或者费率，协商不成，则可以请求相关机构裁决的结论，进而得出华为有权利申请法院裁定的结论（不是强制许可，必不会是行政机关裁定）。因此该案终审也没有适用强制缔约义务理论。

占的比例有关；②许可使用费应基于比例原则来确定；③专利权人仅能够就其专利权而不能因标准而获得额外收益；④许可使用费的数额应与技术标准中有效且必要的专利数量相关；⑤限制专利许可使用费堆叠。

对于 FRAND 原则的性质，目前主要存在四种观点：要约说；要约邀请说；利益第三人合同说；单方法律行为说。笔者认为将标准必要专利权人作出的 FRAND 承诺定性为单方法律行为，并将由此产生的义务定性为强制缔约义务是适当的。一方面，此种观点不仅于法有据，而且被司法实践广泛认可。另一方面，此种观点不仅可以圆满地解决标准必要专利许可使用费纠纷的可诉性问题，还可以圆满地解决法院依 FRAND 原则确定标准必要专利许可使用费的权源问题。

【典型案例】华为诉 IDC 标准必要专利使用费纠纷案

一、基本事实

原告：华为技术有限公司。

被告：交互数字技术公司、交互数字通信有限公司、交互数字专利控股公司、IPR 许可公司。

原告华为公司是全球主要的电信设备提供商，其研发人员及标准必要专利的数量均居全球领先位置。四被告均是案外人交互数字公司的全资子公司，四被告与交互数字公司对外统称为交互数字集团。交互数字集团成员之间存在人员混同情况，且实际控制人和管理团队相同。被告方有研发人员 200 多名，不进行任何实质性生产，仅以专利许可作为其经营模式。

2009 年 9 月 14 日，被告方加入欧洲电信标准化协会（ETSI），并在加入时声明，被告拥有无线通信技术领域中 2G、3G、4G 标准下的大量必要专利和专利申请，包括在美国的专利权和专利申请权，以及在中国的相应同族专利权和专利申请权。被告方在加入 ETSI 时，明确承诺要将其标准必要专利以公平、合理、无歧视的原则授权给标准组织的其他成员使用。原告亦是 ETSI 的成员。

现行通信领域技术标准主要包括 2G、3G 和 4G。2G 标准包括 GSM 和 CDMA 标准。GSM 标准由《欧洲电信标准化协会》（ETSI）主持制定，并在欧洲推行使用。CDMA 标准由《美国电信工业协会》（TIA）主持制定，并在美国推行使用。在中国 2G 时代，中国移动、中国联通运营 GSM 网络，中国电信运营 CDMA 网络。3G 标准包括 WCDMA、CDMA2000、TD－SCDMA 标准。其中，WCDMA、TD－SCDMA 标准由 3GPP 制定并发布。WCDMA 标准使用地区包括欧洲、中国。TD－SCDMA 标准使用地区主要为中国。CDMA2000 标准由 3GPP2 制定并发布，使用地区包括美国、中国。中国通信标准化协会（CCSA）是 3GPP、3G PP2 的会员。中国联通、中国电信、中国移动分别使用 WCDMA、CDMA2000、TD－SCDMA 标准。4G 标准主要是指 LTE 标准（包括 FDD－LTE、TDD－LTE 标准），LTE 标准由 3GPP 制定并发布，在欧洲、美国、中国使用。

原告明确其生产的相关通信产品必须符合无线通信技术标准。被告方认可，其在中国现行的无线通信技术标准（WCDMA、CDMA2000、TD－SCDMA 标准）中均拥有标准必要专利。被告方在 ETSI 声称的必要专利，对应中国电信领域的移动终端和基础设施之技术标准，亦是中国的必要专利，原、被告双方对该事实均无异议。

从 2008 年 11 月开始，原告与被告方就涉案专利许可使用费问题在深圳等地进行了多次谈判。被告向原告多次发出要约，从要约内容来看，被告的拟授权许可为包括 2G、3G 和 4G 标准必要专利在内的其所有专利之全球性的、非排他性的、应支付许可费的许可，且要求原告将其所有专利给予被告免费许可。将被告授权给苹果、三星等公司的专利许可条件，与被告向原告发出的要约条件进行比较，无论是按照一次性支付专利许可使用费为标准，还是按照专利许可使用费率为标准，被告拟授权给原告的专利使用费均远远高于苹果、三星等公司。

2011年7月26日，被告方将原告起诉至美国特拉华州法院和美国国际贸易委员会（ITC），称原告涉嫌侵犯其在美国享有的7项标准必要专利，请求责令原告华为公司停止被控侵权行为，并要求对原告华为公司启动337调查并发布全面禁止进口令、暂停及停止销售令。

根据上述事实，原告认为，与给予苹果、三星等公司的标准必要专利许可使用费相比，被告对原告存在歧视性的差别待遇，且在双方谈判过程中，被告突然在美国联邦法院和美国国际贸易委员会同时起诉原告，以逼迫原告接受该歧视性条件，被告方违背了其承诺的FRAND义务，原告请求法院判令：被告方按照公平、合理、无歧视（FRAND）的条件确定被告方就其中国标准必要专利许可华为公司的许可费率或费率范围。

二、争议焦点

（一）交互数字通信有限公司是否为本案适格被告

一审法院认为：四被告均是交互数字公司的全资子公司，互为关联公司，对外统称为交互数字集团，交互数字技术公司、交互数字专利控股公司、IPR许可公司以登记的知识产权所有权人名义持有在中国的专利及专利申请，交互数字通信有限公司作为交互数字集团代表加入了ETSI等多个电信标准组织，参与了各类无线通信国际标准的制定，交互数字通信有限公司负责对外统一进行专利许可谈判事宜。IDC公司在美国发起的针对华为公司的诉讼中，交互数字通信有限公司也是共同原告。本案中的Lawrence F. Shay是交互数字通信有限公司知识产权执行副主席、首席知识产权顾问，是交互数字技术公司、IPR许可公司的总裁，也是交互数字专利控股公司的总裁及首席行政长官。同时，Lawrence F. Shay还是四被告的共同授权代表。由此可见，四个被告就专利申请、持有以及对外许可形成了权利义务的共同体。包括交互数字通信有限公司在内的四被告作为专利许可方，列为本案被告是合适的。

（二）法律适用

一审法院认为：本案所要解决的不是基于原、被告均系 ETSI 成员、ETSI 知识产权政策下的被告方在欧洲标准必要专利的许可使用费的问题，而是原告因实施中国通信标准而必须要实施被告方在中国法域下的中国标准必要专利的授权许可问题。双方争议标的、原告住所地、主要经营场所、涉案标准必要专利实施地、谈判协商地等均在中国，按照最密切联系原则，本案应适用中国法律。

（三）法院就标准必要专利许可费率做出裁决是否合适

一审法院认为：通常情况下，就标准必要专利许可使用费问题，如双方达成专利许可协议，就无需司法机关介入。而本案并非如此，双方从 2008 年底开始谈判，与被告给予苹果、三星等公司的标准必要专利许可使用费相比，被告在要约中对原告存在过高定价的歧视性差别待遇，且在双方谈判过程中，被告突然在美国联邦法院和美国国际贸易委员会同时起诉原告方，以逼迫原告方接受该歧视性条件。被告还在要约中坚称，被告每项要约构成整体条件，拒绝任何一项要约均构成对要约整体的拒绝。由此可见，被告方违背了其承诺的 FRAND 义务，原告如果不寻求司法救济，除被迫接受被告单方面所提出的条件外，原告没有任何谈判余地，因此，原告通过民事诉讼寻求救济，符合法律规定。

（四）关于 IDC 公司是否负有以符合 FRAND 的条件对华为公司进行标准必要专利授权的义务

一审法院认为：IDC 公司是 ETSI、TIA 的会员，参与了至少这两大标准组织标准的制定。IDC 公司声称其在 ETSI 中拥有大量标准必要专利，IDC 公司同时向 ETSI、TIA 承诺，其将按照 FRAND、RAND 许可其专利。由于通信产品的互联互通要求，其标准必须相对统一，中国的相关通信产品的标准技术实质地采用了相关国际标准。IDC 公司也多次声称，其在中国相关通信标准中均拥有必要专利。IDC公司在ETSI声称的标准必要专利，对应中国电信领域的移动终端和基础设施之技术标准，亦是中国标准必要专利。华为公司生产、销售通信产品必须保证其符合中国相关通信标准，通信标准对于诸如华为公司这类通信设备制造、服务提供商来说，无法替代、不可选择，华为公司不可避免要实施IDC公司中国标准必要专利。IDC公司主动参与相关国际标准组织标准的制定，IDC公司对中国标准采用其专利是有所预期的。根据我国的法律，IDC公司方亦应将其标准必要专利以公平、合理、无歧视的原则授权给华为公司使用。因此，尽管IDC公司没有直接参与中国通信标准的制定，IDC公司同样负有以符合FRAND（即公平、合理、无歧视）的条件对华为公司进行标准必要专利授权的义务，IDC公司负担的该义务贯穿于标准必要专利授权许可谈判、签订、履行的整个过程。

（五）IDC公司向华为公司所提出的专利许可报价及条件是否有违FRAND义务

华为公司认为：①与IDC公司许可其他公司许可费、费率相比较，IDC公司向华为公司的提出的专利许可报价明显过高；②IDC公司要求华为公司就华为公司专利对IDC公司免费许可不合理。

IDC公司答辩：①许可苹果公司的费率标准不具有可参照性；②向华为公司提出的许可费报价并不高，符合市场交易惯例；③其不实际生产和销售任何终端产品，华为的专利许可对其无意义。

一审法院认为：①考虑苹果公司、三星公司在无线通信领域所居地位，没有理由将上述费率标准排除在本案确定专利许可费率考量因素之外。当然，原审法院也注意到，三星公司专利许可费率确系在诉讼背景下达成，与此相比较，苹果公司专利许可费率完全系双方平等、自愿、协商达成，苹果公司专利许可费率更具参照价值。②IDC公司向华为公司提出的许可费率报价并非IDC公司自身给予不同被许可人的费率，而是IDC公司以外的其他标准必要专利权人根据自身情况，给予其交易相对方的许可费率报价，各个公司的研发投入、专利实力均不相同，不同公司许可费率不宜简单类比。③华为公司专利的市场和技术价值远远超过IDC公司，在此条件下，IDC公司不但要求高额许可费率，同时要求华为公司将其全部专利免费许可给IDC公司，显然既不公平，也不合理。不可否认的是，如果IDC公司获得了华为公司专利的免费许可，无疑将在很大程度上使得IDC公司市场价值大大增加，另外，亦不排除IDC公司以各种形式生产实体产品，直接获取利益的可能。④IDC公司在提出专利许可报价时，未将标准必要专利与非标准必要专利予以区分，不具有正当性。IDC公司只有权收取与其标准必要专利比例相对应的利润部分。

（六）IDC公司中国标准必要专利FRAND许可费率的确定

根据《民法通则》第4条、《合同法》第5条、第6条的规定，以及双方在本案中提交的证据，综合考虑IDC公司标准必要专利的数量、质量、价值、业内相关许可情况以及被告中国标准必要专利在被告全部标准必要专利中所占份额等因素，一审法院认为，IDC公司中国标准必要专利对华为公司许可费率以相关产品实际销售价格计算，以不超过0.019%为宜。

宣判后，被告不服一审判决，提起上诉。

2013年10月16日，广东省高级人民法院作出终审判决：驳回上诉，维持原判。

四、国际参展中遭遇临时禁令的风险

国际展会通常有着较高的知名度和影响力，因而往往能吸引大量来自全球各地本行业的厂商和服务商。客户在此不仅能方便地对各类商品和服务进行现场比较，而且还能进行一站式采购。因此，我国企业在“走出去”的进程中，应当充分利用好国际展会的机会，通过参展的方式，宣传自身品牌。然而，当今一种现象是我国的企业在国际展会上频因知识产权纠纷被其他企业向法院申请临时禁令，损失商机与商誉。相关的案例已经发生良多。2006 年在法国巴黎举办的世界制药原料展览会上，2007 年、2008 年在全球最具规模和影响力的信息及通讯技术博览会——德国汉诺威 Cebit 电子展会上，2008 年在国际消费类电子产品大展——德国柏林 IFA 展会上，我国多家参展企业被以“可能涉嫌侵犯专利权”为由多次遭遇主办国海关突袭查抄，多款参展产品被没收。[1] 如 2014 年在德国法兰克福国际照明展中，两中国企业因为专利纠纷导致摊位被撤。[2] 再如 2016 年在美国拉斯维加斯 CES 大展上，一家中国公司的展位被执法人员关闭，并以涉嫌侵犯专利权为由没收了该公司展出的独轮电子滑板样品和宣传资料等物品。此外，还有多家中国企业涉嫌违规参展，受到主办方处罚。[3] 这对于中国企业在国际上的形象产生了十分恶劣的影响。因此，拟参加国际展会的企业也应当引起注意，对该等临时禁令的风险作充分准备。我国也有这方面比较成功的案例。2008 年的巴塞尔钟表展上，海鸥表送展的双陀飞轮遭遇了一场专利侵权纠纷，某家瑞士公司指控其关键部件的差动结构抄袭该公司的专利设计，限海鸥表方面在一定时间内提供“并非抄袭”的证据，否则海鸥集团将面临“当即清场、来年不允参展”的惩罚，还会招致诉讼方的索赔。虽经有关方面鉴定表明，海鸥表并没有侵犯其专利权，但是这一指控引起海鸥集团的高度警觉，海鸥集团立即成立了专门的知识产权委员会，随后几年科技投入占销售收入的比重都在 7.5% 以上，并于 2009 年和 2010 年分别

---

〔1〕 参见 http：//www. ccpit. org/Contents/Channel_ 4113/2016/0818/685596/content_ 685596. htm，最后访问时间：2017 年 10 月 18 日。

〔2〕 “中国企业国外参展因侵权被撤展”，载《中国会展》2014 年第 9 期。

〔3〕 数据来源：http：//it. sohu. com/20160109/n433998620. shtml，最后访问日期：2017 年 7 月 15 日。

在瑞士、我国完成“陀飞轮不锈钢袖扣饰品”专利注册。截至2011年底，海鸥表的12个系列、3000多个品种、600余个款式，向国家知识产权局申请专利461件，拥有知识产权的产品比重达到80%。从2008年起，海鸥手表4年间年年在海外遭到瑞士制表厂商发起的、围绕着“海鸥”高端产品“陀飞轮”手表的知识产权诉讼，海鸥集团已经获得“四连胜”。[1] 鉴于德国的展会行业在国际范围享有专业化、高品质的声誉，也举办了大多数国际大型展会。因此，本报告主要对德国相关的法律法规进行介绍。

（一）禁令的来源（行政程序或民事诉讼程序）

1. 民事程序

临时禁令对于国际展会上的知识产权保护具有十分重要的意义，作为一种特殊程序，主要被用以诉前停止侵犯知识产权的行为，以快捷有效而著称。展会上发生的知识产权纠纷案件通常具有紧急性，只要时间上稍微拖延，便可能给权利人带来难以挽回的重大损失。有鉴于此，面对一些法律关系本身比较简单明了的纠纷案件，申请人只需要提供宣誓声明，便可以促使法院在不需要写出纠纷案件的事实和理由的情况下，直接快速以裁定的形式作出决定，然后对涉嫌侵权人立即强制执行。[2]

在德国，涉及知识产权侵权的申请人申请临时禁令时，需具备以下几个条件：①申请人在德国（欧盟）具有合法的知识产权，并向法院提交证明其具有有效权利的相关资料；②申请人必须使法院确信其申请是在十分紧急的情形下提出的，这些情形主要包括如禁令的签发能避免重大损失、避免侵权范围的进一步扩大；③有侵权

---

〔1〕 参见 http：//www. ccpit. org/Contents/Channel_ 4113/2016/0818/685596/content_ 685596. htm，最后访问时间：2017年10月18日。

〔2〕 毛海波：“国际展会知识产权保护研究”，华东政法大学2012年博士学位论文。

的可能，该处值得注意的是，申请人无需证明已存在侵权事实，仅证明相关企业具有侵权的可能性即可。根据上述三点，展会因为展期短暂，法院基本都将展会知识产权侵权认定为“紧急情况”。一旦被认定为“紧急情况”，法院完全可不听取涉嫌侵权的参展商的抗辩，仅根据申请人所提交的证明材料，认定某参展企业存在侵权的可能性，即可作出发布临时禁令的裁定。鉴于临时禁令的民事程序十分简单而迅速，因此针对展会的临时禁令会十分频繁。若参展企业收到该等禁令，必须执行禁令上记载的事项，否则易遭到拘留等强制措施。

2. 行政程序

德国海关对涉嫌侵犯知识产权的产品会采取扣押的措施，且不以边境口岸为地域限制，只要是来源于国外的产品且存在侵犯知识产权的可能性，海关就会予以扣押，因此，在德国的展会上也会有海关执法。而中国的参展企业被德国海关扣押、没收产品的事例也并不鲜见。如 2007 年，在汉诺威国际信息及通信技术博览会上，包括纽曼、华旗爱国者以及深圳迈乐等国内知名厂商在内的 12 家中国参展数码产品公司便因涉嫌侵犯意大利 Sisvel 公司的 mp3 专利而遭到德国海关查抄，所涉产品包括 MP3、DVD 播放器、汽车导航仪等多种支持 MP3 播放功能的电子产品。[1]

以《德国专利法》为例，该法第 142 条 a 款规定：“假如进口或者出口的产品侵犯了本法所保护的专利权，专利权人在向海关当局提出申请并提供担保后，海关在认定该产品侵权行为显著以及查明欧盟的第 1383/2003 号有关针对涉嫌侵犯知识产权的货物的海关行动及对侵权货物采取的措施的指令的生效文本无法得以适用时，有权对该产品予以扣押。该方式也同样适用于德国与其他欧盟成员

[1] 数据来源：http：//tech. sina. com. cn/it/2007 - 03 - 18/09091421441. shtm，最后访问日期：2017 年 7 月 15 日。

国以及欧盟经济区缔约国之间的贸易，并仅有海关负责执行。”根据该规定，申请人首先应当提交预先的财产担保，主要是以银行担保的方式进行，金额一般在 10 000 到 25 000 欧元左右；海关予以扣押的依据则为“有明显的侵权”。只要不侵犯商业或者业务秘密，海关会通知申请人对涉嫌侵权的展品进行检查。海关的执法，可以行之有效地将涉嫌侵权的展品拒之门外，杜绝其进入展会。

（二）避免遭遇禁令的措施

1. 参展前准备工作

第一，企业应当尽可能对知识产权状况展开彻底的调查，从而排除侵权的可能性，同时发现潜在的风险。企业应当提前很长时间核查计划参展的产品是否有可能侵犯知识产权。一旦选定展品，接下来应当迅速分析，在德国进口、展出或者销售这些产品是否会侵犯德国的知识产权。根据展品的类型与性质，判断可能会侵犯何种权利。

第二，如果发现某一商品已经存在了侵权的可能性，那么比较明智的选择是避免让该商品进入到德国境内参加会展。另外一种方案是马上跟权利人开展关于许可的谈判，谈判的目的可以是取得一个长期许可，也可以是取得所谓的展会许可。不管是哪种目的，谈判的一个重要内容就是要求对方同意，不会在谈判期间基于谈判所涉的那项知识产权采取进攻措施。[1]

第三，在排查知识产权侵权可能的同时，也应当及时注册。在参展之前，务必要将自身要展出的产品涉及的相关权利及时在德国或者欧盟地区进行注册，并携带权利证明的完整的材料。

2. 提交保护信函

保护信函是应对临时禁令的最佳方式。保护信函通常是由权利

---

〔1〕 Prof. Dr. Heinz Goddar, Dr. Carl – Richard Haarmann，刘晓春译：“德国展会知识产权不当行使的防御之术”，载《电子知识产权》2010 年 12 期。

相关方签署，作为一种优先抗辩的权利，能行之有效地防御临时禁令。虽然在德国的相关法律中，保护信函并不是规定的正式文书，但它在德国被广泛地使用，已经成为一种惯例。[1] 参展企业在保护信函中，首先需要列明可能会提起法庭程序的当事人，在这里应当尽可能列出所有潜在的申请人，以确保程序启动之后，法庭会把保护信函纳入考虑，且应当请求法庭，在权利人提起诉前禁令的请求之前，不要将保护信函披露给权利人。

保护信函的核心内容就是从法律角度来论证为什么应当拒绝颁发诉前禁令，包括论证不构成侵权，或者作为申请基础的知识产权应当是无效的，或者主张当事人之间的冲突已经持续了相当一段时间，或者潜在的申请人知晓被控侵权行为的存在已经有一段时间了，以破坏颁发诉前禁令的紧迫性要件。

另外，鉴于在德国法律实践中，临时禁令适用于案情相对简单的案件，因此，保护信函的提交人应当具体说明案情过于宽泛而复杂，并不适合用诉前禁令这样的简易程序来裁决的理由。

实践中，在提交了保护信函的案件中，法院通常不会不经庭审就直接颁发诉前禁令。参展企业由此而取得庭审的机会，从而避免法官仅凭临时禁令申请人一面之词使法官作出决定。[2]

另外，参展企业还应当向海关提交保护信函的副本，从而避免官员对参展商品产生初始怀疑。

3. 及时向海关提出异议

针对海关扣押，我国参展商应及时向海关方提出异议，否则视为被扣押方自认货物确实构成了侵权，那么海关可以直接没收已扣

---

〔1〕 毛海波："国际展会知识产权保护研究"，华东政法大学2012年博士学位论文。

〔2〕 Prof. Dr. Heinz Goddar, Dr. Carl - Richard Haarmann，刘晓春译："德国展会知识产权不当行使的防御之术"，载《电子知识产权》2010年12期。

押的货物，甚至有权直接对其进行销毁。[1] 在应对海关扣押的时候，我方如果有自身知识产权的权属证明资料，也要及时地提交。我国参展公司企业还可以及时与权利人磋商，尝试与其和解，从而避免更多损失。

〔1〕 曲鹏飞："国际展会知识产权侵权应对"，西北大学 2015 年硕士学位论文。

第五部分 境外商事活动中的知识产权侵权救济

随着“走出去”战略的实施，我国企业在其他国家获得知识产权的数量也在急剧增加，也就是说，我国企业的境外知识产权保护需求增加了。因此，为了维护我国企业在境外的合法权益，提高我国企业在知识产权保护方面的能力，本部分将对我国企业在境外提起知识产权侵权保护的途径和方法进行介绍，主要包括行政程序、商事仲裁和民事诉讼三种程序。

一、行政程序中的确权争议

（一）专利权确权争议的解决

1. 德国

德国的专利侵权案件和专利确权案件均由法院来审理，但侵犯专利权案件和专利确权案件分别由不同的法院审理，受理某一类型案件的法院对另一类案件无管辖权，即受理侵犯专利权案件的法院不对专利权的有效性进行裁判。[1] 1968 年，《德国专利法》创建了位于慕尼黑的联邦专利法院，审理不服专利局审查部或者专利部

〔1〕 王森：“专利确权制度”，中国政法大学2010年硕士学位论文。

决定提起的申诉、宣告专利权无效的诉讼和专利强制许可的诉讼。[1]

根据《德国专利法》的规定，审查决定送达后1个月内，不服审查部或者专利部决定的，可以向专利局书面请求申诉。作出原审查决定的部门认为申诉理由成立的，应当更正其决定，并可以决定退还《专利费用法》规定的申诉费用。作出原审查决定的部门不更正其决定的，应当在1个月内将申诉案件移交给专利法院，并且不得对案件的实质问题发表任何意见。[2] 如果企业要求听证，那么可以根据第78条，向法院提出听证请求。如果存在下列三种情形，那么专利法院毋须就案件实质问题作出决定，而直接撤销被申诉的原审查决定：[3] ①专利局自身尚未对该案件的实质问题作出决定；②专利局的审查程序有重大缺陷；③发现对作出决定起关键作用的新事实或者新证据。对于这三种情况，专利局应当依据该撤销决定，重新作出审查决定。

2. 英国

1853年，英国正式成立了英国知识产权局，其职能包括撤销专利、给出专利权无效或者侵权意见、对侵权进行判定等。《英国专利法》于1977年颁布，经过一系列修正得到进一步完善。

根据《英国专利法》第72条，撤销专利程序包括两种：其一，为请求撤销专利，任何人，包括专利权人在专利授权后的任何时候都可以向知识产权局局长申请撤销一项专利权，撤销的专利权包括欧洲专利；其二，知识产权局局长主动撤销专利，主动撤销程序受限制，通常只在发生重复授权的前提下才启动。撤销程序中，专利权人可以陈述意见，对于知识产权局局长作出的决定不服还可以上

---

〔1〕《德国专利法》，http://www.ipr.gov.cn/zhuanti/expo/Germany_Law/Patent/Germany_patent_act.html，最后访问时间：2017年9月20日。

〔2〕《德国专利法》第73条。

〔3〕《德国专利法》第79条。

诉。任何人可以请求知识产权局局长就某一产品，或其制造方法、行为是否侵犯涉案专利权和一项专利权是否有效给出意见。但此种意见对于任何目的都是没有约束力的。对于知识产权局局长给出的上述意见不服可以提出复核请求。对于专利权是否有效给出的知识产权局局长意见，仅限于发明创造是否具备新颖性或创造性，对于是否符合专利法规的其他规定在所不问。英国知识产权局还可进行类似法院的审理侵权程序，但需要涉案的双方当事人都同意在知识产权局判定侵权的前提下，才可以向专利局提出请求，知识产权局局长审查后作出侵权决定，当事人对于侵权决定不服可以上诉到专利法院。可见英国知识产权局不但可以进行专利权的撤销，还可以依职权完成专利侵权纠纷的审理。[1]

英国解决专利权纠纷的司法机构包括专利郡法院和专利法院，专利郡法院和专利法院可以受理专利权撤销、无效、专利侵权案件。专利法院通常由一名法官来审理案件，法院可依据《英国专利法》第 72 条第 1 款的撤销理由来判决是否撤销专利权，也可依当事人提出的专利权无效宣告请求直接对专利权的有效性进行认定。[2]

3. 欧盟

作为区域一体化组织的典型，欧盟通过《欧洲专利公约》建立了缔约国间共同的授予发明专利的法律制度。成员国公民只要向欧洲专利局提出一个专利申请，指定要求得到保护的国家，在授权后就可以在指定的国家得到专利保护。根据该公约，在欧盟成立欧洲专利局，并内设受理处、检索部、审查部、异议部、法律部、申诉委员会等机构。

---

〔1〕 王森："专利确权制度"，中国政法大学 2010 年硕士学位论文。

〔2〕《英国专利法》，https://www.gov.uk/government/uploads/system/uploads/attachment_data/file/580337/patentsact1977011014.pdf，最后访问时间：2017 年 9 月 18 日。

根据《欧洲专利公约》第99条，在刊载授予欧洲专利之日起的9个月内，任何人均可向欧洲专利局对所授予的专利提出书面异议，该项异议的效力适用于所有缔约国。异议应当基于以下理由：其一，根据第52至57条，不符合可授予专利条件；其二，欧洲专利没有充分清楚、完整地公布其发明以致本行业熟练技术人员不能实施发明；其三，主体超出了原来提出的申请的内容。如果专利是提出的新申请授予的，其主体超出了原来提出的在先申请的内容。[1]

提出异议后，异议部会根据上述三条理由审查是否存在异议理由，并损害了欧洲专利的维持。如存在异议理由，则应撤销该专利；如不存在，则驳回异议。考虑到专利所有人在异议程序中所作的修改，专利及其所涉及的发明符合本公约的要求的，应决定维持修改后的专利。[2]

异议提出人如对受理处、审查部、异议部和法律部的决定不服，可以提出申诉。申诉具有中止的效力。[3] 申诉必须在决定通知之日起2个月内以书面方式向欧洲专利局提出。[4] 在对申诉审查完毕后，申诉委员会应对申诉作出决定。申诉委员会可以依其权限就被申诉部门的决定作出处理，或者将其案件发回该部门重行审查。[5]

4. 美国

美国长期以来，在联邦地区法院的专利侵权案件中可以一并对专利无效抗辩进行审理，但是2011年《美国发明法案》（America

---

〔1〕《欧洲专利公约》第100条，http://www.sipo.gov.cn/zcfg/gjty/201509/t20150902_1169634.html，最后访问时间：2017年9月19日。

〔2〕《欧洲专利公约》第102条。

〔3〕《欧洲专利公约》第106条。

〔4〕《欧洲专利公约》第108条。

〔5〕《欧洲专利公约》第111条。

Invents Act，以下简称 AIA）对专利授权后复审制度即确权制度进行了较大的改革，推出了新的双方复审程序（Inter Partes Review）和授权后复审程序（Post－Grant Review）。[1]

AIA 对双方复审程序的规定主要在第 311～319 条。[2] 根据 AIA 第 311 条，非专利所有人的社会公众可以在专利授权 9 个月之后（但须在收到专利侵权诉讼起诉书 1 年内）向美国专利商标局（United States Patent and Trademark office，USPTO）提出双方复审请求，请求撤销专利，该等请求的基础应当为该法案第 102～103 条所规定的专利性条件，并仅限于专利文献和印刷出版物。双方复审程序规定了门槛要求，即只有当程序提起者证明其就一项或多项主张要求胜诉的合理可能性时，双方复审程序才会获得批准。专利局必须在 3 个月内决定是否批准双方复审程序的申请，并且必须在批准申请后 1 年内公布裁决。是否批准双方复审程序的决定为终局性决定，不可上诉。[3] 在双方复审程序中，若双方当事人未中途和解，则专利局与上诉委员会就专利性作出书面决定。若当事人不服该决定，可向法院提起上诉。

AIA 授权后复审程序的规定主要在第 321～329 条。授权后复审程序提起的时间要求与双方复审程序不同，要求在授予专利后 9 个月内提出质疑。授予后复审程序可依据任何专利无效性理由：先有技术、缺乏实用性、标的物不当、缺少书面说明或可实施性以及确定性。[4] 专利局必须在收到程序提起申请后 3 个月内决定是否批准授予后复审请求，且必须在批准复审请求后 1 年内公布复审裁

---

〔1〕 郭建强："专利确权机制研究"，载《科技与法律》2015 年第 5 期。

〔2〕《美国发明法案》，http://www.wipo.int/wipolex/zh/text.jsp?file_id=238777，最后访问时间：2017 年 9 月 20 日。

〔3〕《美国发明法案》第 314 条。

〔4〕《美国发明法案》第 321 条。

决。[1] 与双方复审程序一样，该等决定也是终局性的。当事人如不服授权后复审的决定，可向法院提起上诉。

5. 日本

日本的专利确权案件首先由特许厅审判部审理，[2] 对特许厅审理决定不服的，可以向知识产权高等法院上诉，不服上诉决定的，还可以向最高法院上诉。[3] 因此对于专利确权案件实际上是二审终审制，特许厅审判部具备一级准司法地位。专利侵权案件与普通的民事诉讼案件同样，采用三审制度，但根据专利的种类不同而由不同的法院管辖。对于发明、实用新型、半导体集成电路的电路配置利用权，鉴于案件的技术专业性，第一审由东京和大阪地方法院管辖，第二审（控诉审）由知识产权高等法院管辖，第三审（上告审）由最高法院管辖。[4]

（二）商标权确权争议的解决

1. 德国

《德国商标和其他标识保护法》（以下简称《德国商标法》）中关于商标确权程序规定在第 42、43 条中。[5] 《德国商标法》第 42 条第 1 款规定，在 41 条所述商标的注册公告之日起 3 个月内，在先商标所有人可以对该商标的注册提出异议。异议可以基于以下三种理由提出：①在先申请或者在先注册的商标；②在先驰名商标；③代理人或者代表人未经被代理人或者被代表人的授权而将其商标以自己的名义进行注册。在先商标所有人在商标注册公告 3 个月

---

〔1〕《美国发明法案》第 324 条。

〔2〕《日本专利法》第 113 条，http：//www. wipo. int/wipolex/zh/text. jsp？ file_ id =403366，最后访问时间：2017 年 9 月 20 日。

〔3〕《日本专利法》第 121 条。

〔4〕 郭建强：“专利确权机制研究”，载《科技与法律》2015 年第 5 期。

〔5〕《德国商标和其他标识保护法》，第 42、43 条，http：//www. wipo. int/wipolex/zh/text. jsp？ file_ id =316718，最后访问时间：2017 年 9 月 20 日。

内，可以向专利商标局提出异议，由审查员进行审查并作出裁定。

专利商标局内部没有设置单独的异议裁定部门。在收到异议申请后，由审查该商标绝对理由的审查员进行独任裁定。异议双方都有两次陈述理由的机会，期限均为2个月，并可应当事人的书面申请延期。专利商标局进行异议裁定时关注的焦点问题是异议双方的商标是否存在混淆的可能性。混淆可能性的判断取决于以下三个因素：其一，异议人商标的强度。商标强度一般可分为三个等级：高强度商标、普通商标和弱商标。审查员在确定异议人商标的强度时，需要考虑异议人商标的显著性、使用的时间与范围、广告宣传的强度等因素。其二，双方商标的使用商品是否构成相同或者类似商品。其三，双方商标是否构成相同或者近似商标。[1]

对裁定不服的，可以以对方当事人为被告向联邦专利法院提起诉讼。若联邦专利法院作出的判决是违反法律的，当事人可以就法律问题上诉至联邦最高法院。[2]

2. 英国

《英国商标法》规定，任何在先商标所有人或者在先权利人认为新申请商标与其在先权利相冲突的，可以在商标初步核定并公告后3个月内提出异议。[3] 被异议商标的申请人在收到知识产权局的异议通知后，可以在3个月内提出答辩（在异议程序中称为反诉），说明该异议不成立的理由，如果异议双方当事人同意，这一时限可以延长至12个月（即冷却期），在此期间，双方当事人可以通过协商解决纠纷，当然，也可以通过调解解决纠纷。[4]

根据《英国商标法》第47条的规定，任何人均可向注册局长

〔1〕 文学："德国商标异议制度"，载《中华商标》2006年第11期。

〔2〕 胡祎菲："商标确权国际比较研究"，华东交通大学2012年硕士学位论文。

〔3〕《英国商标法》最终访问时间：http://sbj.saic.gov.cn/ztbd/sbhwwq/ggfl/201705/t20170515_264671.html，最后访问时间：2017年9月20日。

〔4〕 张俊琴："英国调整商标异议制度"，载《中华商标》2007年第11期。

或法院提出要求宣布商标无效的申请。因此，对于未能及时提出异议，或者异议失败的权利人，可以向知识产权局申请对获得注册的新商标宣告无效，以维护自己的权利。[1]

3. 欧盟

根据《欧共体商标条例》第 42 条的规定，在商标申请公告 3 个月内，在先商标所有人以及该等商标所有人授权的被许可人、商标所有人、在先标志的所有人和根据有关国内法授权行使该等在先标志权利的人，有权以书面方式提出异议，并载明异议理由。[2] 协调局就异议进行审查，如果审查异议时发现商标不可以在共同体商标申请所保护的部分或全部商品或服务上注册，那么该申请应就那些商品或服务予以驳回，否则异议予以驳回。如当事人不服决定，必须在决定通知之日起 2 个月内向协调局提交书面上诉书。如上诉是可以接受的，上诉委员会则应审理上诉是否成立，[3] 经实质审理后，对上诉作出裁定。当事人如对上诉委员会裁定不服，还可在上诉委员会裁决通知之日起 2 个月内向欧洲法院提起诉讼。[4]

4. 美国

《美国商标法》第 13 条规定，任何人认为注册商标会损害其利益的，可以在该商标公布后 30 天内，向专利商标局缴纳费用并提出经过认证的、记载提出异议根据的异议书，[5] 由商标审理与上诉委员会作出裁定。如果当事人对商标审理与上诉委员会的裁定不服，可以向联邦巡回上诉法院上诉。

---

〔1〕 胡祎菲："商标确权国际比较研究"，华东交通大学 2012 年硕士学位论文。

〔2〕《欧洲共同体商标条例》，http：//eur－lex.europa.eu/LexUriServ/LexUriServ.do? uri＝CELEX：31994R0040：en：HTML，最后访问时间：2017 年 9 月 20 日。

〔3〕《欧洲共同体商标条例》第 61 条。

〔4〕《欧洲共同体商标条例》第 63 条。

〔5〕《美国商标法》，http：//sbj.saic.gov.cn/ztbd/sbhwwq/ggfl/201705/t20170515_264667.html，最后访问时间：2017 年 9 月 20 日。

5. 日本

《日本商标法》第43条之二规定，限于商标刊载公报发行日起2个月内，任何人都可以以注册商标属于下列各款之一为理由，向特许厅长官提出注册异议。在日本，任何人可以在商标公布2个月内，基于法律规定的理由向特许厅长官提出异议。[1] 若日本特许厅经审查，认为异议不成立的，不需要听取当事人的意见，直接作出维持商标注册的决定，而异议人也不得向法院提出上诉，但是可以提出无效宣告的请求。只有当特许厅认为异议的理由成立的才向被异议人发出撤销理由的通知，这时被异议人可以陈述意见，审查部根据陈述意见作出维持或者撤销的判决。[2] 被异议人对特许厅作出撤销注册的决定不服的，可以向日本知识产权高等法院提出上诉，高等法院作出的裁定为最后裁定。[3]

二、商事仲裁

(一) 通过仲裁解决国际知识产权纠纷的特点和优势

仲裁是指根据当事人之间的共同约定由第三方（仲裁机构）居中裁判解决纠纷，是一种根据法律与公平原则作为终局裁决的非司法争议解决方式。在实践中，仲裁因其独具特色，同诉讼相比，更适于解决国际知识产权纠纷，具体表现在以下方面：

1. 仲裁有利于迅速解决纠纷

一方面，与诉讼不同，仲裁实行一裁终局制，仲裁裁决一经仲

---

〔1〕《日本商标法》，http://www.wipo.int/wipolex/zh/text.jsp?file_id=403346，最后访问时间：2017年9月20日。

〔2〕《日本商标法》，第43条。

〔3〕《日本商标法》，第44条。

裁庭作出即发生法律效力。这就使得仲裁的周期大大短于诉讼。在通常情况下，诉讼的周期较长，从初审、终审、甚至再审，一个案件往往要经过一到两年甚至更长的时间才能解决。而知识产权的特征之一是其无形性与可复制性，所以涉及知识产权的违约行为或侵权行为对权利人造成的损害很容易在短时间内迅速扩大。在国际互联网迅猛发展的今天，这一点尤为明显。因此，为了有效保护权利人的利益，只有及时解决知识产权的违约或侵权行为引起的纠纷，才能使权利人受到的损害降到最小。否则，延误时日的案件处理结果即使在理论上是公正的，但对权利人而言已不再有意义。而仲裁的高效性则能最大限度地缩短裁判周期，使权利人及时得到救济。

另一方面，知识产权纠纷常常涉及复杂的专利技术和法律专业知识，法官虽然是法律专家，但对知识产权领域的专业技术知识的了解往往是非常有限的，这往往导致其对知识产权纠纷审理的困难，在短时间内其结果也难以做到公正。而仲裁机构的仲裁员选定和聘任机制有机会使本行业的专家作为仲裁员参与到仲裁中来，他们对知识产权纠纷的判断比审判庭的普通法官更具专业权威性，这样也可以保证纠纷得到高效的解决。

2. 利于商业秘密的保护

私密性是商事仲裁的主要特点之一，这种私密性主要体现在两个方面：一方面，各国仲裁法几乎都规定，仲裁以不公开审理为原则，公开审理为例外。[1] 另一方面，各仲裁机构的仲裁规则也都规定了仲裁员及仲裁秘书人员的保密义务，要求仲裁案件的审理应在保密的情况下及时进行。[2]

---

〔1〕 我国《仲裁法》第40条规定，仲裁不公开进行。当事人协议公开的，可以公开进行，但涉及国家秘密的除外。

〔2〕 根据《中国国际经济贸易仲裁委员会仲裁规则》第38条的规定，不公开审理的案件，双方当事人及其仲裁代理人、仲裁员、证人、翻译、仲裁庭咨询的专家和指定的鉴定人，以及其他有关人员，均不得对外界透露案件实体和程序的有关情况。

仲裁的这种私密性正满足了知识产权纠纷当事人保密的要求。一方面，知识产权纠纷中往往会涉及当事人的商业秘密，这些商业秘密是当事人利润的主要来源，出于对秘密泄露的担心，在寻求争议解决的过程中，私密性成为知识产权纠纷当事人考虑的一个重要因素。另一方面，在知识产权纠纷产生后，许多当事人也会出于对自身商誉的维护而希望以私密性强的仲裁方式加以解决。

3. 仲裁有利于裁决的域外承认与执行

由于知识产权固有的地域性，知识产权纠纷长期以来由权利要求地法院专属管辖。然而在20世纪后半期，由于科学技术的迅猛发展，这一制度遇到了极大的挑战。例如，卫星技术的发展，在一国制作并送上卫星的节目，可能在几个甚至几十个国家遭到侵权；由于网络技术的发展，在一国终端上产生的作品可能被其他很多国家的终端非法调用；由于录音录像技术的发展，越来越多的“海盗”行为出现。在这些情况下，侵犯知识产权的行为很可能同时发生在数个国家，权利要求地也相应成为数个。如果依据传统的专属管辖制度，会给权利人带来很多不便。另外，不同法院作出的判决往往存在不一致的情况，在一定程度上也不利于判决的域外承认与执行。

而商事仲裁机构多为民间性组织，不像法院诉讼那样直接隶属于某个国家，而是完全独立于各国司法体系。当事人只需要向一个仲裁机构提出仲裁申请，并通过单一的程序就可获得终局性裁决。根据《纽约公约》，只要不违反要求承认与执行仲裁裁决国的相关法律，仲裁裁决可以在加入该公约的所有权利要求地顺利得到承认与执行。所以仲裁在裁决的域外承认与执行上比法院便利得多。

（二）国际知识产权争议的可仲裁性

1. 概说

可仲裁性是指特定的争议是否可以用仲裁的方式来解决。可仲裁性问题通常涉及一国的社会公共利益，属于一国国内法上的问题。在一国被认为是可以仲裁解决的事项，在另一国可能不允许通过仲裁的方式解决。如果一国法院认为仲裁中所涉及的事项不能通过仲裁解决，那么即使当事人之间订立有效仲裁协议，该协议也是无效的，而据此协议作出的仲裁裁决也不能得到法院的强制执行。《纽约公约》第 5 条第 2 款第 1 项规定，如果被请求承认及执行裁决的国家有关主管机关按照法律认定争议事项系不能以仲裁方式解决的，就可拒绝承认和执行该项裁决。

一般认为，可仲裁性问题实际上是一国法律对仲裁范围所施加的限制。传统上，对可否仲裁的判断是以对法定请求与契约请求的区分为基础的。基于契约的争议，通常涉及的是契约的成立、履行和违约责任等，关涉的是私人可以自由处分的权利，可以通过协议交付仲裁。而基于法律的争议，通常处于可以协议交付仲裁解决的范围以外，不具有可仲裁性。之所以做这种区分，是出于保障社会利益的考虑：法定权利是国家的命令，是国家以维护共同利益的名义制定的，它支持或者反对社会中特定类型的行为或团体。与产生于合同的契约权利不同，法定权利体现了公共利益，赋予法定权利的制定法背后是一国的公共政策。因此，制定法不应该由裁判机构和裁判者（如仲裁庭）使用和解释。从这个意义上说，可仲裁性是一个临界点，它建立了一个分水岭，一边是当事人之间自行寻求私权的实现办法，另一边是法院实现其作为公共利益的管理人和解释者的作用。因此，这个临界点既是契约自由的终结点，也是公共司法职能的起始点。

知识产权尽管属于私权，但知识产权法具有鲜明的公共利益保护目标，通过保障私权而保护公共利益，这是知识产权与生俱来的特质。其必然的后果是，国家通过立法对当事人的自由意愿设定各种限制（包括限制当事人选择争议解决方式的自由意愿），此时，知识产权争议的可仲裁性问题就产生了。

2. 国别考察

尽管所有的知识产权事项都与公共利益有关联，但是，由于种种原因，不同国家对知识产权当事人仲裁意愿的限制程度并不相同。综观各国，一端是完全否认知识产权可仲裁性的国家，另一端是全面肯定知识产权可仲裁性的国家。不过，坚持这两种截然相反立场的是少数国家，绝大多数国家都是根据不同内容的知识产权事项而采取不同的态度。

（1）完全否认可仲裁性的国家。部分拉美国家、韩国、南非等基本上否认知识产权事项的可仲裁性。由于历史上就不热衷于国际仲裁，拉美国家一直不赞成用仲裁方式解决知识产权争议。在韩国，只有商事性的事项才可以仲裁，而知识产权事项并不总被认为是商事事项。南非 1978 年《专利法》第 18 条第 1 款规定："除了专员外，任何审判庭不得在一审中庭审或者裁判与本法项下事务有关的任何程序。"南非后来虽然制定了新的仲裁法，但并没有影响到专利事项的可仲裁性问题。

（2）全面肯定可仲裁性的国家。在美国、英国、加拿大、瑞士、比利时等少数国家，所有的知识产权争议都可以交付仲裁，不存在法律障碍。

在美国，专利、商标以及版权的纠纷都是可以仲裁的。虽然专利的有效性纠纷曾被认为涉及公共利益而不能适用仲裁解决。但是，在 1983 年和 1984 年《联邦专利法》修正案通过后，专利的有效性纠纷也被纳入了可仲裁性的范围，但这类纠纷仲裁裁决的效力仅限于提交仲裁的当事方，对其他任何人没有约束力。专利法的新规定还允许这样的情况，专利权人在将一个专利的许可授予许多不同的当事人时，其中一些许可证包含仲裁协议，而一些则可以不包括。当对同一专利的有效性纠纷，有关的仲裁裁决和法院判决作出的决定相冲突时，法院的判决具有更高效力。

在瑞士，所有有关财产的争议都可以提交给仲裁，当然包括有关知识产权的财产争议，如有效性、侵权性以及合同性的纠纷。而且，在瑞士，对仲裁裁决的承认与执行也较其他国家规定得更宽泛，瑞士的法院很少将外国的管辖权问题以公共政策为由加以排除承认与执行。

（3）在公共政策基础上限制可仲裁性的国家。对知识产权持极端立场的只是少数国家，现在，大多数国家都以更加宽松的姿态对待知识产权领域当事人的意思自治，在对特定事项予以限制的基础上承认知识产权争议的可仲裁性。德国就是其中的典型代表。

德国在立法和司法过程中，将知识产权事项按照不同的性质和内容进行区分，再以此为依据分别采取不同的态度。德国在 1998 年新仲裁法规定了非常宽泛的仲裁范围，任何涉及经济利益的争议都是具有可仲裁性的，涉及非经济利益时，若当事人有权和解则也可将此争议提交仲裁解决。单从法律条文来看，可仲裁事项的范围是非常广泛的，但是当争议涉及知识产权时却并非如此。《改革法案备忘录》就规定："如果立法者就特定的争议规定了指定的法院……比如宣告专利无效或者撤销的程序，因为其影响到国家行政行为授予的权利，因而不能由当事人协议处分，而应该通过能够建立或改变对所有人都产生效力的法律关系的司法途径来裁决。"显而易见，此规定是基于对公共政策的保护而制定的，是为了体现公权力不能被私权利干涉的基本法理精神，这就将知识产权有效性争议排除在可仲裁事项范围之外。

除了在立法中对知识产权事项按照性质和内容进行划分外，司法实践中亦是如此。在德国，专利的无效宣告一直被认为是涉及社会公共政策的事项，因此有效性问题和侵权性问题被分别作出规定，知识产权侵权性争议由民事法院的特别法官审理，具有可仲裁性；而知识产权有效性争议的初审专属管辖权由联邦专利法院行使，该争议不具有可仲裁性。德国一向认为专利的无效宣告是有违公共政策性质的事项，因此德国在知识产权领域的国内司法中，将有效性问题和侵权问题作出了明确区分，知识产权侵权争议由民事法院的特别法官审理，因而不排除其可仲裁性；而涉及知识产权有效性的问题则由联邦专利法院行使初审专属管辖权，由联邦最高法院担任终审法院，因而其自然不具有可仲裁性。不仅仅是在知识产权领域，在其他类似的涉及国家行政行为有效性争议的问题上，德国也有相似的规定。

由上述可知，德国对于知识产权合同性和侵权性争议的可仲裁性是持肯定态度的，而知识产权有效性争议是否具有可仲裁性，仍要以公共政策的保护为前提，在涉及公共利益的情况下，是不允许以仲裁方式解决有效性问题的。从整体上看，德国还是秉持鼓励与支持的态度，正在逐渐放宽知识产权可仲裁事项的范围。与德国的做法相类似的还包括了欧洲的大部分国家，法国、西班牙、意大利，甚至亚洲的日本和澳大利亚，这些国家同德国一样，也都对知识产权争议的可仲裁性有着类似的立场：对于普通的知识产权合同性和侵权性争议而言，承认其可仲裁性；对于涉及本国公共政策的事项，如专利、版权和商标的有效性而言，出于对本国公共利益保护的目的，这方面的争议都由国家行政机关或者法定的其他公权力机关来解决，不能提交仲裁解决，将知识产权有效性争议排除在可仲裁事项之外。

3. 我国相关立法

随着世界经济的发展，国际与知识产权有关的贸易逐渐增多，国际知识产权争议也随之出现并日益增多。目前，我国国内法尚未明确对知识产权争议是否具有可仲裁性作出具体规定，在国际知识产权争议方面也没有单独的规定，但是单独的知识产权法和仲裁法在我国却是存在的。鉴于此，我们以此为两个切入点，研究其中关于可仲裁性的规定。

（1）我国立法中关于可仲裁性的一般界定。我国关于可仲裁性的规定一般见于与商事仲裁有关的法律制度，我国现行的商事仲裁法律制度主要包含三个部分：一是以《中华人民共和国仲裁法》（简称《仲裁法》）和《中华人民共和国民事诉讼法》（简称《民事诉讼法》）为主要内容的国内立法；二是以我国于1987年4月22日加入的1958年《纽约公约》为代表的有关商事仲裁的国际条约；三是我国最高人民法院对上述国内立法和国际条约所作出的一系列相关解释和规定。在以上三个部分中，可仲裁性问题的相关规定集中体现在1995年开始实施的《仲裁法》，该法第2条规定："平等主体的公民、法人和其他组织之间发生的合同纠纷和其他财产权益纠纷，可以仲裁。"这是对于可仲裁性的原则性规定。紧接着第3条列举了一些可仲裁性的排除性事项："下列纠纷不能仲裁：①婚姻、收养、监护、扶养、继承纠纷；②依法应当由行政机关处理的行政争议。"

我国于1987年加入的《纽约公约》中也有关于可仲裁性的规定，但是我国在加入公约时作出了商事保留声明，根据该声明，只有按照我国法律属于契约性或者非契约性的商事法律关系时，我国才能将该争议适用公约。另外，声明中还规定，"契约性和非契约性商事法律关系"是指由于合同、侵权或者根据有关法律关系规定而产生的经济上的权利义务关系。

从总体上来说，我国关于可仲裁性问题的立法与国际通行的做法基本上是一致的，但仍不缺乏自身的特点，例如，我国特定的社会经济环境决定了我国对可仲裁事项的范围采取严格限制的手段，但同时概括性的立法方式又留下了充足的发展空间。

（2）我国知识产权可仲裁性的相关立法。我国立法并没有对知识产权可仲裁性问题作出集中的规定，而是通过各类相关的单行法进行分散规定的。

第一，著作权争议的可仲裁性。1991 年颁布的《著作权法》把著作权侵权争议和著作权合同争议进行区别对待，该法第 48 条规定："著作权侵权纠纷可以调解，调解不成或者调解达成协议后一方反悔的，可以向人民法院起诉。当事人不愿调解的，也可以直接向人民法院起诉。"第 49 条规定："著作权合同纠纷可以调解，也可以依据合同中的仲裁条款或者事后达成的书面仲裁协议，向著作权仲裁机构申请仲裁。……当事人没有在合同中订立仲裁条款，事后又没有书面仲裁协议的，可以直接向人民法院起诉。"由此可见，对于著作权合同争议，法律明确规定了其具有可仲裁性，然而对于著作权侵权争议，虽然字面上没有明确否认其具有可仲裁性，但是按照严格的解释，立法者似乎在字里行间透露出不支持仲裁的意图，二者相比较而言，立法者明显更倾向于合同争议提交仲裁解决。

而 2001 年修订的《著作权法》相比之下有了明显的变化，该法第 54 条规定："著作权纠纷可以调解，也可以根据当事人达成的书面仲裁协议或者著作权合同中的仲裁条款，向仲裁机构申请仲裁。"对比修订前后的《著作权法》，新的《著作权法》文字更加简练，措辞更加科学，具体的变化主要体现在，新法将原法第 48 条中的"著作权侵权纠纷"与第 49 条中的"著作权合同纠纷"合并，改称"著作权纠纷"，这一改变明确了一切著作权争议都可以基于仲裁协议提请仲裁，这表明，著作权争议的可仲裁事项范围得到了极大的扩展。这一变化是至关重要的，尽管新法仍然没有进一步明确并细化著作权争议的可仲裁范围，但这一改动体现了立法者的立场发生的重大变化：著作权侵权争议也是可以仲裁的。

2010 年最新修订的《著作权法》第 55 条保留了 2001 年版本第 54 条的规定。值得一提的是，依据《伯尔尼公约》和协议的相关规定，绝大多数国家的著作权遵从"自动取得"的原则，不需要任何机构或行政机关的授予，因此，著作权的争议一般不会涉及有效性，这类争议仍然是可以仲裁解决的。另一值得注意的是，新的《著作权法》第 55 条规定一切著作权争议都可基于仲裁协议而提请仲裁，在表述上似乎与现行的《仲裁法》的规定有所抵触。前文中提到，《仲裁法》所规定的可仲裁事项必须是合同争议或者其他财产性争议，因此著作权中的发表权、修改权等涉及人身关系的权利所引发的争议是否可以仲裁还有待研究。

第二，专利权和商标权争议的可仲裁性。除了《著作权法》有变动外，《中华人民共和国专利法》（简称《专利法》）和《中华人民共和国商标法》（简称《商标法》）也分别在 2008 年和 2013 年进行了修订。但是这两部新修订的法律以及后续出台的配套实施细则都没有对专利权和商标权的可仲裁性问题作出比较明确的规定。

涉及专利权和商标权转让或许可协议引起的争议属于《仲裁法》明文规定的可仲裁事项，但是有关专利权和商标权的侵权争议能否提交仲裁解决仍然是一个有待解决的问题。值得一提的是，《专利法》和《商标法》都规定侵权争议可以由双方当事人协商解决，虽然没有明确规定可以以仲裁方式解决侵权争议，但却保留了当事人意思自治的权利，这也从另一个角度为当事人将侵权争议提交仲裁提供了法律依据。

2008 年修订的《专利法》第 60 条规定："未经专利权人许可，实施其专利，即侵犯其专利权，引起纠纷的，由当事人协商解决；不愿协商或者协商不成的，专利权人或者利害关系人可以向人民法院起诉，也可以请求管理专利工作的部门处理。……进行处理的管理专利工作的部门应当事人的请求，可以就侵犯专利权的赔偿数额进行调解；调解不成的，当事人可以依照《中华人民共和国民事诉讼法》向人民法院起诉。"2013 年修订的《商标法》第 60 条也有类似的规定："有本法第 57 条所列侵犯注册商标专用权行为之一，引起纠纷的，由当事人协商解决；不愿协商或者协商不成的，商标注册人或者利害关系人可以向人民法院起诉，也可以请求工商行政管理部门处理。……”相比修订前，《专利法》和《商标法》对于侵权性争议处理的规定基本上没有什么新的变化，都规定可以起诉至人民法院，也可以请求有关部门处理，并不像《著作权法》那样明确地规定可以由仲裁来解决。

除此之外，有关专利权和商标权的效力认定的争议，一般认为是不具有可仲裁性的，因为专利权和商标权的取得都是行政机关授予行为的结果，而宣告某项权利无效也是一种行政行为，先由申请人向复审委员会提出申请，再由相应的行政机关宣告该权利无效。涉及专利权和商标权有效性问题的争议属于与行政机关之间的行政争议，而不是平等主体之间的民事争议，不属于《仲裁法》规定的可仲裁事项的范畴，因此此类争议应按照《专利法》和《商标法》的相关规定，提交相关行政机关处理。

（三）世界知识产权组织（WIPO）的仲裁与调解

1. 概说

根据1993年9月WIPO大会的决定，WIPO建立了仲裁与调解中心，并于1994年10月开始提供服务。该中心设在日内瓦，隶属于WIPO国际局，主要为私人之间涉及知识产权的国际商事纠纷提供仲裁或调解服务。

该中心的争端解决可通过两种方式提出：一是根据当事人之间事先达成的合同仲裁条款；二是根据当事人达成的仲裁或调解解决争端的协议。中心为当事人提供有关的仲裁条款和协议的范本。中心还提供咨询服务，并应当事人的要求，提供会谈的设施，帮助起草提交仲裁协议。

与该中心有关的机构是：WIPO仲裁与调解理事会，负责该中心的发展与政策问题；WIPO仲裁协商委员会，负责解决与仲裁过程有关的问题，如当事人对仲裁员公正性的质疑。

2. 争端解决程序

（1）调解。这是不具有约束力的程序，由中立的调解员帮助争端当事人达成互相满意的争端解决协议，适用《WIPO 调解规则》。

（2）仲裁。将争端交由 1 名仲裁员或数名仲裁员组成的仲裁庭解决，仲裁的决定对双方当事人具有约束力，适用《WIPO 仲裁规则》。

（3）简易仲裁。这是在较短的时间内进行仲裁，并做出裁决的程序，费用较低，适用《WIPO 快速仲裁规则》。

（4）调解与仲裁相结合。即在当事人同意的时间内未能通过调解程序解决纠纷，然后就进入仲裁程序。

任何个人或私人组织，不论其国籍，均可向 WIPO 仲裁与调解中心申请，适用上述争端解决程序。经书面明确同意，国家放弃国家豁免权，亦可以当事人的身份，向中心申请仲裁。WIPO 国际局制定了兼顾世界上不同法律制度的仲裁与调解程序，争端解决的地点可在世界上任何国家或地区。

WIPO 仲裁与调解中心成立至今对知识产权国际纠纷的解决发挥了重要作用。尤其在域名争议领域所发挥的作用更是不容忽视，中心所展开的域名争议解决程序已经超过了 8500 起，涉及 128 个国家，超过 15700 个域名。

三、民事诉讼

除了上述行政确权程序和商事仲裁程序之外，民事诉讼是我国企业在知识产权遭到侵犯时所选择的主要救济途径之一。较之前两种救济方式，民事诉讼拥有公力性强、强制性程度高、程序严谨和可执行力强等特点。当然，我国企业在境外商事活动中遭遇侵权之后是否选择通过民事诉讼的方式维护自己的权利，需要在通过对涉外民事诉讼中的几个关键要素进行分析考量后方可得出结论，这些主要因素包括：涉外知识产权侵权案件的管辖权、诉讼代理人及其他诉讼参加人的主体资格、具体案件的法律适用和最终判决的承认与执行。本章将通过四个部分对以上问题分别展开论述，并且以知识产权侵权案件为着眼点，讲述我国企业在通过民事诉讼进行权利救济时应当注意的情形和应对策略。

（一）管辖权

1. 知识产权侵权案件的管辖权冲突表现及其原因

基于知识产权地域性的基本法律特征，各国当局都只能依据本国的知识产权法对本国境内的知识产权进行保护，这种地域性在贸易全球化的大背景下就给知识产权的跨国保护带来了困难与挑战，同时也给跨境寻求知识产权保护的权利人增加了难度。同样，由于涉外知识产权侵权案件的当事人、侵权行为、权利依据和损害后果等要素分散于不同的管辖区域内，因此各国司法机关在处理此类案件时也会遇到管辖权相互冲突的情形。

这种管辖权冲突主要分为积极冲突和消极冲突。其中积极冲突是指两个或者两个以上的国家或者地区的司法机关依据本国法律对同一个案件都享有管辖权的情形，这种情况出现的主要原因在于随着世界经济文化交流日益密切，各国都加强了知识产权的国际保护力度，从而设法扩张自己对涉外知识产权案件的管辖权。消极冲突是指各个国家严格坚持知识产权的地域性并且谨慎地行使本国法院的管辖权，导致某个涉外知识产权案件无法院愿意管辖的情形。

导致涉外知识产权侵权案件管辖权冲突的主要原因有三个：一是知识产权的地域性，这也是根本原因。假设甲拥有一项 A 国的知识产权，地域性意味着甲只能依据 A 国的知识产权法律在 A 国境内行使权利，如果甲的知识产权被带到了 B 国，甲就不得再继续依照 A 国的法律控制该项权利的使用，而只能依据 B 国的法律对其进行保护。一国的知识产权法律效力不能及于域外，长此以往导致了跨国知识产权侵权纠纷多按照地域来行使管辖权。二是全球化进程对知识产权地域性的冲击。在经济全球化的背景下，由于知识产权以及附着知识产权的商品和服务的跨境流动变得愈加频繁，加之近代以来知识产权对经济的巨大促进作用使得各国加强对知识产权的立法和国际保护，知识产权的权利人和使用人在利用知识产权进行交易的过程中也对知识产权的司法保护提出了更高的现实要求，同时也期待自己所掌握的知识产权能够被更多的国家承认和保护，以使自己的权利价值最大化。三是各国有关民事诉讼立法的差异。由于各国的法律体制和法律文化存在巨大差异，各个国家对于民事诉讼，尤其是有关侵权诉讼的管辖权的规定大相径庭，落实到知识产权侵权领域时，这种差异就变得更加突出。加上目前世界上并没有规范跨国知识产权纠纷管辖权的国际惯例或者被广泛接受和认可的国际公约，[1] 所以为了维护本国和本国国民的利益，各国几乎都依据自己国家的民事诉讼法来行使管辖权，这也导致了管辖权冲突的加剧。[2]

2. 各国法院对涉外知识产权侵权案件行使管辖权的原则

各个国家民事诉讼法的差异导致了各国法院行使管辖权的依据也不同，目前世界各国主要采用的确定民事案件管辖权的基本原则有四个：属人管辖、属地管辖、协议管辖和专属管辖。

所谓属人管辖，是指知识产权侵权案件的当事人属于某个国家，因而该国法院得据此行使其对本案的管辖权，这一方面是国家主权原则的一种体现，另一方面也表明了某国国民应当服从本国法院管辖的法理。属人管辖的确定依据通常是国籍或者当事人的经常

---

〔1〕 黄进、何其生、萧凯编：《国际私法：案例与资料》，法律出版社2004年版。

〔2〕 舒燕懿："跨国知识产权侵权纠纷管辖权冲突研究"，华东政法大学2015年硕士学位论文。

居住地。属地管辖，指案件发生在某个国家的地域范围内或者案件会对某国境内造成一定后果，该国法院据此得以管辖本案。属地管辖原则具体到知识产权侵权案件上主要表现为侵权行为发生地所在国家或者主要损害后果发生地所在国家的法院行使案件的管辖权。协议管辖，指民事案件的当事人在意思自治原则下通过达成争议解决协议的方式选择某个案件由哪个法院进行管辖，该法院依双方当事人的协议取得案件的管辖权。协议管辖在涉外民商事诉讼中具有重要的地位，尤其是在商事合同纠纷中，双方当事人往往会订立专门的争议解决条款来事先约定由哪国法院进行管辖和应当适用的法律。协议管辖在合同领域的实践已经在全球范围内展开，但是在侵权领域的适用还在探索和初步实践的阶段。最后是专属管辖，是指某一特定类型的案件仅能由一国法院单独享有管辖权，并且排除他国对此类案件的管辖。[1] 专属管辖原则实施的依据往往是特定的跨国民商事案件与特定的管辖权区域之间具有某种法律或者利益上的紧密联系，这种联系通常对该国的公共利益有重要影响，因此各国会通过法律的强制性规定来直接确定这类案件的管辖权。在跨国知识产权案件中，与注册及其有效性相关的案件一般专属于注册地法院管辖。

除了上述四个确立知识产权侵权案件管辖的基本原则外，目前国际上还存在以下特殊性原则：不方便法院管辖原则和最先受理法院原则。这些原则主要是为了解决跨国知识产权纠纷中常见的“平行诉讼”问题。所谓“平行诉讼”，又称“一事两诉”，指相同的当事人因同一事实导致的同一争议同时在两个或者两个以上的国家的法院展开诉讼的现象，[2] 主要分为重复诉讼和对抗诉讼两种。

〔1〕 黄进主编：《国际私法》，法律出版社2014年版，第642页。

〔2〕 徐青森、杜焕芳主编：《国际私法专题研究》，中国人民大学出版社2010年版，第225页。

由于知识产权地域性产生的多个国际知识产权案件管辖权基础，故原告可以在数个具有管辖权的国家同时提起诉讼，这就是“重复诉讼”；在原告起诉被告侵犯其知识产权之前，被告先在其他具有管辖权的法院提起诉讼，以提前对抗潜在的诉讼达到逃避责任的目的，这就是“对抗诉讼”。

不方便法院原则，即对于某一涉外民商事案件拥有管辖权的法院，因不方便审理该案而拒绝行使其管辖权，促使案件在另一个更为方便的法院进行诉讼。[1] 实践中，法院会综合考虑是否具有其他有管辖权的法院和其他法院是否更加适合审理该案这两个要素来决定是否不方便审理，至于“更加适合”的判断需要参考当事人的便利程度、诉讼成本、法院地的公共利益、调查取证的难易程度和案件的承认与执行难度等因素。最先受理法院原则，指相同的当事人因相同的事实所引起的同一纠纷同时在两个或者两个以上有管辖权的法院提起诉讼时，应当由最先受理案件的法院对该案进行管辖，此时各个法院可通过中止本国诉讼和中止外国诉讼两种方式来处理案件。

3. 主要国家或者地区的涉外知识产权侵权案件管辖权规则介绍及应对策略

（1）美国。通过诉讼标的管辖权和属人管辖权来判断美国法院是否对某一涉外知识产权案件享有管辖权。诉讼标的管辖权主要通过对案件争议所涉及的法律关系进行分析，判断该类型的法律争议是否应当由美国法院进行管辖，解决的是案件类型与法院之间的对应关系问题。具体到知识产权侵权案件，如果我国的企业拥有依据美国的知识产权法律而获得的知识产权，且相关权利在美国区域内被他人侵犯，则可以在美国法院起诉。比如，1952 年的“手表

[1] 张茂：《美国国际民事诉讼法》，中国政法大学出版社 2005 年版。

案"[1] 中，美国人 A 从瑞士和美国购买了没有商标的手表配件后，在墨西哥进行组装，然后贴上 A 在墨西哥注册的某商标再在美国销售，然而该商标在美国境内早就被 B 公司注册并使用。后 B 公司将 A 诉至美国法院，美国法院认为虽然侵权行为发生在美国之外，但是该行为会对美国境内的利益产生重大影响，故受理了该案。属人管辖权是指法院对特定被告人的司法管辖权，通常需要满足两个条件：被告与法院地之间拥有“最低限度的联系”以及符合程序性的要求，例如能否有效送达等。假设我国某企业在美国的一项专利技术被他人非法使用，该使用人虽然不是美国国籍，但是在美国拥有固定居所和财产，那么企业也可以在美国法院提起诉讼。

（2）加拿大。若被告是加拿大某省的居民或者被告接受加拿大某法院的管辖，以及案件中的侵权发生在该省，那么该省法院享有绝对的管辖权。魁北克省采大陆法系，有所区别。只要过错的产生、遭受的损害或损害行为发生在魁北克省，该省法院享有管辖权。

（3）欧盟。欧盟内部成员之间的法院管辖权依据是《布鲁塞尔规则 I》，知识产权纠纷并没有被该规则排除，所以其管辖权冲突的解决同样适用该规则。根据其第 5（3）条的规定，在某一成员国有居所的被告可在损害事件发生或可能发生法院地被诉。比如，注册地为中国的 A 公司所拥有的某技术同时依据比利时、瑞典、荷兰等国的法律获得了专利保护，主营业地在芬兰的 B 公司未经 A 公司许可在瑞典境内使用该项技术，因为 B 公司在欧盟成员国芬兰境内有主营业地，所以 A 公司可以在“损害事件发生地”即瑞典境内的法院对 B 公司提起专利侵权之诉。对于在欧盟或者欧洲自由贸易联盟成员国内没有居所的被告，《布鲁塞尔规则 I》不适用，这类案件的管辖权冲突只能通过国内法来解决。例如，在法

---

[1] Steele v. Bulova Watch Co., 344 USS 280 (1952).

国，原告可以在事件致损地或者遭受损害地法院起诉；在英国，如果被告能够在管辖权区域内被有效送达，则英国法院依属地管辖权进行管辖；在瑞典，若被告在瑞典境内有居所，则瑞典法院拥有管辖权。

由于各国和地区对于知识产权侵权案件管辖权规定有着巨大差异，在此我们无法穷尽列举，但是对于走出国门的我国企业来讲，在遭遇知识产权被侵犯的情况，决定通过民事诉讼进行维权时，依然需要注意几个有关管辖权的点。首先，通常跨国知识产权侵权案件会涉及不止一个管辖权区域，所以对于同一个案件，往往不止一个法院拥有管辖权。其次，如何在几个有管辖权的法院中选择并且起诉很关键，需要考虑的因素包括诉讼费用成本、诉讼时间成本、调查取证难度、司法环境公开廉洁程度、案件执行难度等。最后，我国企业一定要对各个有管辖权的法院所能管辖的事项有充分了解，比如有的法院只能对停止侵权的行为进行裁决，有的法院只能裁判有关赔偿金额的请求，所以企业在提起诉讼的时候要注意自己的诉讼请求是否在该法院的裁决范围之内。

（二）诉讼代理人

在涉外知识产权民事诉讼中，一方面由于知识产权问题的专业性，另一方面加上涉外民事诉讼程序的复杂性，故我国企业在海外提起知识产权保护诉讼的时候往往会需要诉讼代理人的帮助。因为缺乏对司法环境、裁判标准、法律外语、司法习惯等因素的了解，所以聘请到优秀的当地专业人员作为诉讼代理人对于我国企业海外维权也是至关重要的。但是，由于我国企业对法院所在地的法律行业知之甚少，以及国外法律行业内水平参差不齐等原因，近年来我国企业在海外诉讼中因代理人的问题导致损失的案例也屡见不鲜，所以笔者在此梳理聘请海外诉讼代理人的大致流程及注意事项，以期对我国企业在海外进行知识产权维权之诉有所裨益。

1. 初步了解法院地的民事诉讼代理制度，明确是否必须律师代理，以及其他人员的出庭资格

在多数国家，委托诉讼代理人是外国当事人的一项诉讼权利，外国当事人可以自主决定是否委托诉讼代理人或者委托谁为诉讼代理人，但是也有部分国家将委托诉讼代理人作为外国人参与民事诉讼时的一项义务加以规定，例如法国、奥地利等国。另外，尽管外国当事人和本国当事人都有委托诉讼代理人的权利，但是各国出于维护国家主权等目的考虑给予外国当事人选择诉讼代理人的范围都小于本国当事人，通常只允许外国当事人委托律师，而且是法院地国的律师，所以我国企业在选择诉讼代理人的时候要注意法院地国的相关规定。其次，需要明确律师之外的其他人是否有出庭参与诉讼的资格，比如公司员工、法定代表人等。如果法院地国法律允许职工以诉讼代理人的身份出庭，就需要考虑诉讼代理人的人数和工作配合问题。

2. 明确法院地法律是否允许外国律师代理

如前所述，多数国家几乎都禁止外国律师以诉讼代理人的身份在本国进行民事诉讼，但是我国企业在遇到具体案件的时候，还是应当对当地法律进行详细的检索。另外，即使在那些禁止外国律师出庭代理民事诉讼的国家，我国企业也可以委托中国律师进行除了出庭以外的其他活动，比如商量诉讼对策、制定诉讼方案、搜集证据等。同时，基于各国法律行业之间的联系和交流，中国律师的推荐与介绍也是找到优秀的外国诉讼代理人的有效途径之一。

3. 了解当地律师行业，搜寻擅长案涉纠纷类型的律师事务所

我国企业可以通过法院地国所在地的司法行政部门或者律师行业协会等网站对当地的律师事务所和律师进行了解，也可以将一些著名法律杂志对各地律师事务所和律师进行的排行榜等作为参考依据。更为重要的是，我国企业需要将擅长案件所涉及的纠纷和业务类型的律师作为代理人。我们知道，知识产权诉讼的法律性和技术

性都是非常强的，而且知识产权内部还有著作权及版权、专利、商标、计算机软件等门类，所以要详细了解目标律师事务所的过往业绩和诉讼经验，并且进行综合比较。需要考虑的因素包括：律师事务所的品牌和业绩、承办团队的组成、主办律师的专业能力和诉讼经验、收费标准合理性、律师对中国企业和中国文化的了解程度等。

4. 其他重要注意事项

首先，在确定合作律所和律师之后，要注意按照当地法律的规定委托手续，注意委托合同的语言、文本、格式等；其次，注意委托授权的范围，明确载明诉讼代理人享有和不享有的代理权限，避免因表述含糊不清给我国企业造成不必要的损失；再次，根据现实需要决定是否聘请专业的法律翻译人员作为辅助；最后，在正式委托之后也需要与其保持沟通并做好监督，保证其能够尽到诉讼代理人的勤勉义务，维护我国企业的合法权利。

（三）法律适用

在知识产权侵权民事诉讼中审理纠纷的准据法也是一个要考虑的问题，由于知识产权地域性的因素，不同的国家对于不同的知识产权客体的保护程度存在较大差异，所以对于同一个案件来说，适用 A 国知识产权法或者适用 B 国知识产权法进行审理可能会带来相去甚远的裁判结果，所以我国被侵权企业在提起侵权之诉之前，对有管辖权的法院可能援引的准据法进行相关了解并对裁判结果进行预判，通过分析对比选择结果对自己最有利的法院以及法律维护自己的权利是十分必要的。国际社会对于涉外知识产权侵权法律适用的原则主要有五种：侵权行为地法原则、法院地法原则、被请求保护地法原则、原始国法律原则以及最密切联系原则。

1. 侵权行为地法原则

目前国际社会上绝大多数国家的国际私法规则中仅规定一般侵

权的法律适用原则，并不对知识产权侵权进行单独的划分，虽然这些国家已经认识到了由于知识产权本身地域性的特征将其与一般侵权的法律适用同等看待有所不妥，但法律的变更绝非一朝一夕的事情，所以目前而言将涉外知识产权侵权等同于一般侵权确定其适用的法律仍为主要国家的选择。

一般侵权的法律适用原则主要为适用侵权行为地法律，虽然侵权行为适用侵权行为地原则被国际社会所普遍认可，但是不同国家对侵权行为地的理解却不大相同。将侵权行为地理解为侵权行为实施地，如意大利、法国、阿根廷等；理解为侵权结果发生地，如加蓬民法典第41条规定“侵权行为责任依损害事实发生地法律”；理解为侵权行为发生地或侵权结果发生地，如中国、瑞士。[1]

2. 法院地法原则

法院地法原则，是指在审理涉外知识产权侵权案件时，直接适用审理案件的法院所在地的法律。该原则的适用有助于节约司法成本，法官在适用自己所熟悉的法院地法时，可以避免外国法查询的环节，并且很多国家学者认为适用法院地法正是知识产权地域性的严格体现，但是由于涉外知识产权侵权案件的不同情形，包含法院地知识产权在法院地被侵权、法院地知识产权在外国被侵权、外国知识产权在法院地被侵权以及外国知识产权在外国被侵权等，全部适用法院地法进行裁判显然不具有合理性，有碍国际正常的科技与贸易的交流。因此，在涉外知识产权法律适用中采用绝对的法院地法原则的国家较为少见。不过一些国家引入有限的意思自治，允许侵权案件当事人协议选择适用法院地法进行裁判，如中国、瑞典等，在这些国家诉讼的我国企业若是能达成法律选择的合意，那就相当于在确定管辖权的同时也确定了法律适用。

---

〔1〕 陈积：“知识产权侵权法律适用问题研究”，中国政法大学2005年硕士学位论文。

3. 被请求保护地法原则

该原则是知识产权地域性的合理延伸，被较多国家的实践和学者观点所认可。由于知识产权地域性的存在，除了著作权外，当事人仅在被授予权利的国家才享有知识产权，该知识产权受保护的范围及程度也以该国家的法律规定为准，那么当被该国当局所保护的知识产权受到侵害的时候，法院所受理的知识产权侵权诉讼适用该知识产权的被请求保护地法律也就理所当然了，简而言之就是被哪国保护的知识产权受到侵害即适用该国的法律。举例说明，甲在A、B国均享有同一项发明的专利权，该发明在C国被非法制造成产品并进口至B国进行发行销售，权利人在A国提起诉讼要求保护其专利权时，法院对权利人在B国受到损害的知识产权的保护则应当适用B国即知识产权被请求进行保护的国家的法律。

4. 原始国法律原则

适用原始国法律原则，主张知识产权适用权利产生国或权利首次授予国法律。依此可以推出：专利权依专利首次授予国法律，商标权依首次登记国法律，而著作权则依首次发表地法律。[1] 除了著作权外，知识产权的取得需要履行法定程序，合法有效地拥有知识产权的前提是申请人的权利请求被申请地国相关机构批准或授予。许多国家采用原始地国法律原则解决知识产权成立和取得的法律冲突问题。2005年《保加利亚共和国关于国际私法的法典》第71条规定，著作权以及与著作权相关的权利的产生、内容转让和终止，依授予著作权保护的国家的法律。知识产权标的物上的权利的产生、内容、转让和终止，依授予专利权或者注册地或者提出授予专利权或注册的申报所在地国家的法律。

5. 最密切联系原则

最密切联系原则并不为侵权法律关系确立一个固定的连接点，

---

〔1〕朱榄叶、刘晓红主编：《知识产权法律冲突与解决问题研究》，法律出版社2004年版，第191页。

而是选择与该侵权法律关系有最密切联系的国家或地区的法律作为裁判规范。该原则是20世纪国际私法最大的成果之一，最密切联系原则能够很好地克服传统冲突规范单一僵硬的特点，目前不少国家将最密切联系原则上升到侵权行为的法律适用原则甚至于整个国际私法的法律适用原则，并将其作为兜底条款。一般而言知识产权侵权案件中的最密切联系地可能是侵权行为发生地、损害结果发生地、当事人国籍国或住所地等。

6. 主要国家或地区知识产权侵权冲突规范介绍

美国《冲突法第二次重述》中没有关于知识产权侵权的法律适用的专门规定，但是美国法律协会出台的《知识产权：跨国纠纷管辖权、法律选择及裁决原则》（《ALI原则》）中却对于知识产权侵权案件允许当事人意思自治优先，没有意思自治的注册性知识产权如专利、商标等适用注册地法律，非注册权利适用权利主张国法律。罗马尼亚《关于调整国际私法法律关系的第105号法》第60条规定，知识产权著作权的成立、内容和消灭适用作品以出版、演出、展览、广播或其他适当方式首次公开发表的国家的法律；第61条规定，工业产权的成立、内容和转让适用交存或注册国，或者提交所在国或注册申请所在国的法律。我国台湾地区“涉外民事法律适用法”第42条规定，以智慧财产为标的之权利，依该权利应受保护地之法律。土耳其共和国《关于国际私法与国际民事诉讼程序法的第5718号法令》第23条规定，知识产权，依照据以提出保护请求的国家的法律。比利时《国际私法典》第93条规定，知识产权适用被请求保护地国家的法律。立陶宛共和国《民法典》第53条规定，知识产权及保护，适用据以申请保护该权利的国家的法律。韩国《国际私法》第24条规定，知识产权的保护适用侵害地的法律（此处“侵害地”即理解为“权利被请求保护地”）。意大利《国际私法制度改革法》第54条规定，对无形财产的权利由其使用国支配。罗马尼亚《关于调整国际私法法律关系的第105号法》第 62 条规定，对有形或无形损害提起赔偿的权利适用著作权或工业产权的损害发生地国家的法律。瑞士联邦《国际私法》第 110 条规定，知识产权适用被请求保护知识产权的国家的法律。就由侵权行为引起的请求而言，当事人得于损害事件发生后的任何时候约定适用法院地法。俄罗斯《民法典》第三卷第 1261 条规定“对于侵犯知识产权的行为，如果争议当事人未对法律适用问题达成协议，则适用法院地法律”。

本书篇幅有限，故无法在此列举所有国家国际私法的相关规则，但是从中不难看出采纳侵权行为地法、被请求保护地法以及权利来源地法的国家仍然占多数。从当今国际私法的实践来看，在法院审理涉外知识产权纠纷时，程序性规范大多适用法院地法律，而实体性规范则通过冲突规范的指引确立相关的法律适用，所以我国企业提起侵权之诉在选择管辖的法院时，同时也要注意该有管辖权的法院可能援引的进行裁判的法律，提前预判该法律的规定是否可以得到令自己满意的裁决以便维护己方利益。当然除此之外，法院作出的判决是否可以得到他国的承认与执行也是一个重要的问题，这便是我们接下来要讨论的内容。

（四）判决跨国承认与执行

法院作出的判决在进入跨国领域后并非像在国内一样自然地得到承认与执行。不同国家基于不同的经济政治文化对来自外国的判决分别在其法律制度中设置着种种承认与执行外国判决的条件。由于现在还没有一个全球性质的判决的承认与执行的多边公约，所以我国企业在通过诉讼途径维护自身权益的过程中如果出现法院地与被告人可执行性财产所在地分处两地的情况，就要慎重考虑判决的跨国承认与执行的可能性。由于诉讼维权要付诸大量的时间、金钱成本，如果最后拿到的胜诉判决却难以得到承认与执行，这无疑是“竹篮打水一场空”。

1. 涉外民商事判决的跨国承认与执行的基本条件

一项民商事判决要得到外国法院的承认与执行需要具备一些基本条件，对于此，不同的国家有不同的要求，但是基本上都要包含以下几点：

（1）作出判决的法院具有适格的管辖权。管辖权问题是整个判决承认与执行程序中首先遇到的、应最先解决的问题。适格的管辖权是判决在法院地外获得承认与执行的必要条件，判决得到外国承认与执行是合格管辖权的结果，绝大多数国家都会在承认与执行他国判决前对作出判决的法院是否具有适格的管辖权进行审查。[1]

（2）作出判决的诉讼程序公正。各国立法及有关的国际条约基于对败诉一方当事人的保护，往往规定内国法院在承认与执行外国法院判决时，要求对判决作出的诉讼程序是否公正进行审查，否则，被请求执行法院便可以案件审理的诉讼程序缺乏公正性为由拒绝承认或执行其判决。对于败诉方而言，其诉讼权利可能受到以下两种损害，其一是未得到合法传唤，出庭陈述自己的诉讼主张的权利受到侵害；其二是未能在丧失诉讼行为能力时得到适当代理。

（3）判决必须是确定的判决。各国法律均认为国内可承认与执行的外国法院判决必须是确定的判决。所谓确定的判决，指依据判决作出国法律，判决是已经获得终局效力和执行效力的法律文件，在作出判决的法院地国具有法定约束力。

（4）不存在“诉讼竞合”的情形。诉讼竞合是指当事人就同一争议，基于相同的事实及相同的诉讼目的同时在两个或两个以上国家的法院提起诉讼的现象。由于诉讼竞合不利于维护法律关系的稳定性及一国法律的严肃性，各国法律和有关国际条约都普遍接受和采用该条件。

（5）判决需合法取得。所谓合法取得，在实践中又被理解为判

---

〔1〕 黄进主编：《国际私法》，法律出版社2005年版，第686～689页。

决不能通过欺诈手段取得，否则作出的判决将不能获得承认与执行。

（6）判决不违背执行国的公共秩序。公共秩序保留是国际司法和国际民商事司法协助实施中的一项重要的法律制度，在国家间判决承认与执行领域，它主要用以判定是否符合承认或执行外国法院判决的标准，亦即如果外国判决不符合本国的公共秩序要求，即可拒绝承认与执行该外国判决。许多国家立法和相关国际条约均作了这样规定。

2. 主要国家及地区关于判决的承认与执行的规定

（1）中国。关于外国判决的承认与执行，我国司法实践的主要依据是《民事诉讼法》和最高人民法院《关于适用〈中华人民共和国民事诉讼法〉若干问题的意见》。根据上述条款的规定，缔结或加入有关外国法院判决的承认与执行的国际公约是我国承认与执行外国法院判决的必要前提。然而，中国没有加入 1971 年在海牙签署的《民商事案件外国判决承认与执行公约》。所以我国不存在多边性的承认和执行外国法院判决的国际公约，仅仅是在与一些国家签订的双边民商事司法协助条约中涉及了承认与执行民商事判决的内容，目前中国与阿尔及利亚、巴西、秘鲁、科威特、阿联酋、朝鲜、韩国、阿根廷、立陶宛、突尼斯、越南、乌兹别克斯坦、新加坡、塔吉克斯坦、吉尔吉斯斯坦、摩洛哥、匈牙利、塞浦路斯、希腊、埃及、泰国、保加利亚、哈萨克斯坦、白俄罗斯、古巴、乌克兰、土耳其、俄罗斯、西班牙、意大利、罗马尼亚、蒙古、比利时、波兰、法国、瑞士等国家订立了双边民事或商事《司法协助条约》并在其中约定了判决的承认与执行问题。由此可见，若有关外国法院判决是由未与我国签订有关双边民商事司法协助条约的国家的法院作出或者是我国法院作出的判决到该国承认与执行，那么就只能依据互惠原则来处理是否承认与执行该外国法院判决的问题。

（2）美国。美国法律协会出台的《知识产权：跨国纠纷管辖权、法律选择及裁决原则》（《ALI 原则》）虽然并不具有法律效力，但由于该原则所提出来的规则具有很强的操作性，因而成为美国法院在审理跨州知识产权案件中频频参考的指导原则，并且该原则对欧洲各国审理涉外知识产权案件也产生了重要影响。在判决的承认与执行问题上，该原则认为只要是依照该原则作出的判决，无论是金钱判决还是非金钱判决均应得到承认与执行。如果法院判决不是依照该原则相关规定作出的，那么执行法院是否承认和执行判决法院的判决则由执行法院依照国内法决定。

拒绝承认与执行的情况分为必须拒绝和可以拒绝两大类。必须拒绝的理由主要包括：其一，判决的作出违反公正的程序；其二，有真实合理的理由怀疑判决的公正性而对判决结果不信任；其三，在案件审理程序中，未能在合理时间内对被告作出通知而作出判决；其四，使用欺骗的手段使被告失去了充分答辩机会而作出判决；其五，违反了公共政策作出判决；其六，管辖法院行使管辖权是基于当事人协议条款，但是该协议违反了知识产权判决承认制度第 203 条第 2 款的规定或者管辖法院依据第 207 条没有充分管辖权作出判决，也就是法院的管辖权存在瑕疵。[1] 从上述拒绝判决的承认和执行的相关规定可以看出知识产权判决承认制度非常注重对当事人双方程序公平的保障。

（3）欧盟。欧盟的知识产权法在深入推进一体化的同时，判决的承认与执行问题也得到了重视。欧盟成员国之间法院对知识产权相关判决的承认与执行被规定在了 2015 年 1 月 10 号重订生效的欧盟委员会规则 1215/2012（Council Regulation1215/2012，也被称为 Brussels I Regulation）（也被称为布鲁塞尔 1 号法规）中，布鲁塞尔 1 号法规所确定的承认与执行系统不仅适用于终审判决，也同样可

---

〔1〕 *Intellectual Property: Principles Governing Jurisdiction, Choice of Law, and Judgements in Transnational Disputes Proposed Final Draft*, March 30, 2007 §403（1）.

适用于法院的其他司法决定，当然也包括法院关于知识产权临时保护措施的裁定。

布鲁塞尔规则中关于拒绝承认知识产权纠纷判决的理由包括：①承认该判决明显地违反被请求承认国的公共秩序；②被告因起诉状或者类似的书状没有被及时送达，而使其不能应诉的；③被请求承认国已经对相同当事人间的纠纷作出过与该判决相矛盾的判决；④当事人已经向某成员国法院提出承认判决的申请，而基于相同事实及相同当事人间的同一纠纷在另一个成员国或第三国已经存在了一个更早的判决，此判决与欲申请承认的判决相矛盾，并且这个更早的判决又满足了受理申请国法院承认外国判决的要件时，受理申请的法院可以拒绝承认提出承认申请的判决。这里所规定的情况实际是上一个问题的衍生。A 公司与 B 公司在德国、荷兰都有自己的分公司。A 认为 B 的产品侵犯了其专利权，侵权行为发生在德国、荷兰及中国。于是 A 先在中国提起诉讼，但中国法院判决 A 败诉。之后，A 又向德国法院提起了诉讼。德国法院判决 A 胜诉。但此时，B 在德国没有财产可供执行，于是向荷兰法院申请承认德国判决并对 B 公司在荷兰的财产实施强制执行。如果中国这个早先做出的判决能够满足荷兰法院关于承认外国法院判决的规定，荷兰法院可以决定不承认德国的判决，因为中国与德国法院的判决是相矛盾的。[1]

通过以上列举可以看出一国是否承认并执行外国法院的判决一方面取决于判决本身是否符合条件，另一方面要取决于该国国内法的规定。而现在国际社会上又没有一个统一的判决承认与执行公约，欧盟的判决承认与执行也仅适用于欧盟内部成员之间，所以可

〔1〕 http：//www. law－lib. com/lw/lw_view. asp？ no＝7119&page＝2，最后访问时间：2018 年 1 月 14 日。

以说相对于仲裁裁决的承认与执行，判决的跨国承认与执行更加困难，我国企业在选择进行诉讼之前一定要充分考虑判决执行的可能性以维护己方权益。